体育教师核心素养论

潘建芬　著

北京体育大学出版社

策划编辑：赵海宁
责任编辑：赵海宁
责任校对：潘海英
版式设计：杨　俊

图书在版编目（CIP）数据

体育教师核心素养论 / 潘建芬著. — 北京 : 北京体育大学出版社, 2018.9（2023.6重印）

ISBN 978-7-5644-3052-8

Ⅰ. ①体… Ⅱ. ①潘… Ⅲ. ①体育教师－师资培养－研究 Ⅳ. ①G807

中国版本图书馆CIP数据核字(2018)第221012号

体育教师核心素养论

TIYU JIAOSHI HEXIN SUYANG LUN

潘建芬　著

出版发行：北京体育大学出版社
地　　址：北京市海淀区农大南路1号院2号楼2层办公B-212
邮　　编：100084
网　　址：http：//cbs.bsu.edu.cn
发 行 部：010-62989320
邮 购 部：北京体育大学出版社读者服务部 010-62989432
印　　刷：北京建宏印刷有限公司
开　　本：710 mm × 1000 mm　　1/16
成品尺寸：170 mm × 228 mm
印　　张：14.75
字　　数：244千字
版　　次：2018年11月第1版
印　　次：2023年6月第2次印刷
定　　价：75.00元

面对体育教师素养之困的核心素养之论

（代　序）

2018年1月20日，中共中央、国务院印发了《中共中央　国务院关于全面深化新时代教师队伍建设改革的意见》（以下简称《意见》），其中“素质”成为《意见》中频频出现的关键词。例如，《意见》在开篇就提出“造就党和人民满意的高素质专业化创新型教师队伍”，在分析教师队伍现状时，也实事求是地分析道：“有的教师素质能力难以适应新时代人才培养需要，思想政治素质和师德水平需要提升。”

什么是体育教师的素质素养，这是简单到一句话就可以定性、也是复杂到几十篇博士论文也说不清楚的问题。素养和核心素养有着只能意会却无法言传的部分。人们有时能很容易地判断出哪个教师更有素质和素养，但当问及这些素质和素养表现在哪些方面、其核心内涵是什么时，却又是难以准确和完整地予以概括和说明白的。至于体育教师的素养和核心素养，一定是一个多层次、多内容、多结构的复杂问题，是需要细细揣摩、反复思考的大学问。潘建芬博士的《体育教师核心素养论》是在中国范围内向这个大学问进行挑战的“首战之作”。因此，我很荣幸地为她作序，并顺便谈谈自己对体育教师素养的浅见。

如果让任何一个中国人坦诚地回答“体育教师的素质和素养如何，是高还是低”时，结果大概可想而知。“体育人四肢发达，头脑简单”“男学工，女学医，浪荡公子学体育”“你的数学是体育教师教的吧”等蔑视体育教师职业的说法在中国并不鲜见。体育教师到底怎么了；他们的素质和素养到底是高还是低；如何评价体育教师素质和素养的高低；有没有一种公正的测试和科学的结论；体育教师的素质和素养到底低在哪里，原因是什么；是什么观念在影响着人们对体育教师素质和素养的判断等问题；至今缺乏讨论和思考。

素养的高和低，是比较出来的。那我们就与其他教师群体比比看。

如果把体育教师与数学、物理、化学的教师相比较会怎么样？数学、物理、化学教师在学生心中的印象应该是戴着高度近视眼镜，穿着整洁朴素，略显木讷，讲的内容有些高深难懂。因此，自然带着些许威严，教学过程没有幽默，少有延展，中规中矩，一丝不苟。大部分学生面对数学、物理、化学的教师谈不上喜欢，多是敬而远之，但认为数学、物理、化学教师没素质和素养的学生几乎没有。相比之下，体育教师教的东西都是“跑跑跳跳”之类，内容好玩但不高深、灵动但不稳重。体育教师幽默可爱但不够矜持、姿态健美但缺乏书卷气。因此，总让人感到体育教师教的内容“浅”了点儿，体育教师本身也“浮”了点儿。问学生“你喜欢数学、物理、化学教师还是喜欢体育教师”，可能还是选后者的多些，但问学生“数学、物理、化学教师和体育教师谁的素质和素养高”，一定是选前者的多。

如果把体育教师与语文、历史、地理的教师相比较会怎么样？语文、历史、地理教师在学生心中的印象应该都是标准的“读书人”。因为他们读书好听、说文解字、谈古论今、穿梭时空、学贯中西。他们大多也戴着眼镜，穿着应比数学、物理、化学教师更加整洁、大方、美观；他们文气但不木讷，讲的内容不那么难懂但也高雅，教学内容奇妙且深奥，教学过程多有活泼与延展，中规中矩但不死板，一丝不苟但不僵化，所以喜欢语文、历史、地理教师的学生应该是大多数，认为语文、历史、地理教师没素养的应该一个也没有。相比之下，体育教师没有柔美的诗句，多为生硬的口令；没有时空的延展，多是现实的苦练；课堂语言缺乏文采，且短暂急促，偶尔夹杂些许错别字和不准的四声。因此，问学生是喜欢语文、历史、地理教师还是喜欢体育教师，学生可能需要思量思量，问语文、历史、地理教师和体育教师谁的素质和素养高，估计不需要任何思量。

如果把体育教师与音乐、美术教师相比较会怎么样？音乐、美术（也包括书法、舞蹈、戏剧等）教师是在学校里最接近体育教师的群体了，他们同属技能类学科，也同属“小三门”，他们之间的任何比较都更有意义。在学生的印象中，音乐、美术等教师应该是“文艺人”。音乐、舞蹈、戏剧等教师穿戴高雅时尚，美术教师却有人穿着邋遢，不修边幅，但他们都有“艺术范儿”。音乐、美术等教师讲的内容也算高雅，但难以学精。学生要想学精音乐、美术的技能很难，得靠些天分，学生间的差异显而易见。音乐、美术理论海阔天空，技能教学中规中矩，对音乐美术的学习，喜欢的学生特别喜欢，不喜欢的学生真不喜欢。因此，对音乐、美术教师的喜爱大概也是两极分化，但认为音乐、美术教师没素质素养的学生应该不多。相比之下，体育的技能掌握依靠天分这点与音乐、美术相同；学生间差异显见和技能难以学精、学会这些基本相同；对体育喜欢和不喜欢的学生两极分化这点也相同。但相比音乐、美术，体育理论不那么高雅深奥，在运动技能教学范式方面也差了些。因此，相比对音乐、美术教师素质和素养的认同度，对体育教师的素质和素养的认同应该也差了些。

通过上面的比较，我们可以看出，体育教师由于学科本身特点，在素质素养方面具有“先天短板”，当然其努力性的“后天短板”也不少。造成“先天短板”的学科性因素有：①体育的源文化和母学科的背景；②体育学科本身的深度、广度和难度；③体育教师所必须掌握的知识体量；④体育的教学方式方法与教学氛围。造成“后天短板”的努力性因素有：①体育学科学习的实际效果及学生的获得感；②体育教师的成长背景和其中的努力；③体育教师具有共性的精神面貌特征等。

中国社会对体育教师群体的素质和素养的评价不高，这有着中国古代的身体哲学和近现代的体育教育历史原因，有着体育学科的自身属性和特点原因，有着体育教育的实际效果和学生切身获得感的因素，当然也有着体育教师群体的精神面貌状态的缘由。因此，要提升体育教师的素养水平及核心素养，要改变人们对体育教师素质和素养不高的传统认知，既要从体育学科的内涵提升和内容充实做起，从提高体育课程教学质量做起，也要从加强体育师资队伍建设和管理做起，更要从补齐体育教师明显的素养的短板做起。

我想，潘建芬博士的《体育教师核心素养论》当然是希望把体育教师核心素养的事情讲清楚，更是希望通过她的努力找到一条可行的提高中国体育教师素养的道路。因此，这个研究是“面对体育教师素养之困的核心素养之论”，这个研究和思考无疑是高尚的，也是勇敢的。我愿意为其喝个彩，点个赞！我衷心期待这样有意义的探索越来越多，更期待着在这样的探索的后面能站立起一个优秀的体育教师群体！

是为序。

全国中小学体育教学指导委员会副主任

全国学校体育联盟（教学改革）主席

北京师范大学教授、博士生导师

毛振明

2018年6月7日于北京

目　录 Contents

绪　论

为什么要研究体育教师的核心素养

1997年，世界主要国家和国际组织先后启动了围绕“核心素养”的教育目标变革，基于时代性的教育实践问题探寻新的育人目标体系和理论体系。2016年，我国正式公布了《中国学生发展核心素养》，提出了学生应具备能够适应终身发展和社会发展需要的必备品格和关键能力。2018年，《普通高中体育与健康课程标准（2017年版）》正式颁布，作为课程标准思想指引的学科核心素养正式提出。在体育学科核心素养不断被理解、学生核心素养实践落地的过程中，需要政府的上位指向，需要课标专家组的专业指引，需要学校教育的理性实践，更需要体育教师的重新定义和有效对接。因为体育教师是学校体育工作的主力和执行者，是体育课堂教学的组织者和参与者。要发展学生核心素养，体育教师必然要求具备培养学生核心素养的能力，具备该有的核心素养。要努力建设一支高素质专业化创新型体育教师队伍，需要研究体育教师的核心素养，需要提高体育教师的软实力，需要强化体育教师的素质、修养、修为、道德、内涵、体魄、品质、毅力、造诣等集成元素，让体育教师队伍的发展有新方向和新追求，提高那些决定体育教师走得更远、站得更高的要素和禀赋。

当一系列培养学生核心素养的课程与教学改革研究成果推出的时候，当大家都注重如何理解体育学科核心素养与发展学生核心素养的时候，有一件同等重要的事情不能忽视且应高度重视，那就是研究体育教师的核心素养。为什么要谈核心素养，体育教师的发展样态如何，体育教师的核心素养是什么，这是我们所有体育教师都必须面对也必须回答的问题，这也是本研究的初心。

一、因为核心素养是新时代教育改革的指引方向

党的十九大报告明确指出，中国特色社会主义进入了新时代。核心素养作为世界范围内教育质量升级运动的主基调，作为新时代教育改革的方向，作为贯穿课程标准修订的一根红线，是适应世界教育改革发展趋势、提升我国教育国际竞争力的迫切需要，是落实立德树人根本任务的一项重要举措，也是体育课程实施与教学改革的指引。可以说，“核心素养”已成为新时代教育改革的最强音。理解核心素养、落实学科核心素养，是服务国家教育改革发展的需要，是深化体育与健康课程改革、促进人全面发展和社会全面进步的新指向，也是解决体育教学实践问题和教育理论发展的内在需求。

二、因为核心素养指向人的长足发展

核心素养既指“学生发展核心素养”，也指“学科核心素养”，具体回答“培养什么人、怎样培养人”的问题。“培养什么人、怎样培养人”是教育的根本问题，也是体育教育的根本问题，还是指向学生和体育教师长足发展的根本问题。指向运动能力、体育品德、健康行为的核心素养，是指向学生长足发展的必备品格和关键能力；同样，指向师德、情感、格局和专业领域的核心素养，是指向体育教师长足发展的必备品格和关键能力。清华大学心理学系主任彭凯平曾说：“核心素养的提出，是中国教育、育人理念与国际接轨的重要表现，标志着国内教育方向从对知识、技能的关注转移到对‘人本’的关注。”研究核心素养，就是明晰体育学科要培养什么样的人，了解体育学科培养人的人怎么样，从而建立起体育学科核心素养起点与落点的关联，以促进被培养人和培养人的协同长足发展。

三、因为培养学生核心素养是新时代赋予体育教师的重要使命

2018年，中共中央、国务院印发了《中共中央　国务院关于全面深化新时

代教师队伍建设改革的意见》和教育部等五部门印发了《教师教育振兴行动计划（2018—2022年）》，向未来教师发出了时代的呼声，提出了新时代的素养教育新使命。体育是众多学科中与学生的成长发育关系最为密切的学科，体育对学生的影响是潜移默化的，会影响学生未来的生活方式和发展，会在学生的身体和精神上刻上不可磨灭的烙印。体育作为一门集文化与技术、思想品德与行为规范于一身的学科，有着“野蛮其体魄，文明其精神”的本质概括，有着促进学生健康、完善、全面发展的核心主旨。体育教师作为新时代学校体育工作的主力军，有着新时代赋予的职责所在，有着新时代发展的角色定位，有着新时代学校体育工作的使命担当，有着新时代赋予的培养学生核心素养的新使命。

四、因为体育教师的核心素养决定学科核心素养的落地生根

教师的素养，对于教育事业极其重要；体育教师的素养，对于体育教育事业同样极其重要，将在很大程度上决定核心素养能否在体育教育实践中真正落实。首都体育学院校长钟秉枢说，实施好基于学科核心素养的新的高中课程标准，最重要的是体育教师观念的转变。中国教育学会体育与卫生分会副理事长兼秘书长、教育部课程改革课标组专家成员耿培新认为，体育教师作为课堂教学的组织者与参与者，有必要重新定义基于发展学生核心素养的体育课教学。可见，当学生的核心素养受到社会高度关注时，我们不能不关注体育教师的核心素养；在强化学生核心素养的同时，我们不能忘了体育教师的核心素养。因为核心素养融入体育课程和教学，整个过程需要由体育教师来完成，需要看体育教师的核心素养。所以说，体育教师的素养在很大程度上决定了学科核心素养能否在体育教育实践中真正落实，他们是推动课堂变革与核心素养落地的决定因素与最大力量。只有我们静下心来，踏踏实实抓好当下60多万的体育教师的核心素养，学生的核心素养才能落地生根。

五、因为体育教师的核心素养是体育教师专业化的愿景诉求

欧盟委员会教育与文化总署的《欧洲核心素养》报告中指出：在素养取向课程改革的实践中，推行颇为成功的学校的一个有益经验是它们无一不注重发展“教师

核心素养”。从核心素养到体育学科核心素养、到体育教师核心素养的研究，是体育教师以学生核心素养的要求反观自己、改造自己、提高自己的过程，也是课程改革深入推进和体育教师专业化的必然选择。提高体育教师的核心素养，就是提高体育教师做人做事的尺度和水准，提高体育教师自己对身体、对工作、对生命的管理能力，提高体育教师自己对他人的影响力和感召力，提高体育教师的职业认同和生命整体，从而让体育教师的专业发展更稳健、更平和、更快乐、更圆满、更圆融。当体育教师具备多维素养，就会生发出一种内在内生的力量，就有了与可持续发展相匹配素养，就能成为一个受学生信赖、受学生尊重、受学生爱戴的卓越教师。

第一章 核心素养应然专业理解

从素质教育到三维目标，从三维目标到核心素养，教育进入3.0时代。体育作为学校教育和健康中国建设的重要组成部分，也进入了“体育+”的时代。截至2018年5月，搜索“核心素养”条目，百度上的数字显示约1 080万，谷歌上的数字显示约801万，中国知网显示约2.5万条结果。全国召开的各种高端教育论坛，以核心素养为本的教学、聚焦核心素养提升教育品质、谈核心素养的“资格”、大数据时代学科核心素养评价、核心素养体系与基础教育课程改革、聚焦未来教育与中国学生发展核心素养等主题，也纷纷聚焦核心素养。可以说，核心素养产出于当下，却指向未来。核心素养该是什么样子？体育学科的核心素养是什么？为何要升级转移换代到重视培育学科核心素养？体育教师怎么理解对接核心素养？这些与核心素养关联度大的问题，都是当下亟待回答的问题。对这些基本问题的回答，离不开对核心素养的专业理解。

应然即“应当如此”，就是应该是怎么样的意思，指根据其自身的特性而应达到某种理想或理念状态的样子，强调的是世界的自为、主观、或然，也就是按照人类的理想价值呈现的。厘清、理解和推导核心素养的应然内涵，有助于清晰核心素养的“核心”和“素养”内涵，有助于回答“何为素养”“缘何核心”等关键问题，有助于体现核心素养的渊源有自，以提供一种促进体育教师专业发展、提升理想层面的落脚点。

一、理解核心及与核心相关概念

所谓“核心”，指向事物本质，对事物全局起支撑性、引领性和持续促进发展的作用，核心素养之“核心”应当是基础，是起着奠基作用的品格和能力[1]。核心素养的“核心”到底是什么？那些与核心相关的概念怎么理解？通过对核心相关概念的理解是否可以更好地理解核心素养？它们可否在教师中自觉生长？可否在学生中生根发芽？基于这些基本问题的追问和思考，我们有必要明晰并理解其相关概念和内涵。因为也许这些与核心相关的概念，就是核心素养的统整；也许这些与核心相关的概念，就是核心素养的新归属。

（一）核　心

核，就是果实中坚硬并包含果仁的部分，如桃核、杏核。心，就是人和高等动物体内主管血液循环的器官（通称“心脏”），如心包、心律、心衰、心悸。“核心”意为中心、主要部分（就事物之间的关系说），其含义是指事物或事情的最重要、最主要且赖以生存和发展的那一部分，可以是物理的，也可以是抽象的，如领导核心、核心小组、核心作用。“核心”英文就是Core，一意为中心、核心、精髓、要义，主要部分反映对象的本质属性的思维形式，如问题核心、核心骨干、核心科目。

由此，我们可以理解核心即中心，核心就是决定事物属性及其构成的最重要的部分，或是最重要的关键理念，一般只有一个核心。中国政法大学常绍舜教授认为，“文化的核心是为人之道”；百度创始人、首席执行官李彦宏在2016年百度世界大会上表示，“百度核心中的核心是人工智能”；吴岩等人在中华医学会全国医学科研管理论坛提出，“学校发展的核心是学科建设”；2008年北京奥运会的核心是人文奥运；《国家中长期教育改革和发展规划纲要（2010—2020年）》指出，“教育改革发展的核心是提高质量，树立以提高质量为核心的教育发展观”“坚持以人为本、全面实施素质教育的核心是解决好培养什么人、怎样培养人的重

[1] 成尚荣.基础性：学生核心素养之“核心”[J].人民教育，2015（7）：24-25.

大问题”“加强以爱国主义为核心的民族精神和以改革创新为核心的时代精神教育”“加快发展继续教育要以加强人力资源能力建设为核心”“深化教育体制改革核心是改革人才培养体制”；《“健康中国2030”规划纲要》提出，“推进健康中国建设的核心是提高人民健康水平”；《中小学健康教育指导纲要》提出，“健康教育是以促进健康为核心”的教育；首都体育学院钟秉枢认为，“国家将进入休闲时代，在基本原则中‘倡导健康生活’是核心”；南京师范大学顾渊彦教授认为，“体育教材与教法的核心是体育运动技能的本质”；北京师范大学体育与运动学院毛振明教授认为，“好的体育课的核心是好教材”；中国教育科学研究院于素梅博士认为，“教学手段是实现教学目标、解决教学问题的核心”。

同时，核心数量不会太多，通常也就是5~6条。如习近平总书记强调：坚持党性，核心就是坚持正确政治方向，站稳政治立场，坚定宣传党的理论和路线方针政策，坚定宣传中央重大工作部署；人民出版社出版的《童子问易》中的儒家思想，确认是仁义礼智圣德性论和德道思想，就社会而言是德道思想，即博爱、厚生、公平、正义、诚实、守信、革故、鼎新、文明、和谐、民主、法治等；江苏省教育科学研究院基础教育研究所教研员孙向阳认为，品牌学校的核心是理念、课堂、管理、文化、团队和科研。

综上所述，“核心”是一个具有特殊意义的概念。抓核心就是抓事物本质，就是抓宏观和关键，就是抓方向和重点，以最终把复杂的事情做简单，把事情简化分解成清晰明确、具体的目标、分工和动作要求，提高实效。核心的确定和形成，往往都需要经历一定的过程和时间，往往都是事物属性的不断摸索和丰富完善，是要义的浓缩凝练。

（二）核心概念

核心概念的研究是国际上学科教育中的一个重要领域，英文文献中经常出现的“核心概念”（Key Concept），与基本概念、主要概念、基本观点、核心观点、大观点、主要概括的意义相近。刘恩山教授认为，核心概念是位于学科中心的概念性知识，包括重要概念、原理、理论等的基本理解和解释，这些内容能够展现当代学科图景，是学科结构的主干部分[1]。戴伊（Day）指出，核心概念是某个知识领域的中心，虽然不是所有人都接受了这些知识，但它们却获得了广泛的应用，而且这些知识还能经得起时间的检验。费德恩（Feden）等人认为，核心概念是一种教师希望学生理解并能在忘记其非本质信息或周边信息之后，仍然能应用的概念性知识，并且他们认为核心概念必须清楚地呈现给学生[2]。美国课程专家埃里克森（Erickson）认为，核心概念是指居于学科中心，具有超越课堂之外的持久价值和迁移价值的关键性概念、原理或方法[3]。这些核心概念具有广阔的解释空间，源于学科中的各种概念、理论、原理和解释体系，为领域的发展提供了深入的视角，还为学科之间提供了联系。

赫德（Hurd）提出，核心概念的选择不是随意的，而是一定要展现学科的逻辑结构，即这些核心概念能够有效地组织起大量的事实和其他概念。不仅如此，这些核心概念应具有一定的前沿性，因为这些内容将延续在学习者以后的生活中，并且极有可能会影响学习者对新知识的探索和获取，从而进一步影响未来的科学。同时，赫德列出了选择核心概念的标准：展现了当代科学的主要观点和思维结构；足以能够组织和解释大量的现象和数据；包含了大量的逻辑内容，有足够的空间用于解释、概括、推论等；在教学中可以用上各类情境下的例子，并可使用于日常生活中常见的情况和环境；可以提供许多机会，用以发展与本学科特色相关的认知技能和逻辑思维过程；可以用于组建更高阶的概念，而且可望与其他学科的概念结构建立联系；表达了科学在人类智力成果中所占有的地位[4]。可见，核心概念的选择标准应该是能够使受教育者掌握当代学科中由概念组织起来的科学知识和思维方法，并提供做决策时遇到问题的理解基础和能力，从而适应社会。

1. 义务教育体育与健康课程标准中的核心概念

我国的2011版义务教育学科课程标准，就是在核心概念理解的基础上研究制定

---

[1] 张颖之，刘恩山.核心概念在理科教学中的地位和作用——从记忆事实向理解概念的转变[J].教育学报，2010（2）：57.

[2] 普莱斯顿·D. 费德恩，罗伯特·M. 沃格尔.教学方法——应用认知科学、促进学生学习[M].王锦，曹军，徐林，译.上海：华东师范大学出版社，2006：462.

[3] 埃里克森.概念为本的课程与教学[M].兰英，译.北京：中国轻工业出版社，2003.

[4] HURD PAUL. New Directions in Teaching Secondary School [M].Chicago：Rand McNally，1971.

的。如《义务教育数学课程标准（2011年版）》提出了10个核心概念，分别是“数感”“符号意识”“运算能力”“空间观念”“几何直观”“数据分析观念”“模型思想”“推理能力”“应用意识”和“创新意识”。其课程标准修订组核心成员、东北师范大学教授马云鹏曾说：核心概念体现数学内容的本质。核心概念本质上体现了数学的基本思想，反映了数学内容的本质特征以及数学思维方式。数学内容的4个方面都以10个核心概念中的一个或几个为统领，学生对这些核心概念的体验与把握，是对这些内容的真正理解和掌握的标志。

《义务教育体育与健康课程标准（2011年版）》的研制和标准呈现，并未提及核心概念的概念，并未有核心概念的表述。但在标准的研制过程中，有对标准中涉及的12个关键词进行了界定和解释，分别为“体育与健康课程”“体育”“健康”“身体健康”“心理健康与社会适应”“运动参与”“运动技能”“体能”“学习领域”“领域目标”“水平目标”和“地域性运动项目”。如果根据赫德选择核心概念的标准，其中的“体育”“健康”“身体健康”“心理健康与社会适应”“运动参与”“运动技能”“体能”7个名词可作为核心概念，体育与健康课程内容主要围绕这些核心概念展开。

（1）核心概念1：体育

包括两层含义：一是指以身体练习为基本手段，结合日光、空气、水等自然因素和卫生措施，达到增强体能、增进健康、丰富社会文化娱乐生活的目的的一种社会活动。体育对于促进身体的正常发育和发展、提高心理健康水平、增强社会适应能力、培养全面发展的人才具有重要的作用。二是指在学校教育环境中，指导学生学习和掌握体育的基本知识与技能，使他们形成体育锻炼意识，提高体育活动能力，增进健康的教育活动。体育既是教育的有效手段，又是教育的重要内容。

（2）核心概念2：健康

指不仅是没有疾病和不虚弱，并且在身体、心理和社会各方面都完美的状态。一个人只有在身体、心理和社会适应方面保持良好的状态，才算得上真正的健康。体育是促进健康的重要手段。

（3）核心概念3：身体健康

指人的体能良好、机能正常、精力充沛的状态。作为学习领域的身体健康，要求学生了解与运动有关的营养、环境、卫生保健等知识，发展体能，提高身体健康水平。

（4）核心概念4：心理健康与社会适应

包括两层含义：一种是指心理健康状态，个体处于这种状态时，不仅自我感觉良好，而且与社会处于和谐的状态；另一种是指维持心理健康、减少行为问题和精神疾病的原则和措施。体育活动对于促进人的心理健康具有积极的影响。作为学习领域的心理健康，要求学生学会通过体育活动调节情绪状态，增强自尊和自信，形成坚强的意志品质。社会适应指个体为了适应社会生活环境而调整自己的行为习惯或态度的过程。在社会生活中，每个个体都有自己独特的为人处世、待人接物的方式，都有人际交往、合作、友情、尊重、名誉及取得成就的愿望和需要，所有这些需要的满足，都依赖于个体的社会适应，同时，它们又能促进个体的社会适应。个体社会适应包括一系列自主的适应性行为，通常表现为顺应、自制、同化、遵从、服从等具体的顺应方式。经常参加体育活动的人，其社会适应能力会提高。作为学习领域的社会适应，要求学生培养良好的合作和竞争精神，形成和谐的人际关系，学会获取现代社会中的体育与健康知识的方法。

（5）核心概念5：运动参与

指学生主动参与体育活动的态度与行为表现。经常参与体育活动的学生，可以培养和发展对运动的兴趣和爱好，养成体育锻炼的习惯，使体育活动成为生活中的重要组成部分。作为学习领域的运动参与，要求学生具有积极参与体育活动的态度和行为，掌握科学健身的知识与方法，养成坚持体育锻炼的习惯。

（6）核心概念6：运动技能

指在体育运动中有效完成专门动作的能力，包括神经系统调节下不同肌肉群间的协调工作的能力。作为学习领域的运动技能，要求学生学习、掌握和运用基本的运动知识和技能，形成一定的运动特长，为终身体育奠定良好的基础。

（7）核心概念7：体能

指人体各器官系统的机能在身体活动中表现出来的能力。体能包括与健康有关的体能和与运动技能有关的体能。前者包括心肺耐力、柔韧性、肌肉力量、肌肉耐力、身体成分等，后者包括从事运动所需要的速度、力量、灵敏性、协调性、平衡、反应等。其中一些体能成分既是与健康相关的体能，又是提高运动技能所需要的体能。

同时，在表1中列举了《义务教育体育与健康课程标准（2011年版）》5个学习领域在同一水平的学习目标及相应的活动和内容，也就是相关核心概念根据学生的认知能力和经验，按照一定的水平逐渐进阶发展，以层层深入的方式、逐层提高的目标让学生能够达成。

表1　核心概念下进阶发展的学习目标

水平	运动参与	运动技能	身体健康	心理健康	社会适应
水平一	对体育课表现出学习兴趣	初步掌握简单的技术动作；注意正确的身体姿势	发展柔韧、反应、灵敏和协调能力；知道身体各主要部位名称和自己身体的变化	说出自己在体育活动中的情绪表现；在体育活动中适应陌生的环境	体验集体活动和个人活动的区别；在体育活动中尊重他人
水平二	乐于学习和展示简单的运动动作；说出所做简单运动动作的术语	会做简单的组合动作；知道如何在运动中避免危险	基本保持正确的身体姿势；发展灵敏、协调和平衡能力；描述身体特征	体验体育活动中的心理感受；在体育活动中具有展示自我的愿望和行为；观察并说出同伴在体育活动中的情绪表现；在一定的困难条件下进行体育活动	在体育活动中表现出合作行为
水平三	主动参与运动动作的学习	知道所练习运动项目的术语；观看体育比赛；初步掌握运动基本技术；说出不同环境中可能面临的危险和避免方法	能够用正确的身体姿势进行学习、运动和生活；发展速度和平衡能力；了解青春期的卫生保健知识；了解营养与健康的关系	体验身体健康状况变化时的心理感受；正确对待生长发育和运动能力弱可能带来的心理问题；知道通过体育活动等方法调节情绪；敢于进行难度较大的体育活动	在体育活动中表现出对弱者的尊重与关爱；表现出与社区活动的联系；了解体育与健康资源

续表

水平	运动参与	运动技能	身体健康	心理健康	社会适应
水平四	积极参与体育活动；合理安排锻炼时间，掌握测量运动负荷的常用方法	了解所学项目的简单技战术知识和竞赛规则；观赏体育比赛；发展运动技战术能力；注意运动安全；在有指导的情况下顺利完成集体野外活动	发展速度、有氧耐力和灵敏性；理解体育锻炼对身体形态和机能的影响；初步学会选择有利于健康的营养食品	知道生活方式对健康的影响；了解心理健康对身体健康的意义；通过体育活动树立自尊和自信；学会其他调节情绪的方法；根据自己的运动能力设置体育学习目标	理解不同运动角色的任务，识别体育中的道德行为；简单评价媒体的体育与健康信息
水平五	养成良好的体育锻炼习惯；根据科学锻炼原理制订并实施个人锻炼计划；学会评价体育锻炼效果的主要方法	认识多种运动项目的价值；关注国内外的重大体育赛事；提高一两项运动的技战术水平；增强技战术的运用能力；掌握运动创伤时和紧急情况下的简易处理方法；学习在野外条件下的活动技能与方法	发展肌肉力量和耐力；理解身体健康在学习、生活中的意义和作用；了解性传播疾病等有关知识；形成良好的生活方式	自觉通过体育活动改善心理状态；在体育活动中努力获得成功感；在体育活动中表现出调控情绪的意愿与行为；在具有挑战性的运动情境中，体验战胜困难带来的喜悦	表现出良好的体育道德和合作精神；具有通过互联网获取体育与健康知识和方法的能力

2. 学校体育核心概念的相关研究

以“体育”“核心概念”为关键词，检索中国学术期刊网（含博硕论文库），相关的论文仅有6篇，与学校体育有关的论文为5篇，其中1篇为硕士论文。王若光在《体育文明——探索建构理论观点型核心概念》一文中，基于体育学界只有“体育文化”而无“体育文明”的基本现况及深层次原因分析，对“体育文明”核心概念进行了尝试性建构，并认为“体育文明”属于理论观点型核心概念[1]。魏勇在《体适能——学校体育的核心概念（上）（下）》文章中，从体适能的定义和分类、体适能的发展简史、健康体适能概况、健康体适能的检测、增加健康体适能的运动方法，强调了学校体育在青少年儿童促进身体活动以改善或维持健康的身体及良好的健康体适能所扮演的角色是相当重要的，并认为需从体适能视角出发，对于我国现有的学校体育而言，应在充分调研的基础上，进一步完善和修订现行的体育教育政策与方针、修改学校体育教学体制、完善和补充学校体育课程、对体育教师进行体适能的专业化培训等[2][3]。刘翔在《高校体育课程中核心思维的辨析》一文中，提到了将棋牌、电子竞技、冥想等类型纳入体育课程核心概念的认识范畴，从军事、娱乐、养生、身体文化的角度去理解体育内涵[4]。毛振明在《体育教学论》一书中，通过学生、教师、教学目标、教学内容、教学过程、教学环境、教学方法、教学评价八个核心概念，描述了“体育教学全景图”[5]。

3. 核心概念对课程与教学的影响

美国课程专家埃里克森提出了“以概念为本的课程与教学”，认为教学重心应该从讲授事实转移到“使用”事实，具体事实应该作为工具来帮助学生发展深层理解和有效转化知识的能力；提高学业标准更多的是要求思维能力的提升，而不是掌握更多的事实材料；学习重心应该从记忆事实转移到理解可迁移的核心概念和对更为根本的知识结构进行深层理解，培养和发展思维能力。

美国地平线研究组（Horizon Research Team）主席维斯（Weiss）及高级研究助理帕斯利（Pasley）经过18个月的观察，对364节课进行详细分析，发现优质课堂具有以下几个特征：在课堂教学过程中，教师善用多种策略（如展现真实世界中的实例，为学生提供一手经验等），为某个科学概念提供清晰的阐释；吸引学生从事动

[1] 王若光.体育文明——探索建构理论观点型核心概念[J].南京体育学院学报，2013（1）：64-70.

[2] 魏勇.体适能——学校体育的核心概念（上）[J].体育教学，2008（11）：64-66.

[3] 魏勇.体适能——学校体育的核心概念（下）[J].体育教学，2008（12）：64-66.

[4] 刘翔.高校体育课程中核心思维的辨析[J].中外企业家，2014（6）：170.

[5] 毛振明.体育教学论[M].北京：高等教育出版社，2005.

脑筋的活动；帮助学生理解学科的核心概念等[1]。把帮助学生理解学科的概念作为优质课堂的主要特征之一，围绕学科核心概念进行课堂教学成为国际科学教育界关注的热点。因为围绕核心概念来组织知识，是一种非常经济和有效的组织科学课程或教学活动的方式，课程内容围绕核心概念组织展开，课堂教学帮助学生掌握核心概念，将有助于学生对知识的深入理解和迁移应用。

综上所述，核心概念进入世界教育家视线，起始于20世纪七八十年代，对核心概念的界定与表述、标准与地位、学科融入与实践等方面均有了较深入的理论分析和实证检验。核心概念进入我国教育学者的视线，起始于21世纪初，并有相关学科借鉴各国研究经验，将核心概念植入《义务教育学科课程标准（2011年版）》中。体育学科的核心概念，仅有个别研究者提出相关概念，在权威专家学者和新课程标准中并未有正式提及，但在相关概念解释中看到了体育学科核心概念的影子。如何清晰界定、聚焦提炼体育学科的核心概念，如何正确理解、深入实践体育学科的核心概念，如何将核心概念融入新课程单元设计和课堂教学之中，是我们需把握的一个概念、需解决的一个问题。

（三）核心理念

国际著名咨询调查公司曾对全球500家最大的公司进行多年研究，得出这样一个结论：凡是那些能够多年跻身世界前列的公司都有一个共同特点，这些成功的企业都有各自特有的得到组织共同认可的价值观，这些组织的成员都能够自觉遵循企业道德，有共同的愿景目标，有独有的行事风格和习惯。这些是什么？是企业文化吗？企业文化看不见，摸不着，无影无踪，但又实实在在、的确存在于每个企业。企业无论规模大小，时间长短，都有自己的共同的“语言”——大家熟知的、感知的而且普遍接受的，把这些“语言”总结提炼，汇总成企业精神、企业道德、经营理念等，就构成了企业文化的核心理念。也就是说，核心理念就是统一思想、明确方向，指导大家做什么、怎么做，追求什么、扬弃什么的认识和思想。例如，某企业的核心理念是创新、自信、专业、行动、开放、共好；阿里巴巴集团首席执行官马云的企业经营核心理念

[1] WEISS I .R, PASLEY J L.What is high-quality instruction [J] .Educational Leader ship，2004：61 .

是技术只是工具、股东最不重要、小企业比大企业好；英国开放大学（Open University，OU）学习支持的核心理念是开放、人本、服务，作为世界上第一所成功实施远程教育、英国唯一一所致力于远程教育的大学，经过40多年不懈追求，以其开放、人本、服务为核心理念的远程学习支持的质量和信誉受到学生的高度认可，其成功经验为全球远程教育提供了弥足珍贵的借鉴，也成为许多国家效仿的模板[1]。“十三五”规划的核心理念是促进人的全面发展[2]。“慕课”作为开放教育资源运动发展的最新形态，核心理念是秉承教育资源共享[3]。中华武术的核心理念是忠心报国、尊师重道、见义勇为、自强不息、崇德尚和等修身信条。那么，学校体育的核心理念是什么？体育课程的核心理念又是什么？体育教学有没有、需不需要核心理念？

1.《义务教育体育与健康课程标准（2011年版）》提出的核心理念

《义务教育体育与健康课程标准（2011年版）》，提出了课程的四个基本理念（表2），作为指导体育教师追求、扬弃的认识和思想，可以理解为义务教育体育与健康课程的核心理念。

表2　《义务教育体育与健康课程标准（2011年版）》提出的课程基本理念

序号	核心理念	具体表述
1	坚持“健康第一”的指导思想，促进学生健康成长	以“健康第一”为指导思想，努力构建体育与健康的知识与技能、过程与方法、情感态度与价值观有机统一的课程目标和课程结构，在强调体育学科特点的同时，融合与学生健康成长相关的知识。通过体育与健康课程的教学，使学生掌握运动技能，发展体能，逐步形成健康和安全的意识以及良好的生活方式，促进学生身心协调、全面地发展

[1] 毛丽萍.核心理念引领下的远程学习支持战略选择——英国开放大学（Open University）个案研究[J].教育理论与实践，2010（4）：9-11.

[2] 胡鞍钢.“十三五”规划的核心理念是促进人的全面发展[J].红旗文稿，2015（12）：4-6.

[3] 高地.“慕课”：核心理念、实践反思与文化安全[J].东北师范大学学报，2014（5）：178-186.

续表

序号	核心理念	具体表述
2	激发学生的运动兴趣，培养学生体育锻炼的意识和习惯	强调在课程目标的确定、教学内容和教学方法的选择与运用方面，注重与学生的学习和生活经验相联系，引导学生体验运动乐趣，提高学生体育与健康学习动机水平；重视对学生进行正确的体育价值观和责任感的教育，培养学生刻苦锻炼的精神，促进学生主动参与体育活动，基本形成体育锻炼习惯
3	以学生发展为中心，帮助学生学会体育与健康学习	高度重视学生的发展需要，从课程设计到学习评价，始终以促进学生的身心发展为中心。课程在充分发挥教师教学过程中主导作用的同时，重视学生在学习过程中的主体地位，注重培养学生自主学习、合作学习和探究学习的能力，促进学生掌握体育与健康学习的方法，并学会体育与健康学习
4	关注地区差异和个体差异，保证每一位学生受益	强调在保证国家课程基本要求的前提下，充分关注不同地区、学校和学生之间的差异，各地区和学校要根据体育与健康课程目标及课程内容，因地制宜，合理选择和设计教学内容，有效运营教学方法和评价手段，努力使每一位学生都能接受基本的体育与健康教育，促进学生不断进步和发展

如果将《义务教育体育与健康课程标准（2011年版）》提出的课程基本理念作为核心理念理解的话，那么健康第一、激发学生运动兴趣、以学生发展为中心和关注差异是义务教育体育与健康课程的核心理念。相关研究也认为我国第八次基础教育课程改革的核心理念是“以学生发展为中心”[1]。

2. “关注学生”是体育与健康课程的核心理念

季浏教授在《论面向学生的中国体育与健康新课程》[2]一文中认为，健身育人是体育与健康课程的本体功能，要充分发挥本课程的本体功能，关注学生就应成为体育与健康课程的核心理念。因为学生才是学习的主体，关注学生才能激发他们的运动兴趣，增强他们的学习动力，挖掘他们的学习潜力，促进他们感受体育学习和活动的乐

[1] 殷荣宾，季浏，蔡赓.美国K-12年级学校体育课程内容体系解析及启示[J].体育学刊，2016（5）：94-99.
[2] 季浏.论面向学生的中国体育与健康新课程[J].体育科学，2013（11）：28-36.

趣，变被动体育为主动体育，从而养成锻炼习惯，使身心得到协调发展。“关注学生是体育与健康课程的核心理念”主要体现在以下三个方面。

（1）关注每一位学生

关注每一位学生是为了使每一位学生从体育与健康教育教学中获益并得到更好的发展，要面向全体学生，要重视学生的个体差异，关注每一位学生的进步和发展。

（2）关注学生的体育与健康学习需求和情感体验

不同学段的学生具有不同的身心发展特点，也就具有不同的学习需求。比如，小学阶段的学生更喜欢游戏类运动项目，初中阶段学生更喜欢多种项目的学习，高中阶段学生更喜欢学习自己擅长的运动项目；男生更喜欢身体对抗性的运动项目，女生更喜欢身体非对抗性的运动项目。只有尊重学生的学习需求，学生的体育与健康学习才可能成为自觉和主动的过程，才会提高体育与健康学习的效果。关注学生的情感体验就是要让学生感受到体育与健康学习的过程是一个愉快的过程，只有感受到愉快，学生才愿意主动参与，才会持之以恒。

（3）关注学生人格养成和道德品质

体育与健康课程不仅要关注传授运动知识和技能，更要关注学生人格养成和道德品质，使学生在获得运动知识和技能的过程中意志更坚强、性格更开朗、道德更高尚。体育与健康课程应把学生人格的塑造和道德品质的养成渗透到教学过程中，一定要在以学生的健康发展为本的前提条件下，通过有意义的运动知识和技能的教学，促进学生的全面发展。

3. “健康第一”是学校体育的核心理念

宋杰在《健康第一：学校体育的指导思想还是核心理念》一文中认为，“健康第一”不仅是学校体育的一个指导思想，更是一种有着规定性的根本观念，一种核心的理念。“健康第一”是学校体育“以人为本”宗旨的本质体现，强调学校体育讲求和谐、彰显学校体育的基本目标，是对学校体育行动和任务的一个高度概括，是统领精神领域且具有规定性的根本思想观念，是学校体育的核心理念。[1]

综上所述，体育与健康课程标准虽然没有涉及核心理念的提出，但有着明确清

[1] 宋杰. 健康第一：学校体育的指导思想还是核心理念[J].山东体育学院学报，2006（4）：103–105.

晰的四个基本理念，无论在课程教学设计、教学实施还是在教学评价中，这些基本理念都成为衡量和评定的基本准则和重要指标，成为体育与健康课程的核心理念。特别是其中的“以学生发展为中心”“关注学生”“健康第一”，都成为专家研究认定的核心理念，这些核心理念也成为指导体育课程实施的认识和思想。

（四）核心内容

“核心内容”是《国家中长期教育改革和发展规划纲要（2010—2020年）》提出的一个新概念。《国家中长期教育改革和发展规划纲要（2010—2020年）》提出：“深入研究、确定不同教育阶段学生必须掌握的核心内容，形成更新教学内容的机制。”《国家中长期教育改革和发展规划纲要（2010—2020年）》提出了研究确定课程核心内容的新课题和新要求，这一要求同时提出了一个十分现实的问题：学生必须掌握的体育与健康课程核心内容是什么？当下我们是否有一个清晰的核心内容体系？教育部体育卫生与艺术教育司原司长、中国教育学会体育卫生分会原理事长宋尽贤认为：“没有科学的内容体系，就难以支撑起课程目标……体育与健康课程的核心内容应该是全体学生都要进行学习的规定性内容，更是体育教师必须熟练掌握的基本内容……确定体育与健康课程的规定性内容，既是一个理论问题，也是一个推进课程改革需要解决的现实问题。”可见，核心内容不是全部内容，而是最能体现课程性质和特点、学生最应该也必须掌握的那部分内容。

1. 核心内容缺失的现实问题

体育教材教法的研究中，要“教什么”是个核心问题。“教什么”是能从“课程标准”或“教学大纲”中得到反映的。但是，从我国体育课程的历史来看，到底应当教什么，在相关文件中却有着不同的论述。1923年后，体操科改为了体育课，在1929年、1932年的课程标准中，关于教什么的问题只是指出了“作业类别”，即游戏、舞蹈、运动三大类别。从1942年开始，在课程标准中，关于教什么的问题指出的是“教材大纲和教材要目”。中华人民共和国成立后，1950年的课程暂行标准中指出的则是“教材纲要”。从1956年开始，课程标准改为了教学大纲，关于教什么的描述则是“大纲教材”。1961年、1978年、1987年、1988年的教学大纲提出的是“基本教材”和“选用教材”。从1992年的教学大纲开始到2000年的教学大纲，关于教什么的问题开始用“教学内容”表述。2001年颁布的《义务教育体育与健康课程标准（2001年版）》中，对于教什么的问题是以“课程内容”阐述的。但是，《义务教育体育与健康课程标准（2001年版）》中“根据目标设置的‘内容标准’是‘目标的内容’，而不是‘内容的标准’，也就是说，课程标准没有规定某一水平学生，应该学习什么具体的内容并应该达到怎样的标准”。这种不规定具体内容的标准设计一方面为部分高素质体育教师提供了自主开发教学内容的空间，使体育教学内容呈现出丰富多样、百花齐放的局面；另一方面，也造成了部分体育教师在教学内容选择上的随意性和各行其是，出现了“原本是目标确定下的自主选择，但实际上变成了任意选择、方便选择——没有任何依据的选择，丧失了国家的基本要求，丧失了基本的规定性”。

同时，中小学体育教学的主要依据——体育教材，虽然都以体育课程标准为编写依据，但由于课标中缺失具体内容标准，加上编者对课标的理解存在差异，故不同教材中呈现出内容不一、难度不一和数量不一，且差异极大。特别是在中学阶段，三年使用一本教材，教材内容主要按运动项目分类编写，不分年级，没有主次，学什么内容不学什么内容，什么时候学哪些内容、学多少，全凭教师自由选取确定。

2. 核心内容是“学生必须掌握的内容”的特征

河南省开封市基础教育教研室赵超君教师[1]认为，从核心内容是“学生必须掌握的内容”这一特性出发，核心内容一般应具备以下特征。

（1）规定性

核心内容不是可学可不学、可多学可少学的内容，而是学生“必须掌握”的内容，是促进学生身心发展不可或缺的内容。核心内容应具有规定性和约束力，是教材文本的主要构成，也是教师重构、拓展教学内容的基础和依据。

（2）独有性

核心内容应是本课程唯一具有、不可替代的内容。在其他课程或学校活动中也可能出现或已经出现的内容不应成为本课程核心内容。否则，教学资源的重复性浪

[1] 赵超君. 构建体育与健康课程核心内容的思考与设想[J]. 中国学校体育，2012（6）：38-40.

费将成为不可避免的现实。

（3）普适性

由于核心内容具有规定性，是学生必须掌握的刚性内容，因此，核心内容应具有普适性，适合在绝大部分地域、学校和学生中进行教学。只适合某地、某校或某些学生的内容不应成为核心内容。

（4）价值性

与其他可重构、替换、开发的拓展性教学内容相比，核心内容应经过专家论证和实践检验，具有相对较高的教育、教养和发展价值，对于学生的学科能力及情感、态度、价值观的发展可产生积极的促进作用。

（5）动态性

《国家中长期教育改革和发展规划纲要（2010—2020年）》提出要“形成教学内容更新机制”，这表明核心内容应该随着社会发展、科技进步、知识更新的进程以及国家对人才培养规格的要求变化而更新。核心内容应是动态的、发展的、可变的，以更好地适应不断变化的内外环境。

3. 核心内容是“身体练习”的理解

首都体育学院的李林教师[1]认为，身体练习是体育课程的核心内容。与其他文化课不同的是，体育课程学习的结果主要表现在体能的增强、运动技能的掌握和行为态度的改变等方面，而这必须通过学生亲身参与各种运动实践才能实现，这也就决定了体育课程各种教和学的内容，主要由各种形式的身体练习所组成。根据身体练习的表现形态，将身体练习划分为单一动作结构的身体练习、组合动作结构的身体练习、活动性游戏和运动项目四大类。

综上所述，虽然我国的体育课程一直注重体育学科知识体系的科学性和完备性，且有着庞杂的教学内容，但体育课程内容并没有构建起层级进阶的课程内容体系，没有建立起面向学生以培养学生体育能力为核心组织的课程内容，从近代体育课程的发端到今天，各种运动项目一直就是体育课程的主要内容。体育与健康课程的教学内容设置可以说是目前学校体育最为困境的学理问题，对学生最应该也必须

[1] 李林. 体育课程核心内容——身体练习分类新探[J].体育教学，2011（11）：41-43.

学习掌握的那部分规定性内容是什么，学生可以选择学习掌握的那部分内容是什么，学生可以个人自行学会掌握的那部分内容又是什么，这值得专家学者和一线教师去探索、去实践。

（五）核心知识

知识是中小学课堂教学非常重要的要素，每个学科都有其特定的核心知识。希尔斯曾经站在课程选择的角度提出，核心知识是“共享、稳固、序列和具体”的知识[1]。斯皮克（Spelke）、孙宇浩等人认为，“核心知识系统出现于人类个体发展和种系发展的早期，在人类复杂认知能力的发生发展中起着建构模块的作用”[2][3]。陆建身等人认为，核心知识是“学生应该掌握的所有东西”，是“集中注意的良好教育之基础”[4]。核心知识走进学科和教学，更多地会落实到教学单元活动中，落实到每节课的主干内容中。可见，以核心知识为主线构建的课堂教学，往往可以有效减少课堂教学中的内耗、垃圾与修饰品，为学生的学习活动与主体创造留足空间，结构简单、线条清晰、简明扼要的核心知识教学，将是未来课堂教学改革的重要走向。

1. 核心知识的显著特点

龙宝新认为，核心知识是每个教学活动单元中必须要让学生掌握、理解、探明的主要知识技能，是一个学期教学、一个单元教学、一节课教学的主体内容与知识主干，是整个教学活动链条中的关键链环，是联系全部教学活动的轴心骨，是教学活动之魂的栖息地[5]。核心知识具有三个明显特点。

（1）统摄性

核心知识是一个教学活动单元的统领者与连接者，是整个教学活动的母体，相对而言，其他课堂知识技能都是从这一基点衍生出来的，都是为这个核心知识在课堂教学中的展开或习得服务的。如果说课堂教学具有一种“鹰架”式结构，那么，

[1] 赵中建. 美国核心知识课程的理论和实践（上）[J]. 外国教育资料，1996（5）：27-32.

[2] SPELKE E S. Core knowledge [J]. American Psychologist，2000：55.

[3] 孙宇浩. 核心知识系统及其对相关研究的启示[J]. 心理科学进展，2003（11）：12-19.

[4] 陆建身. 美国核心知识课程与生物学课程改革[J]. 生物教学，2002（2）：8 -10.

[5] 龙宝新. 走向核心知识教学：高效课堂教学的时代意蕴[J]. 全球教育展望，2012（3）：19-24.

核心知识就是撑起这一鹰架的支点。也就是说，抓住了这一知识，所有教学活动的构成部分、环节细节都可以被“提起来”，被“牵扯”出来。心理学研究证明：人类的核心知识系统是“建构复杂认知技能必不可少的一部分”。在教学中核心知识的作用也是如此，它是一个教学活动的基轴与焦点，是把零碎的课堂知识串联起来，使之融为一体、有机关联的内线与铰链。可以说，核心知识教学是整个教学活动的连心锁，是赋予教学活动以整体性的关键。

（2）内核性

核心知识是教学知识单元的细胞核，相对而言，非核心知识只是其生存的环境。如果说课堂知识具有“内核+围绕带”的结构，那么，核心知识就位于其最中心圈层，其他知识如次要知识、相关知识、边缘知识则依次排列在它的外围，进而构成了一种“众星捧月”式的结构。在这一结构中，其他知识构成了核心知识的生存背景与着生土壤，成为将之凸显出来的光屏。可以说，一切外围知识都是学习者逼近核心知识，最终将之消化、理解的垫脚石与助跑器。

（3）衍生性

在课堂知识中，核心知识最具再生力与生发力，它是最具活性的一种知识类型，是一切其他课堂知识得以生发与依附的主根。一方面，在实践应用领域，核心知识面对的不是一种实践而是一类实践，核心知识的习得能够帮助学习者获得对一类实践问题的解决能力，实现在各种实践领域中的再现，故具有较强的再生力和与实践的结合力；另一方面，在课堂知识体系内部，核心知识能在和具体领域对接中生发出一系列新知识，实现对整个课堂知识体系的扩容与增生。有教师指出：“‘核心知识’其实就是一颗思想的种子，它是具有思维生长力的。”

2. 教什么知识

季苹在对教学知识论的认识基础上，从教学需要的角度提出四类新的知识分类：事实性知识、概念性知识、方法性知识和价值性知识[1]。这是我们理解并明确教什么知识的有力参考，如图1就是基于单元的四类知识教学内容案例。

所谓事实性知识，基本是显性的，是关于“×××怎么样”的知识，是描述性

[1] 季苹. 教什么知识[M]. 北京：教育科学出版社，2009.

的。体育教师在教学中，一般就是将已懂得的知识复述出来，并解决学生提出的问题，如“第30届奥运会在伦敦举行”“田径项目中最小的计量单位是1cm”“动作示范的方向有正面、镜面、背面和侧面”等。这些事实是有待于解释的，没有经过解释的事实实质上只是一种信息。

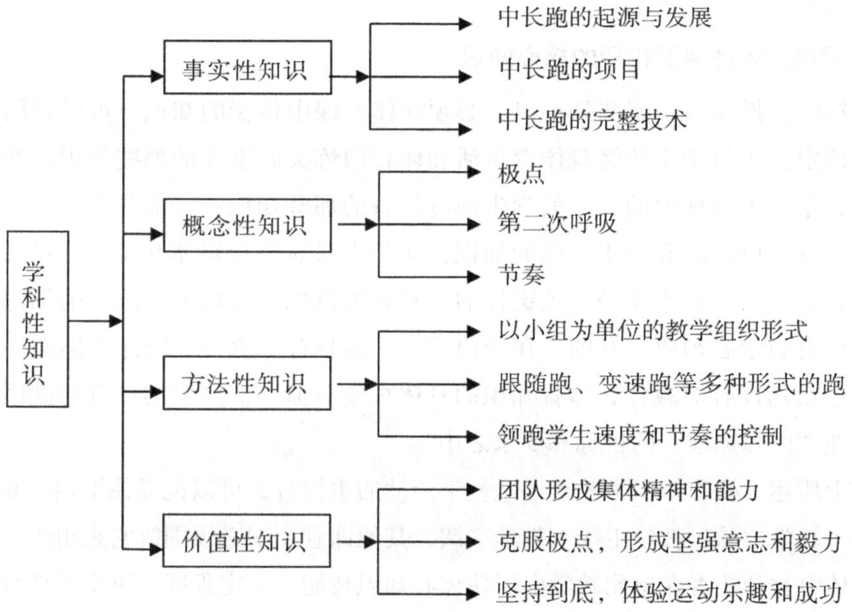

图1 以中长跑为案例的学科性知识水平理解

概念是人对一类事物的本质特征的认识和揭示，概念性知识是用以解释事实的概念。不少体育教师教学中传授的知识主要是事实性知识和概念性知识，即通常所说的“是什么”和“为什么”的知识。“为什么”主要是概念和原理，它们都是概念性知识。

方法就是每个人在自己的目的和自己的资源之间架起的桥梁，这样的方法具有情景性、机理性、实践性、价值性、个人性等。方法性知识是既包括思维方法或者研究方法，还包括形成方法的知识，同时不仅包括具体的思维和研究方法，还包括具体方法所运用的条件。

主体性知识主要包括人的生活经验、长期形成的生活习惯及生活目的，但并不是生活经验、生活习惯和生活目的就能被称为主体性知识，只有那些被人认识到的或者作为反思对象的生活经验、生活习惯和生活目的才是真正的主体性知识。一个人生活在自己的经验、习惯和目的中却对这些内容不自知，在实质上是麻木的，是处于一种非主体的状态。

3. 哪些是体育课要传授的核心知识

毛振明教授认为，哪些是可以、必须在体育课中传授的知识，可以利用反向思维进行确定：①与学生的终身体育生活和体育锻炼关联度高的那些知识；②有一定专业性，学生可以理解的，一般学生都应具备的那些知识；③那些不经过教师的传授，学生就难以理解和真正学懂的知识；④学生只靠公众媒体并无法获得的那些知识。而在这其中，最重要的、关键性的、具有案例性、可以举一反三的那部分体育知识是体育教学必须要教好的。在当前的《义务教育体育与健康课程标准（2011年版）》中虽然没有对教什么体育知识的具体规定，但丰富多彩的体育与健康知识内容体现在“内容标准”的目标和要求之中[1]。

综上所述，核心知识是整个课堂教学活动的主控台，可以说抓住了核心知识就等于抓住了教学主脉、教学主线、教学主调，其他课堂知识必须围绕它来组织、统筹与安排。体育教师能否在单元教学中抓住核心知识技能，一定程度上决定了体育教学的质。有什么样的知识就有什么样的教学观，体育教师的教学观直接影响学生的学习兴趣和学习能力，而决定体育教师教学观的根本是体育教师的知识观。什么样的知识能转化为学生的能力，什么样的知识能激发学生的学习兴趣，什么样的知识是体育教师需要转化教学等一系列问题，则需要我们进一步思考和实践的探索。

（六）核心力量

近年来，核心力量是竞技体育领域中的一个新鲜事物，引起诸多学者的关注，核心力量也成为国外研究较多、近期被国内引起关注的一种力量。目前，国内外学

[1] 毛振明.在体育课中如何有效地传授体育知识（上）——对体育知识及应传授体育知识的概观与思考[J].体育教学，2011（3）：23–25.

者对核心力量定义的理解不一，对核心力量的作用机制探讨还不够深入。早在1996年，德国一些研究者提出了躯干支撑力量（Marees，1996），这可能是关于核心力量的最早说法。2005年，美国一些学者把提高稳定性的力量称作核心力量[1]。针对“人体核心”在运动中的重要作用，体能学者也提出了“核心力量”的概念。我国学者陈小平认为，核心力量是一种以稳定人体的核心部位、控制重心运动、传递上下肢力量为主要目的的力量。王卫星认为，所谓“核心力量”是指核心肌群（肌肉）在稳定人体重心、产生和传递力量的基础上，以发展神经支配和控制能力、整体协调用力能力和本体感受性能力等为主要目的而表现出来的力量能力[2]。研究者普遍认为：核心的部位是在肩关节以下髋关节以上的区域，包括附着在脊柱、髋、骨盆周围的深层肌肉和背部、腹部，以及构成骨盆部的所有肌群，核心力量是指附着在人体核心部位的肌肉和韧带在神经支配下收缩产生的力量。

1. 核心力量训练的作用

近年来，核心力量训练（Core Training）无论在竞技体育训练领域还是学校体育中都引起了极大的关注，被教练员们和体育教师们认为是运动员和学生体能训练的一个重要内容。核心力量存在于所有运动项目中，所有运动技术动作都是以中心肌群为核心的运动链，核心肌群对运动中的身体姿势、运动技能和专项技术动作起着稳定和支持作用。王卫星、廖小军在《核心力量训练的作用及方法》一文中提出，核心力量训练的主要作用在于稳定脊柱、骨盆，保持正确的身体姿势，可以提高身体的控制力和平衡性，可以提高运动时核心向四肢及其他肌群的能量输出，可以提高肢体协调工作效率、降低能量消耗，可以预防如背痛、腰部扭伤等动作损伤及伤后恢复，从而有助于运动成绩的提高[3]。

2. 不同项目中的核心力量训练

通过文献综述发现，核心力量训练在篮球、足球、网球、跆拳道、短跑、健

[1] Wendell P Liemhn Ted a Baumgartner，Laura H Gagnon. Measuring core stability[J]. Strength Cond Res，2005，19（3）：584.

[2] 王卫星.体能训练理论与实践[M]. 北京：高等教育出版社，2012.

[3] 王卫星，廖小军.核心力量训练的作用及方法[J]. 中国体育教练员，2008（2）：12-15.

美操、游泳、散打、乒乓球、跳远、竞走、铅球、体操、排球、舞蹈啦啦操、羽毛球等项目中都有深入实践和实验研究，对于我国各项运动项目成绩提高和运动员体能发展都有一定影响。如核心力量在传统武术中[1]，对“下丹田”这一核心部位给予高度重视。对于“下丹田”较为一致的观点是在小腹部脐下二寸与三寸之间，且非一点，是具有“方圆”意义的一片或一块，并位于腹部腔体的居中部位。从肩部到胯部周围的区域涵盖了全身运动之中节、上肢运动之根节、下肢运动之根节，此区域是上下肢力量之源，起着传导、整合全身力量的作用。因此，就“三节”理论而言，此区域可以看成是人体发力的核心部位。腰脊是多轴关节，通过数块椎骨的联合运动来实现屈、伸、侧屈和回旋等动作。因此，腰部在武术中是反映身法技巧的关键所在。中盘所指为腰、腹、胯（髋），腰和胯是相连部位，言腰必言胯，言胯必言腰，所以称为“腰胯”。此处连接着上盘（上肢与胸）与下盘（腿与脚），是人体重心所在。传统武术特别重视“下丹田”“腰胯”“中盘”所涉及的人体区域。从结构上看，这一区域主要由“腰、腹、臀、髋”所构成，与现代体能界所持小核心区的观点不谋而合。所谓“腰如车轮”“腰如囊”“丹田内转”“丹田开合鼓荡”等都需要这一区域的参与。因此，该区域是人体至关重要、举足轻重的部位，是身体运动的主宰和力量传导的枢纽，在运动中起着稳定重心、灵活转换和传导力量的重要作用。

如核心力量在中国田径训练中[2]，对全面均衡地发展田径运动员的力量素质有着至关重要的作用，它作为一种有效的力量训练方式应该成为田径运动员体能训练的一部分。核心力量对田径运动员有提高田径技术动作的稳定性、加强神经对肌肉的控制、减少能量消耗、提高工作效率、预防运动损伤的作用。按照训练时的稳定性、动作姿势及负荷强度将田径的核心力量训练分为7个难度等级，以核心稳定训练开始，并最终结合于田径某一专项的核心爆发力训练。

---

[1] 魏巍，王卫星，韩春远．“核心力量”在传统武术中的解读与辨析[J].北京体育大学学报，2013（10）：111-116.

[2] 李春雷，夏吉祥．田径核心力量训练研究[J].北京体育大学学报，2009（4）：108-112.

3. 学校体育中的核心力量引入

当下，核心力量训练不仅在竞技体育领域受到关注，中小学校体育教师也将其广泛运用于课堂，作为发展学生体能的一种练习手段，诸如核心力量引入中小学体育课、核心稳定性对中学生身体平衡能力发展、核心力量训练对平衡能力和核心稳定性影响，以及核心力量在中学生身体素质课课练等实践性、可行性和实验性研究。如赵立芳在《基于核心力量的初中生功能性体育游戏设计及效果研究》一文中，结合初中生的身心特点，通过平衡垫、瑞士球等将核心力量理念下的非稳态训练与体育游戏的针对性、娱乐性理念有机结合，进行基于核心力量的功能性体育游戏设计，通过在初中生课外体育活动中以准实验的形式加以实施，检验其在改善中学生核心力量方面的效果，并就其在初中生的体质及身心全面发展方面的影响进行探讨[1]。朱兰兰在《核心力量训练对初中学生脊柱形态和步态的影响》一文中，针对初中男生脊柱形态与女生步态发展所设计的核心力量训练方法可能通过加强核心区域肌肉群力量，有效矫正初中生的脊柱弯曲与步态异常，认为核心力量训练可能是初中学生脊柱弯曲与步态异常的预防和康复治疗方法[2]。

综上所述，核心力量作为由康复和健身领域引入竞技体育运动训练的新型力量素质训练方法，已成为体能训练的一个热点话题，也逐渐带入学校体育领域和体育教学课堂，同时也成了大众健身锻炼的一个常用练习方法。核心力量在日常训练、不同项目训练和学校体育中作为体能训练的一个重要内容，对于运动员和学生的体能发展及全面发展起着重要作用。对学校体育和体育教师来说，对核心力量的认识还没有到位，对核心力量的理解还没有明确其理论依据，对核心力量的训练还处于模仿阶段，对核心理论的作用价值还有待充分体悟，需要我们进一步跟上脚步，边学习、边实践，边摸索、边运用。

（七）核心价值观

核心价值观（Core Values）是指企业必须拥有的终极信念，是企业哲学中起主

[1] 赵立芳. 基于核心力量的初中生功能性体育游戏设计及效果研究[D].石家庄：河北师范大学，2013.

[2] 朱兰兰. 核心力量训练对初中学生脊柱形态和步态的影响[D].南昌：江西师范大学，2014.

导性作用的重要组成部分，也是“一个企业本质的和持久的一整套”原则。核心价值观简单来说就是某一社会群体判断社会事务时依据的是非标准，遵循的行为准则。著名文艺评论家、独立学者、作家殷谦说：人要有核心价值观，也就是肯定价值，这种肯定价值就是勇于自我牺牲和无私的爱，就是对完善和真理的爱，对天地自然和生命中一切神圣事物的爱[1]。例如，迪士尼的核心价值观是“健康而富有创造力”；IBM公司的核心价值观是“成就客户、创新为要、诚信负责”。我国的历史和现实都表明，构建具有强大感召力的核心价值观，关系社会和谐稳定，关系国家长治久安[2]。如果说推动国家发展，核心价值观是最持久、最深沉的力量，那么推动学校体育发展，核心价值观也是最持久、最深沉的力量。

1. 社会主义核心价值观

社会主义核心价值观是社会主义文化的核心，是建设社会主义文化强国、巩固全社会共同思想基础的根本所在。党的十八大以来，中央高度重视培育和践行社会主义核心价值观，习近平总书记多次做出重要论述、提出明确要求，积极培育和践行社会主义核心价值观。倡导富强、民主、文明、和谐，倡导自由、平等、公正、法治，倡导爱国、敬业、诚信、友善，这24个字的价值目标、价值取向和价值准则，是社会主义核心价值观的基本内容。社会主义核心价值观是国家、组织和个人需身体力行并坚守的理念，是真正影响发展运作的精神准则，它经得起时间考验，且不会轻易改变。

2. 体育在培育和践行社会主义核心价值观的综合作用

《国务院办公厅关于强化学校体育促进学生身心健康全面发展的意见》（国办发〔2016〕27号）指出：全面贯彻落实党的十八大、十八届三中、四中、五中全会和习近平总书记系列重要讲话精神，全面贯彻党的教育方针，按照《国家中长期教育改革和发展规划纲要（2010—2020年）》的要求，以“天天锻炼、健康成长、终身受益”为目标，改革创新体制机制，全面提升体育教育质量，健全学生人格品

[1] 殷谦.心灵真经[M].合肥：黄山书社，2010.

[2] “习近平谈核心价值观”——最持久最深层的力量[EB/OL].（2014-07-24）[2018-10-11].http：//paper.people/com.cn/rmrbhwb/html/2014-07/24/content_1456545.htm.

质，切实发挥体育在培育和践行社会主义核心价值观、推进素质教育中的综合作用，培养德智体美全面发展的社会主义建设者和接班人。

3. 发展青少年校园足球是培育和践行社会主义核心价值观的重要举措

《教育部等6部门关于加快发展北京市青少年校园足球工作的实施意见》提出：发展青少年校园足球是落实立德树人根本任务、培育和践行社会主义核心价值观的重要举措，是推进素质教育、引领学校体育改革的重要突破口。发展青少年校园足球的首要任务是培育阳光向上的校园足球文化氛围，通过普及校园足球，促进青少年身心健康、体魄强健，发挥足球育人功能。在此基础上，扩大青少年足球人口，为推动足球事业发展，建设世界城市做出贡献。

综上所述，价值观承载着一个民族、一个国家的精神追求，是最持久、最深层的力量。体育教师的价值观，决定着体育教师一切教育行为的总方向；学校体育的价值观，决定着学校教育一切发展的总方向。体育是践行社会主义核心价值观的重要载体，是构成社会主义核心价值观的最核心要素。体育在培育和践行社会主义核心价值观中，可以发挥其特殊作用和综合作用，又是其重要手段和举措。

二、理解素养及与素养相关概念

世界各国早在20多年前，就讨论如何培育“有素养的人”，使得个体能够在新世纪“完善的社会中成功地生活”。素养与素质，在日常表达和运用中，大家往往会把“素质”等同于“素养”，或是把“素养”等同于“能力”。但核心素养之“素养”，教师素质之“素质”，教学能力之“能力”，不同的时期、不同的背景、不同的学者，给素养、素质、能力下定义的角度是多种多样的，分类的维度也是多种多样的。教师的素养怎么理解，体育教师的素质有哪些，体育教师的能力怎么界定，素养与素质的转化、素质与能力的区别、素养与能力的内涵又是什么？基于这些基本问题的追问和思考，我们有必要清楚并理解其相关概念和内涵。

（一）素　养

自20世纪90年代以来，“素养”一词作为教育概念，一直是一个时髦的，甚至有点“膨胀”的概念，是一个哲学、心理学、社会学、政治学和经济学领域一直在用的一个术语，并成为一个教育概念[1]。从广义上讲，素养包括道德品质、外表形象、知识水平与能力等各个方面。随着知识经济的发展，人的素养含意在扩展，还包括思想政治素养、文化素养、业务素养、身心素养等各个方面，如数据素养、信息素养、科学素养、行动素养、创新素养、审美素养、健康素养等。联合国教科文组织于1996年发布的报告《学习：财富蕴藏其中》，界定21世纪公民必备的素养是学会求知、学会做事、学会共处、学会生存。

1. 素养的界定

汉语的“素养”由“素”和“养”两个语素组成，具有独特的教育价值和课程价值，将“人”与“教育”交融共在并落实于“人”。《现代汉语词典》（第7版）对“素养”的界定是平日的修养。百度对“素养”的界定是由训练和实践而获得的一种道德修养。也就是说“素养”含括了动态意义上的修习过程和静态意义上的修习结果两个层面的意义。爱因斯坦曾说：“教育无非是将一切已学过的东西都遗忘所剩下来的东西。”遗忘掉的东西就是所学的具体知识和内容，而“剩下来的”“留下来的”就是所谓的能力品格，即素养。表3为国内外组织和专家对素养的代表性观点。也许体育教师那点为他的工作、为他的发展、为他的教育、为他的教育学生的工作能够起作用的能源，就是先天的素质，或是具备的能力，或是培育的素养。

表3　素养的代表性观点

组织/专家	代表性观点
经济合作与发展组织（Organizition for Economic Co-operation and Development，简称OECD）	素养不只是知识与技能，它是在特定情境中，通过利用和调动心理社会资源（包括技能和态度），以满足复杂需要的能力

[1] 崔允漷. 素养：一个让人欢喜让人忧的概念[J].华东师范大学学报（教育科学版），2016（1）：3–5.

续表

组织/专家	代表性观点
欧盟	素养是适用于特定情境的知识、技能和态度的综合
柳斌（教育部原副部长）	素养不是先天就有的，而是后天形成的，素养的形成过程，就是习得过程，习得过程不是一次完成的，而是经过多次培养、反复训练才能够完成的。基础教育阶段正是各方面素养最好、最重要的养成阶段
叶澜（华东师范大学教授）	素养是建筑在先天遗传基础上，由后天的养育、个体所受的各级各类教育、人生经历、个人已有生命实践积淀而成
褚宏启（北京开放大学教授）	素养（Competencies）是“行为指向”或“实践导向”的，是一整套可被观察、教授、习得和测量的行为；或者说，素养是完成某一情境工作任务所必需的一系列行为模式。素养是知识（Knowledge）、技能（Skills）、态度（Attitutudes）的超越和统整，即素养=（知识+技能）态度；“素养”是行为指向，强调知行合一、学以致用、实践力行
毛振明（北京师范大学教授）	素养就是素质和教养
曹宝龙（杭州市基础教育教研室主任）	品格和能力之和

2. 体育素养

体育素养（Physical Literacy）是全球体育教育领域研究的热点。国外体育素养研究以存在主义和现象学为基础逐步发展，较早得到广泛关注。1993年，英国学者怀特黑德（Whitehead）在国际女性体育教育与运动大会上，正式提出体育素养（Physical Literacy,PL）的概念[1]，她的后续相关研究认为，体育素养是个体在贯穿一生中保持适当水平的身体活动的动机、信心、身体能力、理解力和知识，按照构成维度可分为身体域、行为域、情感域和认知域。加拿大学者曼迪戈（Mandigo）等人认为，体育素养是个体具有参与利于促进个人发展的不同身体活动的运动能力[2]。

[1] WHITEHEAD M.The concept of physical literacy[J].Eur J Phys Edu，2001，6（2）：127-138.

[2] MANDIGO J，FRANCIS N，LODEWYK K，et al.Physical lit-eracyfor educators[J].Physi Health Edu J，2009，75（3）：27-30.

美国学者罗宾·谢贝尔（Robin Schepper）和麦迪逊·埃思里奇（Madison Ethridge）则解释为，体育素养是追求健康积极生活的能力、信心和欲望[1]。怀特黑德对体育素养的研究成为诸多后续研究参考的重要依据。

国内对体育素养的研究则多以素质教育理论为基础。体育素养这一概念最早是由赖天德教授提出的，他认为体育素养是指“体育的文化水平”。在过去20多年中，体育素养的概念在我国并不统一，存在着一定分歧。一类对体育素养概念的解释基本集中在“体育的文化水平”，另一类集中在“综合性文化塑造”（表4）。

表4　体育素养概念的代表性观点

作者	代表性观点
赖天德（1990年）	体育素养实际上就是体育文化水平，主要包括体育意识、身体基本活动能力、基本运动能力、基本体育知识，以及从事身体锻炼、身体娱乐与欣赏体育比赛的能力等，它与增强学生的体质是相互关系、相辅相成的[1]
李英心（1995年）	体育素养实际上就是体育的文化水平，主要包含体育意识、身体基本活动能力、体育锻炼、身体娱乐与欣赏体育比赛的能力等[2]
张洪谭（2000年）	体育素养指的是以运动技术为基础的操作性知识水平，即实践成果[3]
陈琦（2002年）	体育素养包括体能与运动素质、体育知识与技能、体育态度与情感、体育兴趣与习惯、自我健身管理的能力、自我健康评价的能力、自我休闲与创新的能力
姜勇、邱建国（2003年）	个人对运动体验的冲动，凭借这股冲动，促使人们参加运动，经由运动，达到“ 个人感受” 上的自我满足。这种冲动，也就是个人的体育素养，体育素养表现为运动积极性，是自觉行为[4]

[1] Robin Schepper, Madison Ethridge.The United States Has a New Physical Literacy Plan[EB/OL].（2015-06-26）[2018-11-10].https://bipartisanpolicy.org/blog/the-united-states-has-a-new-physical-literacy-plan/.

[2] 赖天德.试论素质教育与学校体育改革（上）[J].中国学校体育，1998，18（1）：64-66.

[3] 李英心.对高校学生体育素养培养的探讨[J].贵州体育科技，1995（4）：30-32.

[4] 张洪谭.技术健身教学论[M].上海：华东师范大学出版社，2000.

[5] 姜勇，邱建国.学习化社会背景下的体育素养培养问题[J].体育与科学，2003（6）：37-38.

[6] 余智.体育素养概念研究[J].浙江体育科学，2005（1）：69-72.

[7] 张昊.大学生体育素养的研究[J].科技信息，2009（12）：578-579.

续表

作者	代表性观点
余智（2005年）	体育素养是在先天遗传素质的基础上，通过后天环境与体育教育的影响所形成的，包括体质水平、体育知识、体育意识、体育行为、体育技能、体育个性、体育品德等要素的综合素质与修养[5]
张昊（2009年）	体育素养实际上就是体育文化水平，是指一个人平时养成的在体育方面的修养。体育素养是在先天遗传素质的基础上，通过后天环境与体育教育的影响所产生的，包括体质水平、体育知识、体育意识、体育行为、体育技能、体育个性、体育品德等方面的要素[6]
曾旭升（2013年）	体育素养是指一个人在体育方面的修养，综合起来应包括四个方面：健康意识、体育知识、体育技能、身体素质[1]
曾雁（2014年）	体育素养实际上就是体育文化水平，是指一个人的内在体育修养，是在先天遗传的基础上，通过后天环境与体育教育的影响养成的，包括体质水平、体育知识、体育意识、体育行为、体育技能、体育个性、体育品德等要素的综合素质与修养[2]
杨献南、鹿志海（2015年）	体育素养是指个体以先天遗传素养为基础，通过家庭、学校体育教育及社会环境的影响，在实践中逐渐形成的对身体文化和精神文化内在追求的综合性文化塑造[3]
马勇、饶平、谭丹华等（2016年）	体育素养以先天遗传与后天环境影响为基础，个体在运用身体运动以促进身心发展的过程中逐渐形成的综合性文化素养[4]

3. 教师素养[1][2][3][4]

教师素养之优劣，直接关系着学生培养的质量；教师素养的高低，直接影响着教师的质量，更影响着其所培养出的人才的质量。林崇德教授认为，教师素养可以理解为教师在教育、教学活动中表现出来的，决定其教育、教学效果、对学生身心

[1] 曾旭升.加强校园体育文化建设 提高学生体育素养[J].成功（教育版），2013（8）：331.

[2] 曾雁.浅谈素养与体育素养[J].科技视野，2014（35）：131，354.

[3] 杨献南，鹿志海.形式逻辑视角下的体育素养概念辨析[J].南京体育学院学报（社会科学版），2015，29（2）：89-92.

[4] 马勇，饶平，谭丹华，等.体育素养概念内涵及外延探究[J].湖北体育科技，2006（8）：669-672.

发展有直接而显著影响的心理品质的总和[1]。毛振明教授认为，教师的素养是多层次、多内容、多结构的，是一个跨社会学、心理学、人类学、伦理学、教育学、政治学、历史学等多学科的庞大的概念和内容体系[2]。李云霞教授认为，教师素养是教师的职业道德、教学理念、专业知识、管理能力、科研能力及内在修养的综合[3]。

关于教师素养的分类维度，国内外不同组织和专家学者基于不同的视角，有着不同的诠释。苏霍姆林斯基认为，教师的必备素养，可归纳为人格素养、知识素养和能力素养三方面[4]。赵春娟认为，基础教育课程改革赋予教师素养的新内涵包括现代教育理念、创新的意识和能力、现代信息素养、课程意识和课程能力、教育研究的意识和能力及反思能力等六个方面[5]。张仁贤主编的《教师十大素养》一书，提出了教师应具备人文素养、科学素养、艺术素养、技术素养、礼仪素养、专业素养、心理素养、道德素养、法律素养和理论素养[6]。

4. 体育教师素养

通过中国知网平台检索主题为“体育教师素养”，文献中涉及体育教师素养的有职业素养、信息素养、专业素养、理论素养、文化素养、人文素养、科研素养、教学素养、审美素养等。其中杨显生等人认为，当好体育教师应具备以下素养：要有坚定的共产主义信念和积极向上的雄心壮志，是学生的一面镜子，要有精心设计写好教案、生动形象讲解、准确优美示范、无私奉献的能力[7]。熊曼丽认为，体育教师的素养包括崇高的品质——良好的道德、伟大的师爱——可贵的自爱、积极进取——学而不厌、以身作则——言传身教、团结互助——共同进步、勇于创新——善于总结六个方面[8]。李京远认为，小学体育教师职业素养，包括知识传输能力、知识再加工能力、课堂管理能力、科研能力的能力素养，包括文化素养、道德素养、情

[1] 林崇德.教师素质的构成及其培养途径[J].中小学教师培训，1998（1）：10-14.
[2] 毛振明.泛谈体育教师的品格、素养、能力与发展[J].体育教学，2015（8）：4-7.
[3] 李云霞.中小学教师素养现状调查及对策[J].继续教育研究，2009（6）：127-129.
[4] 张丹丹.苏霍姆林斯基论教师必备素养及其培养途径叹息[D].上海：上海师范大学，2007.
[5] 赵春娟.论教师素养新内涵——来自基础教育课程改革的挑战[J].教育探索，2006（2）：116-118.
[6] 张仁贤.教师十大素养[M].天津：天津教育出版社，2008.
[7] 杨显生，王峥.当好体育教师的几个素养[J].体育教学，1992（12）：28.
[8] 熊曼丽.论体育教师的素养及业务能力[J].体育学刊，1998（4）：76-78.

感素养、专业素养、美学素养的人文素养[1]。冀苹在对山西省中学体育教师职业素养进行研究时，主要从专业理念、师德、专业知识和专业能力四个维度展开分析[2]。

一名教师的素养判断是由很具体生动、很感性的视觉、听觉、触觉、嗅觉和综合感觉等得出的。毛振明教授的体育教师素养观，由视觉的素养、听觉的素养、触觉的素养、嗅觉的素养以及综合感觉的素养等几个方面组成（表5）[3]。

表5　各种好的和不好的素养内容与表征

素养类别	好的素养与表征	不好的素养与表征
来自视觉的素养	1.整齐、干净、色彩协调、时尚的服饰 2.健美的体形，端庄而稳重的体态 3.慈祥而坦诚、略带微笑的面目表情 4.谦虚、随和、礼貌的待人行为举动 5.时时事事替他人着想的行动方式	1.邋遢、随意、不整、低级趣味的服饰 2.臃肿的体形，吊儿郎当的体态 3.木然但诧异、略带敌意的面目表情 4.高傲、较劲、没礼貌的待人行为举动 5. 时时事事替自己着想的行动方式
来自听觉的素养	1.轻柔但有穿透力、温和的声音 2.没有一丝过分，能抓住要领的表扬 3.充满慈爱但又严肃的批评 4.以谦虚、随和、有礼貌为基调的对话 5.善意的、给人以良好感受的幽默风趣 6.面对委屈时的无声 7.几乎没有坏话的对人对事的评论 8.在人多之处的绝对安静或万不得已的低声言语	1.粗鲁或“娘娘腔”的声音 2.虚情假意、不得要领的表扬 3.带着鄙视并不讲道理的批评 4.以假套、无礼为基调的对话 5.给人以不良感受的嘲讽或低俗的幽默 6.面对委屈时的歇斯底里 7.充满坏话的对人对事的评论 8.无论任何场合大声说话、抽鼻涕、打哈欠、咂嘴以及嘴里的各种响动等
来自触觉的素养	1.平稳、端正的身体动作 2.安静的邻人 3.与异性只在鼓励和双方激动时采取的恰当的身体接触	1.身体抖动、跺脚、颠脚等触觉 2.放肆占领周围人空间的行为举动 3.有意或无意地让异性或同性反感的身体接触
来自嗅觉的素养	1.略带着洗涤剂芳香的服装气味 2.口香糖味道的口气 3.轻微的香水气味	1.充满汗味的服装 2.葱蒜味的口气 3.烟味、酒味的气味

[1] 李京远.试析小学体育教师的职业素养[J].黑河学刊，2014（1）：121–122.

[2] 冀苹.山西省中学体育教师职业素养的研究[D].临汾：山西师范大学，2016.

[3] 毛振明.泛谈体育教师的品格、素养、能力与发展[J].体育教学，2015（8）：4–7.

续表

素养类别	好的素养与表征	不好的素养与表征
来自综合感觉的素养	1.一个头脑里有许多准绳、有原则的人 2.一个镇定自若、情绪无很大起伏的人 3.一个善解人意、能原谅别人缺点的人 4.一个好像无所不知、能解答问题的人 5.一个乐观的、会生活、情趣盎然的人 6.一个勇于吃亏、时时替他人着想的人	1.一个头脑很简单、朝令夕改的人 2.一个情绪不稳定、喜怒无常的人 3.一个抓住别人缺点就不放手的人 4.一个知识贫瘠但常不懂装懂的人 5.一个生活一团糟且没有情趣的人 6.一个不吃亏、总替自己着想的人

综上所述，素养是素质和教养的综合，是学校教育留下来的那些东西。素养更受后天的教育和习惯养成，“留下来的”越多，经过积累、叠加、沉淀、转化，则越来越鲜明、越来越稳定、越来越丰厚，更加符合教育的本质，表达更加贴切。体育素养是个体追求健康、积极生活的广义理解，教师素养是教师具有的素质和修养，是教师综合能力的直接反映。体育教师素养是决定体育教师教育教学效能的基本因素，也是影响学生转变学习方式的重要因素。素养是具体生动且感性的，总是牵系着体育教师专业发展。

（二）素　质

“素质”概念受到教育理论界关注始于20世纪80年代。与素养相比，“素质”更多的是针对“应试教育”的知识为本学习，内隐的价值追求是“能力”对“知识”的超越，侧重引领理念的转变。但在现代语言系统中，“素质”一般多用于人，素质也是人们在先天遗传条件下，经过环境熏陶、教育培养和自身获得的历练，日积月累形成起来的基本稳定的内在品质，是智力因素与非智力因素的统一，可以通过人的外在行为表现出来[1]。

1. 素质的界定

根据《汉语大词典》，“素”有“原始根本”之意，也指“带根本性的物质或

[1] 谢安邦，朱宇波.素质教育的范畴和结构探析[J].教师教育研究，2007(3)：1–5.

构成事物的基本成分，如元素、要素、因素”[1]。而“素质”有“事物的本来性质”之意。《现代汉语词典》（第7版）对“素质”的界定是：事物本来的性质；素养；心理学上指人的神经系统和感觉器官上的先天的特点[2]。顾明远先生主编的《教育大辞典》（第1卷）对“素质”的定义是：公民或某种专门人才的基本品质。可见素质是个人先天具有的解剖生理特点，包括神经系统、感觉器官和运动器官的特点，其中脑的特点尤为重要。素质对人的能力形成和发展有重大影响[3]。

2. 素质教育

素质教育概念出现在20世纪80年代后期，1987年原国家教委副主任刘斌同志在《努力提高基础教育的质量》一文中使用了“素质教育”一词，开启了素质教育的学理探讨。1994年，《中共中央关于进一步加强和改进学校德育工作的若干意见》公布，这是第一次正式在中央文件中使用“素质教育”的概念。1999年，素质教育进入国家重大政策范畴，丰富了教育方针的时代内涵。党的十六大以来，党中央、国务院始终把全面贯彻党的教育方针、全面推进素质教育摆在教育工作的首要位置，并第一次鲜明地提出素质教育是全面教育工作的主题，将素质教育实施推向了新阶段。《国家中长期教育改革和发展规划纲要（2010—2020年）》提出，坚持以人为本、推进素质教育是教育改革发展的战略主题，是贯彻党的教育方针的时代要求，核心是解决好培养什么人、怎样培养人的重大问题。素质教育与基础教育，与基本知识、基本技能、基本能力管理的教育，与做人做事的教育是紧密联系在一起的，体现了基础教育的教育特征，区分了“应试教育”，使考试成分发挥其对教学的诊断和促进发展功能，显现高升学率的当然结果，从而提高学生的整体素质。

学校体育作为素质教育的重要组成部分，在全面推进素质教育的进程中，具有独特功能，具有不可或缺的重要作用。2007年中共中央、国务院发出了关于加强青少年体质的意见，把加强体育作为推进素质教育的突破口和重要工作方面。2016年《国务院办公厅关于强化学校体育促进学生身心健康全面发展的意见》（国办发〔2016〕27

[1] 罗竹凤.汉语大词典：第8卷[M].上海：汉语大词典出版社，1994:729-743.

[2] 中国社会科学院语言研究所词典编辑室.现代汉语词典（第7版）[M].北京：商务印书馆，2016:1248.

[3] 教育大辞典编纂委员会.教育大辞典：第1卷[M].上海：上海教育出版社，1990：16.

号）文件提出，强化学校体育是实施素质教育、促进学生全面发展的重要途径，对于促进教育现代化、建设健康中国和人力资源强国，实现中华民族伟大复兴的中国梦具有重要意义。可见，素质教育是我国改革开放实践尤其是教育改革深化与发展在教育理论和思想上的产物，是具有鲜明时代特征和重要理论价值的主题，也是体育切实发挥素质教育推进综合作用的要求。

3. 教师素质

教师素质直接影响着素质教育的实施状况，只有高素质的教师才能培养出高素质的学生。《教育大辞典》界定教师素质是指教师为完成教育、教学任务所应具备的心理和行为品质的基本条件。张念宏认为，教师素质是指一个合格教师必须具备的素质，除包括先天条件外，还包括主要通过学习、专门训练和长期教育实践获得的[4]。谢安邦等认为，教师素质即是群体或社会对扮演教师这一特定角色必须具备的心理和行为品质的要求。时任国家总理的温家宝对教师提出了“充满爱心，忠诚事业；努力钻研、学为人师；以身作则，行为示范”的素质要求。

关于教师素质的分类维度，不同的专家学者对教师素质的认识视角有所差别，鞠献利撰写的《教师素质论》，对教师的素质从远大人生理想、高尚道德品质、执着敬业精神、健康身心状态的动力，严谨治学态度、渊博专业知识、创新思维方法、丰富社会经验的学识，明确授业目标、畅达教学语言、科学育人方式、和谐师生关系的授业，文明话语谈吐、得体行为举止、独特个性风采、良好审美修养的形象四方面进行阐述[5]。表6为历年来一些有代表性的教师素养研究观点和主张。

表6　教师素质研究的代表性观点

出处/作者	代表性观点
《教育大辞典》	1.良好的个人品德；2.职业道德；3.有比较广博的知识，精通所教学科知识；4.教育理论素养；5.语言素养；6.能力；7.身体健康
教育部师范司	1.专业知识；2.专业能力；3.专业情意

[4] 中国教育百科全书编委会.中国教育百科全书[M].北京：海洋出版社，1991.

[5] 鞠献利.教师素质论[M].济南：山东教育出版社，1999.

续表

出处/作者	代表性观点
《中共中央国务院关于深化教育改革全面推进素质教育的决定》	1.热爱党，热爱社会主义祖国，忠诚于人民教育事业；2.树立正确的教育观、质量观和人才观；3.不断提高思想政治素质和业务素质，教书育人，为人师表，敬业爱生；4.有宽广厚实的业务知识和终身学习的自觉性，掌握必要的现代教育技术手段；5.遵循教育规律，积极参与教学科研，在工作中勇于探索创新；6.与学生平等相处，尊重学生人格，因材施教，保护学生的合法权益
谢安邦	1.职业道德和专业精神；2.文化修养；3.能力结构；4.身心素质
张念宏	1.身心素质；2.道德品行素质；3.政治思想素质；4.科学文化素质；5.能力素质
叶澜	1.教育理念；2.知识结构；3.能力；4.认知能力和方法论
彭森明	1.普通素养；2.专业知能；3.专业信念与态度；4.人格特质；5.专业学科素养
唐松林	1.认知结构；2.专业精神；3.教育能力
马录堂	1.品德；2.才学；3.能力
胡艳	1.服务社会或人类的理想；2.师德品质；3.教育教学理论和实践能力；4.文化素养和精神的学科专业知识；5.研究和反省能力
芭芭拉·凯利(Barbara Kelley)	1.精深的内容知识；2.教育教学技能；3.了解学生对学生负责；4.评价学生和基于评价的教学；5.课堂管理能力；6.反省实践能力与方法；7.合作的观念和能力
孟万金	1.专业理念；2.专业智能；3.专业情怀；4.专业规范

4. 体育教师素质

优秀的教师需具备良好的素质，体育教师同样需要。在学校，体育教师是学校体育实施的主力军，是学生体育学习的指导者，是运动集体的组织者和领导者。体育教师的素质决定着学校体育的发展，影响着学生学习的质量。表7为历年来一些对体育教师素质研究有代表性的观点和结构分类。

表7　体育教师素质研究的代表性观点

作者	代表性观点
周长艳（1998年）	1.高尚的思想品德；2.现代教育观念；3.综合的知识结构；4.全面的业务能力；5.强健的运动体魄；6.良好的心理品质
杨柳（1998年）	1.身体素质；2.思想道德素质；3.文化科学素质；4.全面的能力素质；5.心理素质
文亚龙、邓兴国（2000年）	1.执着的事业心；2.渊博的知识；3.较强的教学能力；4.教学研究能力；5.社会活动能力
李涤非、刘雪勇等（2001年）	1.高尚的道德素质；2.良好的心理素质；3.全面的业务素质；4.优良的身体素质；5.较高的情商素质
刘学（2001年）	1.品质；2.教学能力；3.科研能力；4.专业理论和技术；5.综合知识；6.健美体魄
郝庆泉、张人天（2002年）	1.更新观念；2.高尚人格；3.文化修养；4.教育能力
门延华、武丽娟（2003年）	1.思想政治素质；2.道德品质素质；3.科学文化素质；4.良好的身心素质；5.综合能力素质
李永忠（2006年）	1.观念和意识；2.知识结构；3.组织能力；4.获取信息；5.教育科研
宋淑珍、洪炳星、刘立华（2006年）	1.师德素质；2.业务素质；3.身心素质
张扬（2011年）	1.高尚的思想品质；2.先进的教育思想和教育观念；3.广博精深的专业理论知识；4.强健的体魄；5.充沛的精力
陶军（2014年）	1.基础素质：身体素质和心理素质；2.专业发展素质：知识结构素质、教学能力、训练能力、科研能力及裁判能力；3.职业发展素质：职业道德素质和信息能力素质
王子涵、种青（2014年）	1.工作态度；2.身体形象；3.与学生相处；4.教学方法及态度；5.专业知识技能；6.道德素养；7.性格
程小亮（2014年）	1.身体素质；2.心理素质；3.能力素质；4.思想道德素质；5.文化知识素质

关于体育教师素质相关研究，还有涉及体育教师素质现状的调查研究。例如，兰州市中学体育教师思想素质整体水平较高，心理素质整体水平较好，知识素质偏

低，能力素质水平中等且整体发展不均衡，身体素质水平较高[1]。青岛市中学体育教师素质中比较薄弱的环节有："师道尊严"的封建思想还不能彻底摈弃；面对竞争日益激烈的社会，普遍感到心理压力比较大；开发教学资源的能力亟待提高；在教学组织方面有一定的困难；能掌握计算机基础知识，但利用各种软件制作多媒体课件的能力还有待提高；自觉撰写教育教学论文的积极性不高[2]。恩施州中学体育教师的身体素质整体水平比较高，心理素质处于一般水平状态，能力素质发展不均衡，思想道德素质较高，文化知识素质偏低[3]。宁波中小学体育教师队伍具有良好的思想素质，具备较高的学历素质，拥有较强的专业素质，但教科研素质不高，缺乏创新素质，缺乏养成学习习惯和具备自我学习素质的能力[4]。可见，多数研究者更多关注中学体育教师的素质研究，体育教师的各类素质水平有高低、有好坏、有强弱、有优点也有缺点。

综上所述，素质相对于素养来说，是有机体与生俱来，通过后天培养、塑造和锻炼而获得的品质；实施素质教育是体育切实发挥素质教育推进综合作用的要求；教师素质则指向对理想教师的追求，突出全面性和理想性；体育教师作为学校教师的重要组成部分，针对现状和结构分析的素质研究，突出特质和多元化。20世纪80年代以来从"素质"到"素养"，是对"培养什么样的人"的进一步追问。

（三）能　力

在日常生活中，我们经常会听到关于能力的话题，如一个人的生活能力、工作能力、社交能力、应变能力等。基于"教师专业标准"的教师教育改革，明确提出了以"能力为重"理念，"能力本位"为主导的教师教育改革理念。此部分进一步理解何为能力、体育能力是何、体育教师的专业能力和教学能力又怎样的问题。

[1] 吕斌.中学体育教师专业素质结构研究——兰州市中学体育教师专业素质现状调查与思考[D].兰州：西北师范大学，2005.

[2] 李永忠.体育与健康课程标准下青岛市中学体育教师素质的调查与研究[D].济南：山东师范大学，2006.

[3] 程小亮.恩师州中学体育教师素质现状调查与分析[D].武汉：华中师范大学，2014.

[4] 岑叶波.新课程标准下宁波市中小学体育教师素质调查与研究[D].苏州：苏州大学，2009.

1. 能力的界定

能力是完成一项目标或者任务所体现出来的素质，是完成一定活动的本领，是一种力量。能力总是和人完成一定的实践相联系在一起，且能力直接影响着活动的效率。从心理学角度看，能力是指人顺利地完成某项活动的个性心理特征，直接影响效率。从功能方面看，能力是在观察力、记忆力、想象力等智力因素基础上形成的掌握知识、运用知识、进行创造的本领，其实质就是人认识世界、改造世界的智慧和才能。从组成要素来看，技巧或技能+知识=能力[1]。

2. 体育能力

体育能力是一个宽泛的概念。从百度检索来看，体育能力是指由各种知识、素质、能力有机组成的综合能力。从狭义上讲，体育能力是指从事身体锻炼的能力；从广义上讲，体育能力是指人们完成某一活动时所表现的身心统一、协调配合的才能。从认识论来看，主要包括对身体各种活动的敏锐观察能力、迅速反应能力、记忆能力、创造性活动能力、接受信息的能力，以及对动作重点难点的判断能力。如林宋荣、卢考纯认为，体育能力是指从事身体锻炼的能力，即能够根据条件的变化，选择、运用甚至创造相应的身体练习方法进行独立的体育锻炼，合理地安排锻炼时间、调节运动负荷，实行自我医务监督和正确地自我评价身体状况与锻炼效果[2]。吴洪革认为，体育能力是一种特殊能力，是由个体的智慧、体育知识、体育技术及技能构成的一种身心品质的综合体[3]。毛秋明认为，体育能力是人们在特殊活动领域中顺利完成某一种活动所需要的某种特殊能力[4]。熊燕非、高嵘认为，体育能力是一个广博的概念，是学生在体育课上所获得的一切知识所实现的一切能力的总称[5]。

终身体育的实现，是以一定的体育能力为基础。在相关研究中，面向大学生的体育能力研究较多，指向中小学生的体育能力研究较少；体育能力培养研究较多，还涉及评价、考核、发展规律、现状调查等相关研究。对体育能力的内涵与分类相

---

[1] 马陆亨.关于能力的定义[J].高等工程教育研究，1990（4）：78.

[2] 林宋荣，卢考纯.终身体育与体育兴趣、体育能力[J].体育学刊，2000（2）：59-60.

[3] 吴洪革.关于大学生体育能力培养的研究[J].体育学刊，1999（6）：41-42.

[4] 毛秋明.试论学生体育能力的培养[J].长沙通信职业技术学院学报，2003（2）：66-68.

[5] 熊燕飞，高嵘.知识分类学习论与学生体育能力的培养[J].山东体育学院学报，2007（4）：115-117.

关研究梳理结果见表8。

表8　体育能力研究的代表性观点

作者	代表性观点
吴洪革（1999年）	1.身体基本活动能力；2.运动能力；3.自我锻炼能力；4.自我评价能力；5.适应能力
毛秋明（2003年）	1.学生的体育认识能力；2.身体运动能力；3.体育技术；4.运动技能
熊燕飞、高嵘（2007年）	1.运动技能；2.对运动概念和运动原则的运用能力；3.健康水平的提高能力；4.学会欣赏比赛和他人
杨清明、易定国（2008年）	1.认知能力；2.运动能力；3.观赏能力；4.评价能力；5.裁判能力；6.组织能力；7.创造能力
蔡存军（2009年）	1.体育认知能力；2.自我锻炼能力；3.运动保健能力；4.组织管理能力；5.审美能力
刘华荣（2012年）	1.体育认知能力；2.体育锻炼能力；3.体育运动能力；4.体育组织能力；5.体育保健能力
闫文阁（2013年）	1.终身体育能力；2.体育文化素养；3.自我锻炼能力；4.有关调控能力；5.有关运动保健能力；6.有关体育锻炼评价能力
蒋治华、姚磊（2015年）	1.形态与机能；2.锻炼能力；3.认知能力；4.鉴赏能力；5.组织管理能力；6.创新能力

3. 体育教师专业能力

每一种专门职业的从业人员都必须具备本专业所要求的专业能力，每一种专业的专业能力都是与其本专业领域密切相关的，都必须以本专业的理论知识为基础，以完成本专业的活动为目的，并且具有不可替代性。从心理学研究的角度讲，专业能力是一种特殊能力，而不是一般能力。体育教师专业能力是指完成社会给予的体育教育工作任务所必备的生理素质和心理特点的综合表现，是以智力为核心，在掌握教育、体育知识、技能的实践活动中形成和发展起来的，是从事体育教育活动所必需的专门能力。

体育教师专业能力的构成成分比较复杂，基本成分由基本能力、教学能力、组织能力、研究能力、创新能力、自我发展能力6个维度构成（图2）。体育教师的专业能力有层次之分，在各发展水平之间可能会存在很大差异，且始终处于发展变化之中。

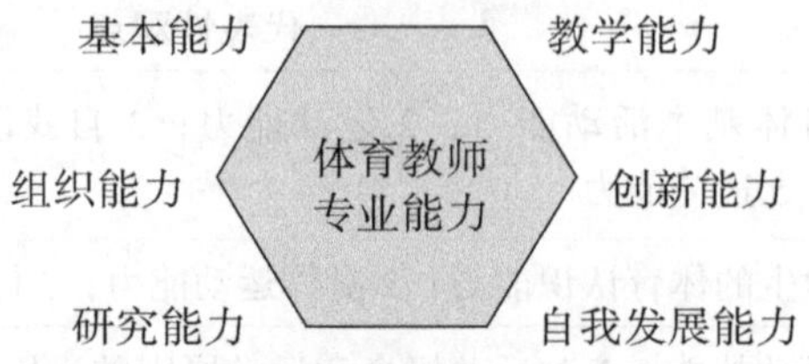

图2　体育教师专业能力结构图

毛振明教授在解读2011年版新课标的教师教学落实指导手册《小学体育教师专业能力必修》和《中学体育教师专业能力必修》中，小学从知识储备和技能修炼两个维度，学生教学能力、体育教学能力、基本教学能力、体育保健能力、教学设计能力、日常工作能力和体育管理能力7个方面、30个要点构建了小学体育教师专业能力；中学从专业技能、教学设计能力、教学方法、教学组织能力、工作能力和保障能力6个方面、28个要点构建了中学体育教师专业能力[1][2]。（表9）

表9　中小学体育教师专业能力结构

小学		中学	
学生教育能力	教师爱心	专业技能	教师德行
	童心童语		“一专”技能
	耐心教育		“两强”技能
体育教学能力	全面技能		全面适应的技能
	讲解设问		知识原理
	生动示范		健康教育
	保护与帮助		教学研究

[1] 毛振明.小学体育教师专业能力必修[D].重庆：西南师范大学出版社，2012.
[2] 毛振明.中学体育教师专业能力必修[M].重庆：西南师范大学出版社，2012.

续表

小学		中学	
基本教学能力	动机唤起	教学设计能力	教学目标
	体育知识		单元设计
	体育游戏		课堂教学设计
	快乐成功	教学方法	教学技术
	情境教学		讲解设问
	教学研究		生动示范
体育保健能力	健身锻炼		保护帮助
	健康行为		领会教学
	健康教育		体育游戏
	体育测试	教学组织能力	表扬与批评
	负荷掌控		集体组织
教学设计能力	教学目标		体育测试
	单元设计		快乐成功
	课堂设计	工作能力	课间体育
	集体组织		班级体育活动
日常工作能力	课间体育		竞赛组织
	班级体育活动		运动训练
	竞赛组织		体育管理
	运动训练	保障能力	场地设施
体育管理能力	体育管理		运动器材
	体育场地		安全保障
	体育器材		
	安全管理		

4. 体育教师教学能力

体育教师的教学能力是最能体现体育教师专业特质的一项专业能力，也是受到关注最多的一项能力。教学能力是体育教师完成教学任务必须具备的最基本的能力，也是体育教师综合能力的主要表现。进入新世纪，随着建构主义、人本主义和多元智能等教学理论的引进和实施，要求体育教师必须具有良好的教学能力。结合国内外教学能力与教学技能标准的文献，从行为观察以及缩小新课程与实际课堂的研究视角，体育教师的教学能力可确定为三个维度，即：维度一，教学设计；维度二，教学实施；维度三，教学评价，共计14项技能（表10）。

表10　体育教师的教学能力标准

序号	维度	内容	要点
维度一	教学设计能力	1.教学内容分析	理解课程标准内容和相关要求
			理解教材的编写体系及其教育价值
		2.学生分析	分析学生现状与学习需求
			预见学生可能的学习困难
		3.教学目标制定	设计的教学目标清晰，具有可检测性
			能体现三维目标的整体
		4.教学活动设计	明确教学活动与教学目标的关系
			流程安排兼顾学生身心特点
			根据活动目标选择适当的教学策略
		5.教学资源开发与利用	选择及合理使用教与学资源
			能够有效利用校区文化和环境资源
			能够判断教学资源对特定教学任务的适用性
维度二	教学实施能力	6.激发学习动机	了解激发学生学习动机的常见策略
			合理使用动机激发的策略
		7.呈现技能	创设有效的技能学习情境
			示范动作标准、娴熟、漂亮
			语言准确、精练、生动
			能运用图示、课件等多种形式呈现
		8.提问技能	了解问题类型、有效提问常见策略
			选择恰当的时机和方式进行提问

续表

序号	维度	内容	要点
维度二		9.互动技能	运用多种互动方式有效组织教学
			捕捉适当时机引导学生
			利用恰当方式纠错指导
		10.反馈与强化	能通过口头语言、肢体语言、提问等多种手段对教学重难点进行强化
			对学生的课堂表现进行积极、适时反馈与恰当评价
			能根据具体教学内容和学生年龄特点选择合适的强化方式和强度
		11.关注差异	随时发现、诊断学生学习中的差异并进行有针对性的指导
			在活动中针对学生差异进行多元评价，使不同层次学生获得成功体验
		12.课堂组织与管理	选择适当的方式保证学生始终积极地参与到课堂学习中
			能有效利用授课时间
维度三	教学评价能力	13.学生学习评价	了解评价方式和有效实施评价策略
			根据教学目标设计有效评价内容和方式
			在课堂教学中利用多种途径收集信息进行评估
		14.教学反思	能用搜集的信息分析改进自己的教学
			有效利用评价结果促进学生学习改进教学

《义务教育体育与健康学科教师培训课程标准》研制组，在对义务教育阶段体育教师教学能力进行界定和诊断中，根据学科内容的不同领域进行划分，涵盖学科整体理解和《义务教育体育与健康课程标准（2011年版）》确定的课程内容，对应体育学科的核心教学能力，确定了学科整体理解、体能发展教学、运动技能教学、健康教育教学和体育知识文化教学5个维度。

综上所述，能力作为掌握知识和技能的前提，其高低会影响一个人的知识和技能水平。对于体育教师来说，无论是其必备的专业能力，还是核心的教学能力，能力至上、能力中心、能力主线的专业工作或活动越复杂、越精细，其能力发展水平就越高。与素养对应的，就是“给学生带得走的能力”，是伴随学生的未来，或者说带得走的能力则是我们的研究主题：“核心素养”。

三、理解核心素养及《中国学生发展核心素养》

有了“核心”，有了“素养”，就有了“核心素养”。核心素养的概念不是凭空捏造的，它是从国际教育话语体系中翻译过来的，其对应的基本英文概念是“Key Competencies”。从“双基”到三维目标，再到核心素养，是从教书走向育人这一过程的不同阶段；从“素质”到“素养”，再到“核心素养”，是从全面走向必备的关键一招。打个比方，如果说落实“双基”是课程目标1.0版，素质是人的发展1.0版，三维目标是2.0版，素养是2.0版，核心素养就是3.0版。

特别是自《中国学生发展核心素养》研究成果发布以来，社会各界对中国学生发展核心素养超前关注，掀起了学习、讨论、研究核心素养的热潮。甚至有专家认为，《中国学生发展核心素养》成果对于中国教育改革具有指示性作用。聚焦核心素养，成为“新质量时代”显著方向，成为课程改革的支点。对中国学生发展核心素养的关注与讨论，承载着人们对教育寄予的所有美好期望。

（一）核心素养

核心素养，一个普通的词语、平常的概念，既不时尚，也不奇崛，却吸引了大家的眼球，迅速被关注，显现出巨大的力量。教育部2014年印发的《关于全面深化课程改革落实立德树人根本任务的意见》中，首次提出“核心素养体系”概念。在深化基础教育课程改革、落实立德树人中，核心素养作为重要的育人目标，被摆在基础地位，成为我国高中课程标准修订的主要依据。2015年12月8日，《光明日报》发表《核心素养如何转化为学生素质》署名文章；2016年初，中国教育学会下发《中国学生发展核心素养（征求意见稿）》；2016年9月，《中国学生发展核心素养》研究成果在北京正式发布。核心素养作为全面深化教育改革的一个关键方面，是对教育素质内涵的解读与具体化，核心素养的源点在哪、核心素养为什么这么火、都有哪些国内外主流观点和相关研究、都有哪些不同的表达、是否等同于“学生核心素养”“学科核心素养”等问题，有待厘清和理解。

1. 核心素养的界定

“核心素养”作为新出台的一个政策概念，对这个概念的含义从各角度有着诸多看法和阐释，与20世纪90年代大家对“素质教育”这一概念的讨论相似。

根据日本学者恒吉宏典等主编的《授业研究重要术语基础知识》，核心素养指学生在学校教育的学习场所习得的、以人类文化遗产与现代文化为基轴而编制的教育内容，与生存于生活世界的学习者在学习过程中所形成的作为关键能力的内核。

褚宏启认为，不可随意界定核心素养，其根据对“21世纪素养”和“核心素养”的分析，把核心素养简单界定为“为了适应21世纪的社会变革，人所应该具备的关键素养”，即“21世纪关键素养”。

石鸥认为，核心素养指向人本身，唯有人，才可以用素质或涵养、素养及其程度或水平来衡量，核心素养不能衡量或修饰学科。学科可以达成某些核心素养，但不等于核心素养。

张华认为，所谓“核心素养”，是学生适应信息时代和知识社会的需要，解决复杂问题和适应不可预测情境的能力和道德，由跨学科核心素养和学科核心素养构成。

成尚荣认为，智与仁的相统一，意味着能力与品格的统一，即为核心素养。核心素养即智慧，促进学生核心素养发展，就是让学生生长智慧，做一个智者。核心素养是一个发展的概念，不是一成不变的，既可以表述为“学生发展核心素养”，还可以表述为“学生核心素养发展”，总之，“发展”二字不能省略，“发展”应是核心素养的生命力之所在[1]。

北京四中原校长刘长铭认为，核心素养必然是超越学科教学的东西。

关于“核心素养”，《中国学生发展核心素养（征求意见稿）》表述为“学生应具备的、能够适应终身发展和社会发展需要的必备品格和关键能力”。

[1] 成尚荣. 基础性：学生核心素养之“核心”[J].人民教育，2015（7）：24–25.

2. 核心素养的国际主流观点

核心素养作为一个舶来品，作为当代世界所普遍重视的热点，要了解其概念及其内涵的界定，必须得了解研究核心素养最著名的国际组织，如经济合作与发展组织（OECD）、欧盟委员会（European Commission），了解世界上研究核心素养最著名的国家——美国，了解那些教育质量较高、经济较为发达，并与我国政治、经济、社会、文化等因素相对接近的加拿大、英国、澳大利亚、日本等国家。目前，各国际组织与政府在"核心素养"的别称、具体表达上不同，各具特色（表11）。

如OECD认为，核心素养须满足的3个条件：对社会和个体产生有价值的结果；帮助个体在多样化情境中满足重要需要；不仅对学科专家重要，而且对所有人重要。同时，认为核心素养的内涵要点是：一种高度综合而复杂的解决问题的能力，这种能力能够满足个体和社会的重要需要，这种能力既与特定情境相联系，又能在多样化的情境中具有广泛迁移性；具有道德性，能给个体和社会带来负责任的、有价值的结果；具有民主性，对所有人都重要；具有21世纪信息时代的基本特征，是"21世纪素养"。

表11　核心素养的国际主流观点

组织/国家	别称	维度/具体内容
OECD	关键素养	交互地使用工具：互动使用语言、符号与文本，互动地使用知识与信息，互动地使用科技 在设计异质群体中有效互动：与他人建立良好关系、团队合作、控制与解决冲突 自主行动：在复杂的大环境中行动；设计并执行个人计划或人生规划；保护及维护权利、礼仪、限制与需求
欧盟	为了终身学习的核心素养	母语交际；外语交际；数学素养和基础科技素养；数字素养；学会学习；社会与公民素养；首创精神和创业意识；文化意识和表达
联合国教科文组织	21世纪社会公民必备的基本素质	身体健康；社会情绪；文化艺术；文字沟通；学习方法与认知；数字与数学；科学与技术

续表

组织/国家	别称	维度/具体内容
美国	21世纪技能	自主发展：创造力与创新、批判性思维和问题解决能力、灵活性与适应性、主动性与自我导向 社会参与：交流沟通与合作、社会与跨文化素养、创作与责任、领导与负责 文化修养：信息素养，媒体素养，信息、交流与技术素养
新加坡	21世纪核心素养	自主发展方面：自我意识、自我管理、自我决策、批判与创造思考 社会参与方面：价值观素养（尊重、诚信、关爱、抗逆、和谐、负责），人际关系、社会性意识、公民能力、全球意识、跨文化素养 文化修养方面：信息与沟通
加拿大	九大基本核心技能	阅读能力、写作能力、文档应用能力、数学能力、计算机应用能力、思考能力、口语交际能力、与他人共事的能力、持续学习能力
日本	三大能力	基本能力，包括语言、读、写、算 思维能力，包括创造性、批判性、语言认知 实践能力，包括人际关系、社会参与、可持续发展
澳大利亚	综合能力	读写、算术、信息与交流技术、批判和创意思考、个人和社会能力、跨文化理解、符合道德规范的品行
德国	—	专业能力、社会能力、自主能力

3. 核心素养的国内学者观点

当核心素养成为我国基础教育界的新热点，当核心素养成为深化基础教育课程改革的关键要素，当核心素养成为推进素质教育的重要抓手，国内众多专家学者都及时跟进展开了学习与研究，都对核心素养做了对接理解与对应界定，国内部分专家学者对核心素养的相关界定与观点，呈现出不同视角的理解，有着多视角的学术引导（表12）。

表12 国内专家学者眼中核心素养的代表性观点

国内专家学者	代表性观点
钟启泉（华东师范大学课程与教学研究所）	1.核心素养是指学生借助学校教育所形成的解决问题的素养与能力 2.核心素养是作为客体侧面的教育内容与作为主体侧面的学习者关键能力的统一体而表现出来的 3.核心素养不是先天遗传，而是经过后天教育习得的 4.核心素养不是各门学科知识的总和，是支撑“有文化教养的健全公民”形象的心智修炼或精神支柱 5.决定核心素养形成的根本要素在于教育思想的进步与教育制度的健全发展
辛涛等（北京师范大学核心素养课题组）	1.就内涵而言，核心素养应以个体在现在及未来社会中应该具备的关键能力、知识技能及态度情感等为重点 2.就学科属性而言，核心素养并不指向某一学科知识，并不针对具体领域的具体问题，而是强调个体能够积极主动且具备一定的方法获得知识和技能 3.就功能指向而言，核心素养的功能超出了职业和学校的范畴，不仅限于满足基本生活和工作需要，而且有助于使学生发展成为更为健全的个体，能够更好地适应未来社会的发展变化，能够达到促进社会良好运行的目的
褚宏启（北京市教育科学研究院）	1.核心素养是“关键素养”，不是“全面素养” 2.核心素养反映“个体需求”，更反映“社会需要” 3.核心素养是“高级素养”，不是“低级素养”，也不是“基础素养” 4.核心素养不仅反映“全球化”的要求，更体现“本土性”的要求 5.核心素养不是越多越好，而是越少越好
柳夕浪（教育部基础教育二司）	1.核心素养区别于传统意义上的智力或能力倾向，是个体后天习得的结果 2.核心素养是在家庭、学校和社会生活中共同孕育与发展起来的，而不仅仅是学校教育的结果
尹后庆（中国教育学会、上海市教育学会）	1.发展学生核心素养，其实就是直面现代信息技术和知识经济的挑战，就是要思考教育，怎样在我们所面对的未来社会环境下，让学生学会生存、学会做事、学会共存 2.核心素养体现了“新质量时代”的价值观，聚焦核心素养，所追求的就是适应学生成长所需要的，就是为学生的综合发展、一生的幸福而奠基的

续表

国内专家学者	代表性观点
崔允漷（华东师范大学课程与教学研究所）	1.核心素养是个体在信息化、全球化、学习型的社会，面对复杂的、不确定的情境，综合运用所学的知识、观念和方法解决实际问题所表现出来的关键能力、品格与价值观念 2.能力是强调真实复杂情境中的问题解决能力，而不是我们平时所说的解题能力；品格就是你教给他东西，忘记一些后还留下的那些东西；价值观念是21世纪核心素养的核心，核心素养必须对个人成功和社会进步都有价值，要对社会做贡献
李艺（南京师范大学教育科学学院）	1.核心素养最底层的“双基指向”，以基础教育课程之基础知识和基本技能为核心 2.中间层的“问题解决指向”，以解决问题过程中所获得的基本方法为核心 3.最上层的“科学思维指向”，指在系统的各学科学习中通过体验、认识及内化等过程逐步形成的相对稳定的思考问题、解决问题的思维方法和价值观，实质上是初步得到认识世界和改造世界的世界观和方法论
施久铭（人民教育报）	1.核心素养是一种跨学科素养，强调各学科都可发展、对学生最有用的东西 2.核心素养不是只适用于特定情境、特定学科或特定人群的特殊素养，而是适用于一切情境和所有人的普遍素养
杨向东（华东师范大学课程与教学研究所）	1.核心素养是新的历史时期贯彻落实党的十八大立德树人的根本任务的理论构想 2.核心素养的提法是对我国改革开放以来基础教育改革成果和经验的继承和发展 3.以核心素养作为基础教育育人目标，并不意味着基础的读写算能力、具体领域的知识和技能就不需要了
石鸥（首都师范大学课程与教学论研究所）	1.核心素养不能说成是学科核心素养 2.核心素养是跨学科素养，任何核心素养都不是一门单独学科可以完成的 3.核心素养为课程内容的确定提供了重要依据 4.核心素养能够引领教师课堂教学

续表

国内专家学者	代表性观点
马斌（江苏省教育厅基础教育处）	课程基地建设在功能定位上，以课程全面建设促进学生的全面发展，以课程学科的专业化建设规范学生的学养，以直观教学深刻抽象思维，以具身化的学习体验读取学生最近发展区，以基地开放共享培养学生的社会智能，以生活教育浸润学生的幸福人生，以生活情趣增强教育魅力，为学生的兴趣、爱好、特长、专业和事业融为一体的未来人生奠基，这不仅体现了核心素养的内容，而且成为培育核心素养的重要载体和平台
任勇（厦门市教育局）	1.全课程，可以在很大程度上让核心素养落地 2.构建必修课程、选修课程、活动课程、微型课程、潜在课程的全课程教育体系，使核心素养落地有了“载体” 3.在全课程教育体系中按核心素养的目标和要求实施，使核心素养落地有了“路径”
王湛（国家教育咨询委员会）	1.核心素养的定位是承上启下的桥梁和纽带 2.上承总体宏观要求，以党的教育方针、社会主义核心价值观等为基本遵循，把有关内容和要求具体化、细化、实化，全面体现其根本性质、丰富内涵和实践要求 3.下启教育教学实践，指导课程教材修订、教学实施、考试评价等人才培养各领域各环节，进一步明晰人才培养的关键环节、重点领域、主攻方向

4. 教师的核心素养

教师作为学校教育的主力军，处于学校教育的核心地位。要培养学生发展核心素养，必然要求教师具备核心素养。面对核心素养，教师是如何理解的，对教师又提出了哪些要求？应对核心素养，离教师有多远，教师又该做些什么？这些问题，所有教师都绕不开，都必须面对和回答。通过文献综述和整理，欧盟教育部认为教师核心素养是指：“要推进教师在职前培训中获得高水平能力，这些能力包括培养学生养成横向能力；塑造安全并引人入胜的学校环境；针对在社会地位、文化背景、能力与需求方面各异的学生，具备因材施教的高效教学能力；与同事、家长和他人的合作能力；在主动参与的教育实践和研究中，能够获取新知识、塑造创新力；最后发展为高度自主性的专业学习者”[1]。国内不同的专家学者和校长对教师核心素养有着不同的理解和表达（见表13）。

表13　国内专家学者对教师核心素养的代表性观点

代表性人物	代表性观点
顾明远（中国教育学会原会长，2016年）	理想信念、道德情操、扎实学识、仁爱之心
裴娣娜（北京师范大学教育学部教授，2016年）	理想追求，教育思想，战略决策力和执行力，反思总结、理论提升能力，示范引领，信息素养
成尚荣（江苏教育科学研究所所长，2015年）	人的内部动力、反思的品质、超越学科专业的那个专业（儿童研究或学生研究）
郑金洲（中国浦东干部学院教授，2016年）	信息素养、创新素养、跨学科素养、媒体素养、社会参与和贡献素养、自我管理素养
吴晗清（首都师范大学教育学教授，2016年）	情怀和教育教学能力
刘长铭（北京四中原校长，2016年）	乐观、向上、积极的人生态度；有感性，善于感动人；学会与学生相处
张斌平（北京市第五中学校长，2016年）	积极的人生态度最重要，提升学习能力是关键，提升审美水平是目标，要有精、气、神
石彦伦（首都师范大学附属中学原校长，2016年）	有师心、师德、师能
孙双金（南京市北京东路小学校长，2016年）	教师的教育情怀和教育能力
姚跃林（厦门大学附属实验中学校长，2016年）	挚爱
刘飞（北京芳草地国际学校校长，2016年）	理性思考素养、学科素养、学习素养
贺诚（澳门教业中学校长，2016年）	创新素养、学科素养、课程整合能力
顾友强（贵州六盘水盘县羊场乡羊场中心小学校长，2016年）	责任心、爱心
刘永胜（北京光明小学原校长，2016年）	爱
朱小曼（中国教育科学研究院原所长，2016年）	信念素养、信息素养、创新素养

[1] 王美君，顾鎏斋.论国际视野中的教师核心素养[J].天津师范大学学报（社会科学版），2018（1）：44–49.

续表

代表性人物	代表性观点
李明新（北京小学校长，2017年）	热爱学生的人格魅力，通过学科知识引领价值观形成的教学能力

综上所述，核心素养作为最基础、最根本、最本质的素养，是具有生长力的素养，是种子素养。核心素养的概念不是凭空捏造的，它是适应时代对人的自我实现、工作世界和社会生活新挑战与新需求而诞生的概念。核心素养这一概念的内涵外延，无论在国际还是国内，看法是莫衷一是，对此的研究和表达比比皆是。虽然各国际组织与政府在“核心素养”的别称、具体表达上不同，各具特色，虽然国内学者对“核心素养”的内涵、理解上不同，各具特色，但其理念和思想是相通的，都是重视人的关键的、必要的、重要的素养，本质脉络共同指向“学生的全面发展”这一主线。核心素养的力量，来自它出台的时代背景，来自它的内涵、它的价值引导，及其所带来的变革行动。

（二）《中国学生发展核心素养》

2016年年初，中国教育学会下发了《中国学生发展核心素养（征求意见稿）》，核心素养框架浮出水面。2016年9月13日，《中国学生发展核心素养》研究成果在北京师范大学发布，代表“核心素养”这一概念的正式权威发布。北京师范大学课题组会同国内多所高校近百名专家，历时三年集中攻关的《中国学生发展核心素养》，我们有必要了解其背景和内涵，清晰其内容和价值，厘清其观点和问题，以全面理解《中国学生发展核心素养》。

1.《中国学生发展核心素养》研究背景

《中国学生发展核心素养》是在把党的十八大和党的十八届三中全会提出的关于“立德树人”要求落到实处，在“教育部将组织研究提出各学段学生发展核心素养体系，明确学生应具备适应终身发展和社会发展需要的必备品格和关键能力”的政策背景下开展研究的。作为《中国学生发展核心素养》的主要提出者，北京师范大学的林崇德教授阐述了学生发展核心素养的三个背景[1]。

背景1：全面贯彻党的教育方针，落实立德树人根本任务的迫切需要。党的教育方针从宏观层面规定了教育的培育目标，对于我国的人才培养具有全局性的指导意义。把党的教育方针具体化与细化，转化为学生应该具备的核心素养，更有利于其在具体的教育教学过程中贯彻落实。

背景2：适应世界教育改革发展趋势，提升我国教育国际竞争力的迫切需要。随着世界多极化、经济全球化、文化多样化、社会信息化深入发展，各国都在思考21世纪的学生应该具备哪些核心素养才能成功适应未来社会这一前瞻性战略问题，核心素养研究浪潮席卷全球。面对日趋激烈的国际竞争，我国要深入实施人才强国战略，提升教育国际竞争力，也必须解决这一关键问题。

背景3：全面推进素质教育，深化教育领域综合改革的迫切需要。近年来，素质教育取得显著成效，但也存在课程教材的系统性、适宜性不强，高校、中小学课程目标有机衔接不够，部分学科内容交叉重复，学生的社会责任感、创新精神和实践能力较为薄弱等具体问题。要解决这些问题，关键是进一步丰富素质教育的内涵，建立以“学生核心素养”为统领的课程体系和评价标准，树立科学的教育质量观。

2.“学生发展核心素养”内涵界定

所谓“学生发展核心素养”，北京师范大学中国学生发展核心素养课题组指出，是指学生应具备的，能够适应终身发展和社会发展需要的必备品格和关键能力，是关于学生知识、技能、情感、态度、价值观等多方面要求的综合表现，是每一名学生获得成功生活、适应个人终身发展和社会发展所需要的、不可或缺的共同素养，其发展是一个持续终身的过程，可教可学，最初在家庭和学校中培养，随后在一生中不断完善。

可见，学生发展核心素养是关于学生知识、技能、情感、态度、价值观等多方面要求的结合体。其指向过程，关注学生在其培养过程中的体悟，而非结果导向。同时，核心素养兼具稳定性、开放性与发展性等特征，其生成与提炼是在与时俱进

[1] 林崇德，刘霞，郝文武，等. 努力提升学生发展核心素养——访林崇德先生[J].当代教师教育，2017（2）：10–13.

的动态优化过程中完成的，是个体能够适应未来社会、促进终身学习、实现全面发展的基本保障。学生发展核心素养，就是学生在离开学校之后，学校能够给学生留下的东西，也就是被爱因斯坦称为“真正教育”的东西。

3.《中国学生发展核心素养》总体框架

2016年年初，中国教育学会下发的《中国学生发展核心素养（征求意见稿）》，确定了9个核心素养、23个基本要点、70个关键表现。2016年9月13日，《中国学生发展核心素养》研究成果在北京师范大学发布，确定了1个核心、3个方面、6个核心素养和具体细化的18个基本要点，备受社会关注，成为研究热点。

（1）《中国学生发展核心素养》三个方面

《中国学生发展核心素养》以科学性、时代性和民族性为基本原则，以“培养全面发展的人”为核心，分为文化基础、自主发展、社会参与三个方面。

方面1：文化基础。文化是人存在的根和魂，文化基础重在强调能习得人文、科学等各领域的知识和技能，掌握和运用人类优秀智慧成果，涵养内在精神，追求真、善、美的统一，发展成为有宽厚文化基础、有更高精神追求的人。

方面2：自主发展。自主性是人作为主体的根本属性，自主发展重在强调能有效管理自己的学习和生活，认识和发现自我价值，发掘自身潜力，有效应对复杂多变的环境，成就出彩人生，发展成为有明确人生方向、有生活品质的人。

方面3：社会参与。社会性是人的本质属性，社会参与重在强调能处理好自我与社会的关系，养成现代公民所必须遵守和履行的道德准则和行为规范，增强社会责任感，提升创新精神和实践能力，促进个人价值实现，推动社会发展进步，发展成为有理想信念、敢于担当的人。

（2）学生的6个核心素养

核心素养课题组历时三年集中攻关，并经教育部基础教育课程教材专家工作委员会审议，最终形成研究成果，确立了6个学生核心素养（表14）。

表14　《中国学生发展核心素养》的6个核心素养

素养1	人文底蕴	主要是学生在学习、理解、运用人文领域知识和技能等方面所形成的基本能力、情感态度和价值取向，具体包括人文积淀、人文情怀和审美情趣等基本要点
素养2	科学精神	主要是学生在学习、理解、运用科学知识和技能等方面所形成的价值标准、思维方式和行为表现，具体包括理性思维、批判质疑、勇于探究等基本要点
素养3	学会学习	主要是学生在学习意识形成、学习方式方法选择、学习进程评估调控等方面的综合表现，具体包括乐学善学、勤于反思、信息意识等基本要点
素养4	健康生活	主要是学生在认识自我、发展身心、规划人生等方面的综合表现，具体包括珍爱生命、健全人格、自我管理等基本要点
素养5	责任担当	主要是学生在处理与社会、国家、国际等关系方面所形成的情感态度、价值取向和行为方式，具体包括社会责任、国家认同、国际理解等基本要点
素养6	实践创新	主要是学生在日常活动、问题解决、适应挑战等方面所形成的实践能力、创新意识和行为表现，具体包括劳动意识、问题解决、技术应用等基本要点

（3）核心素养的18个基本要点

根据《中国学生发展核心素养》课题组研究成果，6个核心素养又具体细化为人文积淀、国家认同、批判质疑等18个基本要点，同时各要点也确定了重点关注的内涵（表15）。

表15　核心素养的基本要点

核心素养	基本要点	主要表现
人文底蕴	要点1 人文积淀	具有古今中外人文领域基本知识和成果的积累；能理解和掌握人文思想中所蕴含的认识方法和实践方法等
	要点2 人文情怀	具有以人为本的意识，尊重、维护人的尊严和价值；能关切人的生存、发展和幸福等

续表

核心素养	基本要点	主要表现
人文底蕴	要点3 审美情趣	具有艺术知识、技能与方法的积累；能理解和尊重文化艺术的多样性，具有发现、感知、欣赏、评价美的意识和基本能力；具有健康的审美价值取向；具有艺术表达和创意表现的兴趣和意识，能在生活中拓展和升华美等
科学精神	要点4 理性思维	崇尚真知，能理解和掌握基本的科学原理和方法；尊重事实和证据，有实证意识和严谨的求知态度；逻辑清晰，能运用科学的思维方式认识事物、解决问题、指导行为等
	要点5 批判质疑	具有问题意识；能独立思考、独立判断；思维缜密，能多角度、辩证地分析问题，做出选择和决定等
	要点6 勇于探究	具有好奇心和想象力；能不畏困难，有坚持不懈的探索精神；能大胆尝试，积极寻求有效的问题解决方法等
学会学习	要点7 乐学善学	能正确认识和理解学习的价值，具有积极的学习态度和浓厚的学习兴趣；能养成良好的学习习惯，掌握适合自身的学习方法；能自主学习，具有终身学习的意识和能力等
	要点8 勤于反思	具有对自己的学习状态进行审视的意识和习惯，善于总结经验；能够根据不同情境和自身实际，选择或调整学习策略和方法等
	要点9 信息意识	能自觉、有效地获取、评估、鉴别、使用信息；具有数字化生存能力，主动适应"互联网+"等社会信息化发展趋势；具有网络伦理道德与信息安全意识等
健康生活	要点10 珍爱生命	理解生命意义和人生价值；具有安全意识与自我保护能力；掌握适合自身的运动方法和技能，养成健康文明的行为习惯和生活方式等
	要点11 健全人格	具有积极的心理品质，自信自爱，坚韧乐观；有自制力，能调节和管理自己的情绪，具有抗挫折能力等
	要点12 自我管理	能正确认识与评估自我；依据自身个性和潜质选择适合的发展方向；合理分配和使用时间与精力；具有达成目标的持续行动力等
责任担当	要点13 社会责任	自尊自律，文明礼貌，诚信友善，宽和待人；孝亲敬长，有感恩之心；热心公益和志愿服务，敬业奉献，具有团队意识和互助精神；能主动作为，履职尽责，对自我和他人负责；能明辨是非，具有规则与法治意识，积极履行公民义务，理性行使公民权利；崇尚自由平等，能维护社会公平正义；热爱并尊重自然，具有绿色生活方式和可持续发展理念及行动等

续表

核心素养	基本要点	主要表现
责任担当	要点14 国家认同	具有国家意识，了解国情历史，认同国民身份，能自觉捍卫国家主权、尊严和利益；具有文化自信，尊重中华民族的优秀文明成果，能传播弘扬中华优秀传统文化和社会主义先进文化；了解中国共产党的历史和光荣传统，具有热爱党、拥护党的意识和行动；理解、接受并自觉践行社会主义核心价值观，具有中国特色社会主义共同理想，有为实现中华民族伟大复兴中国梦而不懈奋斗的信念和行动
	要点15 国际理解	具有全球意识和开放的心态，了解人类文明进程和世界发展动态；能尊重世界多元文化的多样性和差异性，积极参与跨文化交流；关注人类面临的全球性挑战，理解人类命运共同体的内涵与价值等
实践创新	要点16 劳动意识	尊重劳动，具有积极的劳动态度和良好的劳动习惯；具有动手操作能力，掌握一定的劳动技能；在主动参加的家务劳动、生产劳动、公益活动和社会实践中，具有改进和创新劳动方式、提高劳动效率的意识；具有通过诚实合法劳动创造成功生活的意识和行动等
	要点17 问题解决	善于发现和提出问题，有解决问题的兴趣和热情；能依据特定情境和具体条件，选择制定合理的解决方案；具有在复杂环境中行动的能力等
	要点18 技术运用	理解技术与人类文明的有机联系，具有学习掌握技术的兴趣和意愿；具有工程思维，能将创意和方案转化为有形物品或对已有物品进行改进与优化等

4.《中国学生发展核心素养》研究观点

《中国学生发展核心素养》颁布近一年来，国内教育界权威人士和专家学者们纷纷展开了研究与讨论。通过检索相关文献报道，通过整理相关研究观点，可以更有深度地解析《中国学生发展核心素养》的特点、价值、产生的影响、如何落实等重要问题（表16）。

表16　学生发展核心素养的相关研究观点

研究主题	研究观点	专家学者
特点	1.彰显了中国特色 2.体现了时代特征 3.强调了整体要求	陶西平（国家教育咨询委员、国家总督学顾问）

续表

研究主题	研究观点	专家学者
特征	1.学生发展核心素养具有共同性 2.学生发展核心素养具有发展性 3.学生发展核心素养可教可学	林崇德（北京师范大学资深教授）
内涵	1.中国学生发展核心素养是一个结构，具有方向性、理念性、价值性、落实性的召唤 2.中国学生发展核心素养根植于中华优秀的文化传统土壤中，又面向现代化、面向世界、面向未来，既具有中国文化底蕴，又具有时代特点，两者融合、互动、支撑	成尚荣（原江苏省教科所原所长）
价值	1.通过引领和促进教师的专业发展，改变当前存在的“学科本位”和“知识本位”现象 2.帮助学生明确未来的发展方向，激励学生朝着这一目标不断努力	课题组负责人
对学校教育的影响	1.将从整体上引导学校教育系统各环节的变革 2.以核心素养为纲设计学校课程 3.以核心素养统领各学科教学 4.依据核心素养改革考试评价	张卓玉（山西省教育厅党组成员、正厅级督学，中国教育学会副会长）
与素质教育的关系	1.核心素养是对素质教育内涵的具体阐述，可以使新时期素质教育目标更加清晰，内涵更加丰富，也更加具有指导性和可操作性 2.核心素养也是对素质教育中存在问题的反思与改进	课题组负责人
如何落实	1.落实需要从整体上推动各教育环节的变革，最终形成以学生发展为核心的完整育人体系 2.通过课程改革落实核心素养 3.通过教学实践落实核心素养 4.通过教育评价落实核心素养	课题组负责人
对应关系	1.学生发展核心素养和学科素养是并行开展的 2.学生发展核心素养和学科（核心）素养内在的对应关系，可以保证学生发展核心素养的落实，也有利于体现学科的独特特色与价值	辛涛（北京师范大学教授）

续表

研究主题	研究观点	专家学者
辩证理解	1.学生发展核心素养的6大素养和18个要点并不要求每个学生都做得很突出、很优秀 2.学生发展核心素养是一个随年龄逐步发展的过程 3.学生发展核心素养的主渠道不是学校搞各种各样的活动，而是学科教育，即课堂教学	曹宝龙（杭州市基础教育研究室主任）

综上所述，研究学生发展核心素养是落实立德树人根本任务的一项重要举措，也是适应世界教育改革发展趋势、提升我国教育国际竞争力的迫切需要。中国学生发展核心素养以“培养全面发展的人”为核心，分为文化基础、自主发展、社会参与三个方面，综合表现为人文底蕴、科学精神、学会学习、健康生活、责任担当、实践创新6大核心素养，具体细化为国家认同等18个基本要点，回应了“教育要立什么德、树什么人”或“教育要培养什么样的人”这一教育最根本的问题。中国学生发展核心素养的力量，来自它提出的时代背景，来自它的内涵、它的价值方向，及其所带来的变革行动。

（三）核心素养的多元表达

核心素养代表了中国教育改革未来的走向，无论是学术界还是草根派，无论是行政层面还是学校校长，无论是区域层面还是学校层面，对于如何落实核心素养都处于起步探索阶段，都在迫切摸索和探寻，都在努力借鉴引导和实践创新。只有深刻理解了核心素养的内涵，才能进行核心素养的多元表达。学校作为落实核心素养的主阵地，校长作为学校办学的最高负责人，课程作为学校的根本所在，都处于学校教育的核心地位。核心素养要落实，核心在于学校，直接拷问着校长和教师，决定于校本和课程。对于核心素养，学校也主动参与到研制过程中，参与到理解实践中，参与到“转化”的主要任务中，并努力表达和创造。

1. 核心素养的校长表达

校长作为一校之长，就是一校之魂，处于学校管理的核心地位，是学校全面工作的引领者，也是学校教育工作的带头人。校长的治校理念与责任导向对于学校、教师和学生发展具有重要的把舵作用，很大程度上决定了学校教育工作的顺利正常开展和发展水平。针对核心素养，多数校长们都在第一时间学习、理解和领悟，不少校长还结合自身治校育人经验和思考提出了理解中的教师核心素养。

如北京四中原校长、中国教育学会高中教育专业委员会理事长刘长铭，从甄选教师标准的角度，谈了教师应该具有的核心素养：乐观、向上、积极的人生态度；感性，善于感动人；学会与学生相处，将教育变成一种生活。北京市第五中学校长张斌平认为，在教师的核心素养中，积极的人生态度最重要，提升学习能力是关键，提升审美水平是目标，教师要有精、气、神。首都师范大学附属中学原校长石彦伦认为，教师核心素养，就是要有师心、师德、师能。

2016年6月，江苏教育报刊总社联合浙江教育报刊总社、上海教育报刊总社、安徽省教育宣传中心对330名四省市中小学校校长进行调研，听取校长们对核心素养的看法。大部分校长对学生发展核心素养的理解是深刻的，对学生发展核心素养引导教育改革的意义有充分的认识，对学生发展核心素养的培养现状及面临的困难有客观的认识，采取的推进学生发展核心素养培育的措施也是切实可行的（表17）。同时有75.5%的校长认为学生发展核心素养的提出有助于实施素质教育，能引领人才培养模式的转型。

表17　面向校长的核心素养调查

调查主题	调查结果
最重要的核心素养	社会责任（77%）、身心健康（59.1%）、学会学习（39%）、实践创新（36.4%）
最缺乏的核心素养	社会责任（64.5%）、实践创新（59.4%）、科学精神（33.6%）、人文底蕴（33.3%）
已落实较好的核心素养	身心健康（50.6%）、学会学习（50.6%）、国家认同（47.9%）、审美情趣（37.6%）
最具挑战性的核心素养	实践创新（75.5%）、社会责任（50.3%）、科学精神（39.4%）、国际理解（37%）

续表

调查主题	调查结果
近期准备采取的措施	在课程中融入学生发展核心素养（80.3%）、加强教师培训使教师理解并具备相应的技能（73.3%）、课堂中融入学生发展核心素养（64.2%）

2. 核心素养的校本表达

对于核心素养，诸多中小学校一直在思考与研究，用自己校本化的表达，发出自己的声音，与中国表达相呼应，形成中国课改、教改的生动气象。这些学校都极具学习力、思考力和创造力，积极正向关注核心素养问题，自觉研究，自觉对照，自觉调整和改进课程与教学，并有自己的表达和创造。

如浙江省杭州市时代小学，将学校层面的学生核心素养校本化表达为“身心健康、品德优良、学得扎实、玩出名堂”；重庆市大渡口区实验小学提出了“生命健康、品德修养、人文审美、语言表达、学习能力、认同理解、科学探究、自主创新”八大核心素养结构；江苏南通高等师范学校附属小学构建了“健康与快乐、习惯与德行、学识与学力、担当与毅力、视野与兴趣”的五个方面核心素养；上海市市西中学提出了“尊重规则会选择、合作包容有爱心、实践创新善质疑、身心健康全人格、胸怀天下担责任”五个素养等。此部分以清华大学附属小学（以下简称“清华附小”）学生发展的“五大核心素养”为例，了解中小学校愿景中核心素养的校本化表达。

清华附小作为百年老校，认为一个人从出生成为家庭的一员，再到成为社会的一员，是一个不断社会化的过程。一个大写的“人”，应该具有强健的身体、健康的心理，应该有自我认知和学习的能力，还应该能够理解他人，具有社会责任感和使命感。在认真总结清华附小100年来办学经验的基础上，根据小学生的年龄特点和发展规律，明确提出了清华附小学生发展的“五大核心素养”，校本化表达为身体健康、成志于学、天下情怀、审美雅趣、学会改变（表18）。

表18 清华附小“五大核心素养”的校本表达

核心素养	源于	学生要求
身体健康	清华附小原校董马约翰先生身体力行，清华大学老校长蒋南翔倡导的“每天锻炼一小时，为祖国健康工作五十年”的体育精神	要养成良好的生活习惯，努力达到身体发育良好，视力达标，体态匀称，体质强健。每个学生至少要有一项自己喜欢的体育运动，有较强的身体活动及协调能力、疾病抵抗能力，面对危险逃生自救的能力。要热爱生活，自信向上，悦纳自己；学会微笑、感谢与赞美，尊敬师长，友善乐群，乐于助人；要学会情绪管理，自强不息、积极进取，拥有朝气蓬勃的“精、气、神”
成志于学	清华附小前身“成志学校”的校名，取义于清华附小“立人为本、成志于学”的校训	指学生永远葆有积极的学习状态。志存高远，通过学习成长、成人，努力成才，成就未来事业；应学而不厌，拥有扎实的基础、广泛的兴趣进而形成志趣；要增强学习内驱力，勤于学习、敏于求知，既能自主学习，又能与人合作，具有良好的学习习惯、科学的学习方法，学会思考，敢于质疑，勇于探究，并能够把学习所得运用于社会生活中，做到知行合一
天下情怀	清华大学“厚德载物”“中西合璧”的办学思想及清华附小百年来一直坚持的公益情怀	要使学生扎中华根，铸民族魂，做具有国际视野、天下情怀的现代中国人。学生应自尊自重，自立自强，拥有爱家人、爱家乡、爱集体、爱人民、爱祖国的思想感情；要有为社会服务和奉献的公益精神；要有振兴中华的社会责任感、使命感；要有较开阔的国际视野，能够理解、尊重、包容多元文化，能与不同文化背景的人进行平等交流，友善相处和交往
审美雅趣	清华大学四大国学导师“至真、至美、至情”的美学境界	学生应该具备符合社会主义主流价值的审美意识和创造美的能力。应向往与追求美好形象和美好事物，学会感知美，善于发现美、体验美、理解美，在对生活、自然、科学、艺术的欣赏中，受到美的熏陶。在此基础上传播美、发展美、创造美，提高自身的精神境界和审美品质，进而做到语言美、行为美、心灵美
学会改变	清华大学“人文日新”“独立之精神，自由之思想”的理念	指学生主动适应、超越自我、勇于创新

3. 核心素养的课程表达

课程作为学校育人的主要载体，在促进人的素养生成中有着独特价值。不少地区和学校在学校课程和校本课程建设方面，将核心素养为纲一以贯之，明确课程的价值定位，进行学校课程的系统设计。如江苏吴江实验小学一直研究“学科关键能力”作为核心素养框架中重要的一个部分，并作为一个突破点，以学科关键能力带动学科核心素养，进而促进学生个体发展核心素养，把核心素养真正落实到课程、教学中去。此部分以杭州第二中学的“一体两翼三层四类”学生发展核心素养课程为例，了解中小学校愿景中核心素养的课程化表达。

浙江省杭州第二中学（简称“杭州二中”）在学校现代发展的背景下，站在国际意识、社会意识和名校意识三个制高点上来重新审视育人问题，把学生核心素养的培育与关于学校育人的基本思考紧密联系起来，始终关注人的“全面而自由”的发展，始终坚持“教育就是让学生成人”的育人思想，提出了“基于人的卓越发展，育走向世界的精英人才”适切办学目标。提出精英人才指向健全的公民素质、卓越的学业基础、突出的创新品质、开阔的国际视野，杭州二中的“基因”精英人才，既是“卓越的二中人”又是“杰出的中国人”，还是“优秀的世界人”。杭州二中将“必备素养、学业基础、人格成长、智慧成长”融为一体，整体架构“一体两翼三层四类”学校课程（表19），促进学生“全面而自由”地成长，培养具有健全的公民素质、卓越的学业基础、突出的创新品质、开阔的国际视野的精英人才。

表19　杭州二中“一体两翼三层四类”学生发展核心素养课程

课程结构	指向	包括内容
一体	指向作为学业基础的国家必修课程的“核心课程”	包括语言文学、数学、人文与社会、艺术、体育、技术、科学为“一体”指向作为学业基础的国家必修课程的核心课程
两翼	指向促进人格成长的“社会类自主课程”	包括项目综合课程、社会综合实践课程、校内实践、职业技能课程
	指向促进智慧成长的“学术类自主课程”	包括项目综合课程、专业课程、AP课程、知识拓展课程、兴趣特长课程

续表

课程结构	指向	包括内容
三层	指“一体两翼”三大板块的课程	均按由低到高三个目标层次设计与实施
四类	指“学校基础素质课程”	包含核心课程、社会类自主课程、学术类自主课程和以现代学生必备的基本素养为内容的“学校基础素质课程”的四个课程类别

4. 核心素养的区域表达

当前要提高区域基础教育质量，需要总结过去好的经验做法，以培育学生发展核心素养为目标指向和着力点，从区域整体上推动各教育环节的变革以区域带动整体发展，以区域推进协调发展。如在服务上海发展、彰显城市特色、引领世界教育的目标下，复旦大学钱米青教授总结出了上海市学生的核心素养；如深圳市教育局长在2017年中小学校长暑期学习会上，提出学生核心素养的四个关键词（表20）。这些总结和讲话，一定程度上是区域思想的综合体现，更是区域核心素养的表达。

表20　核心素养的区域表达案例

区域	核心素养	内涵
深圳	创新能力	让学生从小就激发起好奇心、持续的学习和探索欲望，在不同的年级接受不同特点的创新教育、创客教育，厚植创新基因，让创新和创意的基因真正在孩子们的血液中流淌
	身体健康	让运动和锻炼成为每个孩子的兴趣和习惯，坚持学校体育“普及+特色”的思路，提升学生体质健康水平，引导每个学生至少学会两项终身受益的体育锻炼项目
	艺术素养	让每个孩子都唱起来，让每个班级都有歌声，加强学生艺术审美的全面培育，使每个学生都培育一两项艺术爱好，掌握一门艺术技能，实现“人人有特长、班班有团队、校校有特色”
	国际视野	能更好地理解多元文化，善于思考表达、具备国际视野，不仅会从中国看世界，更会从世界看中国

续表

区域	核心素养	内涵
上海	财商素养	培育学生的商业意识，培育正确的财富观
	数字素养	掌握数字设备的使用技能，重视信息技术的发展
	公民素养	重视生态环境问题，关注绿色城市建设
	多文化知识素养	重视外语教育、代际文化的交融、弱势文化的包容、信息交流技术素养

综上所述，核心素养及其指导下的课程改革在不断地改变我们，校长和教师的积极性、创造性得到了进一步开发，顶层设计与基层探索相结合的改革路线也越来越清晰，结合得越来越好。区域、学校层面的核心素养，是顺应地区和学校发展态势，顺应学校师生的价值认同，有着自然生长的土壤。学校表达核心素养实际是学校的创造，学生核心素养的培养是课程架构的生命表达，区域表达核心素养实际是区域的创造，其表达的主题就是寻找核心素养落地的力量。

（四）《中国学生发展核心素养》中的"健康素养"

在《我国学生核心素养意见征求表》中，"健康素养"是32个核心素养指标之一。在《中国学生发展核心素养》中，"健康生活"是六大核心素养指标之一。没有调查就没有发言权，基于此，《中国学生发展核心素养》研究课题组面向社会上有代表性的不同专家群体进行访谈和问卷调查，以自下而上的方式聆听多种群体、不同群体的意见。本部分的调查数据和结果分析，均整理于《中国学生发展核心素养》课题组的实证调查[1]。

1. "健康素养"指标的内涵界定

在谈及健康素养时，被访专家具有高度一致性观点，认为良好的健康素养，包括健康的心理，其是适应现代社会、应对现代社会各种挑战的基础与前提。如北京市第五中学前校长吴昌顺说："我在学校在职期间主张做全人教育，这是我们中学最至关

[1] 林崇德. 21世纪学生发展核心素养研究[M].北京：北京师范大学出版社，2016.

紧要的，人字怎么写，一撇，身体健壮；一捺，心理健康，形成健全的人格。”北京师范大学教育学院前院长、长江学者、特聘教授张斌贤说：“维护身体健康、维护心理健康，这是无论对哪个社会都需要的。”天津师范大学心理与行为研究院白学军教授也明确提道，心理健康和身体健康的结合是“做事的基础”。在对30名专家意见调研文本分析、编码和数据处理分析中，健康素养成为核心素养编码方案体系五大项之一“健康与安全”下的一级指标，并对二级指标及内涵做了界定（表21）。

表21　我国核心和素养编码方案体系中的“健康素养”界定

一级指标	二级指标及内涵界定
健康素养	·身体健康：身体健壮 ·心理健康：心态平和，情绪稳定，能良好地适应环境，自信、乐观、积极向上 ·健康的生活方式：健康饮食，运动习惯，自主调节（行为上的） ·健康意识：善待自己，了解有关健康的知识（思想的）

2. “健康素养”指标在不同地区和领域专家中的提及率

不同地区的调查结果发现，编码方案中“健康素养”指标被提及率为48.55%，仅次于道德品质。其中北京、河南、山东、辽宁四省市健康素养被提及率位居第二，比例分别为46.84%、48.84%、62.14%和37.10%，在华南地区被提及率则位居第一，占49.33%。同时，在四项二级指标中，心理健康位居第一，占整体的39.83%；身体健康位居第三，占整体的21.71%，同时有2.74%提及健康的生活方式和2.39%提及健康意识。

在对教育学、教育管理、经济学、行政领导、企业家、人文历史、校长与名师、心理学、自然科学九类从事不同工作、活跃于不同领域的专家访谈中，就对“未来人才的期待”，健康素养在一级指标中被提及率非常高，在30.37%~75.51%，其中教育管理和心理学专家提及率居于第一位，其他均位居第二。从健康素养下的二级指标来看，各领域专家对身体健康和心理健康受到的关注程度较高，其中身体健康提及平均百分比为29.81%，教育管理和行政领导对身体健康的关注度尤为突出，人文历史和企业家对身体健康的关注度最小；心理健康提及平均百分比为44.34%，行政领导和心理学专家对心理健康的关注度尤为突出，人文历史和自然科学专家对心理健康的关注度最小。健康的生活方式和健康意识的受关注度在各领域专家意见中相对都较小，校长与名师对健康意识、心理学专家对健康的生活方式提及率明显高于其他领域专家。

3. “健康素养”指标在国家课程标准中的提及率

健康素养指标不仅在《普通高中体育与健康课程标准（2017年版）》中被提及，在高中俄语、高中化学等15门课程标准中同样被提及，被提及的频率总计达119次，占高中16门课程标准总提及数的2.37%，在36个核心素养指标中位居第12位。《普通高中体育与健康课程标准（2017年版）》提及次数最多，有22次提及健康素养。另高中俄语、高中语文、高中历史、高中艺术、高中音乐、高中技术课程标准中均提及10次及以上。

同样，健康素养指标不仅在《义务教育体育与健康课程标准（2011年版）》中被提及，在义务教育历史、义务教育美术等15门课程标准中同样被提及，被提及频率总计达147次，占义务教育阶段19门课程标准总提及数的3.15%，在36个核心素养指标中位居第9位。《义务教育体育与健康课程标准（2011年版）》提及次数最多，有43处提及健康素养，如健康体魄是青少年为祖国和人民服务的基本前提，以增进中小学生健康为主要目的的必修课程，学生能够提高对身体和健康的认识，掌握有关身体健康的知识和科学健身方法，养成健康的行为和生活方式，真正关注学生的健康意识、锻炼习惯和卫生习惯的养成，确保“健康第一”思想落到实处，使学生健康成长，提高对个人健康和群体健康的责任感，形成健康的生活方式等。另《义务教育思想品德课程标准（2011年版）》、《义务教育品德与社会课程标准（2011年版）》、《义务教育语文课程标准（2011年版）》中提及次数均在10次以上。

4. “健康素养”指标的认可度

在不同地区对国外32项核心素养指标进行调查结果显示，健康素养作为32项指标之一，均得到了5个地区60%以上的一致认可，其中山东省认可度最高，华南地区认可度最低，见表22。

表22　不同地区选择对国外“健康素养”的人数百分比

健康素养指标	北京	河南	山东	辽宁	华南
百分比（%）	67	69	81	76	63

对国外32项核心素养指标的认同度对比分析显示，不同领域的专家对健康素养指标有60%以上一致认可，其中行政领导认可度最高，教育学专家认可度最低，见表23。

表23　不同领域专家对国外“健康素养”的人数百分比

健康素养指标	教育学	教育管理	经济学	行政领导	企业家	人文历史	校长与名师	心理学	自然科学
百分比（%）	63.83	70.45	75	88.24	65.96	67.86	77.63	81.25	70.91

综上所述，随着健康素养的重要性不断被发现和认同，健康素养的概念也越来越多地被提及。在《中国学生发展核心素养》课题组实证调研中，从对社会与民众现实需求的实证调研结果来看，健康素养这一指标在不同地区及被访专家中的提及率非常高，且不仅《义务教育体育与健康课程标准（2011年版）》提及健康素养，相关学科的课程标准都对健康素养有所提及。可见，社会各界和国家课程标准都一致强调要重视学生的身心健康，认可学生不仅应具备健康的身体和良好的精神面貌，还应有积极健康的生活态度和生活方式，能够良好地适应周围环境。特别是清楚涉及其中、涉及体育的“健康素养”指标，这对于体育学科核心素养、体育教师核心素养的研究有很好的指导和引领，且提供了重要的研究基础和理论指导。

四、理解体育学科核心素养及现实价值

“学科核心素养”是继“核心素养”概念后新提出的一个概念，也是在国家层面出台《中国学生发展核心素养》的同时，在普通高中课程标准修订过程中，各个学科都在凝练和提出自己本学科的核心素养，或者学科素养，可以说学科核心素养是学科之灵魂。一个具有学科核心素养的人，会表现出形成了关于学科思维和方法的习惯，这种习惯是由长期训练而来的，它富有底蕴且自然显露。一个具有学科核心素养的人，还会对学科知识产生信任感、依赖感、归属感及忠诚感，如对来自数

学课程之逻辑方法的信任及忠诚，对物理课程所揭示的物理世界的忠诚及归属，对体育课程之身体运动的依赖及归属等。核心素养的落实会强化学科素养，学科素养又会为核心素养的形成提供平台。核心素养的出台，带来和强化了体育学科核心素养，也牵引和指导了体育人对学科核心素养的研究探索。

（一）国际视角中涉及的体育相关核心素养

在对核心素养、学生发展核心素养的综述中不难发现，无论是国际组织还是政府，无论是学校还是区域的核心素养表达，涉及体育的相关指标必然成为诸多核心素养之一，如“身体健康”“健康素养”“身心健康”或“自我生存能力”等。本部分的调查数据和结果分析，均整理于《中国学生发展核心素养》课题组的实证调查[1]。

1. 联合国教科文组织核心素养之“身体健康”

2012年8月到9月，在联合国教科文组织学习成果衡量特设工作组的标准工作组在对《作为学习结果的核心素养草案：幼儿、小学和中学》修订中，初步确定了核心素养指标体系的7个学习领域，其中“身体健康”成为国际框架中7个学习领域之一，并对具体内涵、子领域各个年龄段核心素养子领域进行了确定（见表24）。

表24　联合国教科文组织学习领域之“身体健康”

<table>
<tr><th>学习领域</th><th colspan="2">内涵</th><th>子领域</th></tr>
<tr><td>身体健康</td><td colspan="2">儿童和青年能合适地运用身体，发展运动控制力，对于营养、运动、健身及安全等方面具备一定的知识并能付诸行动</td><td>身体健康与卫生
食品与营养
体育活动</td></tr>
<tr><td>年龄阶段</td><td>学习指标</td><td colspan="2">学习指标内涵</td></tr>
<tr><td rowspan="3">学前阶段
（0~8岁）
学习指标</td><td>身体健康与营养</td><td colspan="2">儿童远离疾病，营养充足，能够了解具体食物的营养和危险</td></tr>
<tr><td>健康知识与实践</td><td colspan="2">儿童了解日常的健康和卫生习惯，包括如厕、饮食、洗手、刷牙等</td></tr>
<tr><td>安全知识与实践</td><td colspan="2">儿童能够识别并躲避危险，如战争、交通、水、动物、陌生人可能带来的危险</td></tr>
</table>

[1] 林崇德. 21世纪学生发展核心素养研究[M].北京：北京师范大学出版社，2016.

续表

学习领域	内涵	子领域
	大运动、精细动作与感知动作技能	大运动指身体在以下运动中用到的大动作，如跑、跳、攀爬、攀登。精细动作指捡、画、写、使用键盘等操作性小动作。感知动作技能与大脑、眼睛、身体配合有关，如手眼协调
小学阶段（5～15岁）学习指标	身体健康与卫生	学会讲卫生，能够正确用水以预防传染性疾病；同时能选择健康的行为方式预防非传染性疾病
	食物与营养	了解饮食对心智和身体发展的重要性，在不同的情境下有不同的含义，有时是指确保儿童有足够的营养摄取，有时是指控制饮食量，以保持健康的体态
	体育运动	通过运动、游戏发展个人才能
	性健康	理解人类繁衍生育的基本概念
中学阶段（10～19岁）学习指标	健康与卫生	了解并采用健康的行为方式和卫生习惯，其中也包括心理健康
	性健康与生殖教育	理解性健康、组建家庭、怀孕和分娩的基本概念
	疾病预防	了解创造健康的条件，能通过健康饮食、锻炼身体的途径有效预防疾病

2. 美国21世纪核心素养学习内容之“健康素养”

为了帮助学生更好地适应21世纪的生活，更好地实现关键素养，美国21世纪核心素养联盟依赖于核心学科与21世纪主题等具体内容的学习，进行了以核心素养为旨趣的学习内容拓展，渗透进核心学科的内容学习中来得以实现。在21世纪主题核心学科中，专门提出了五大世纪议题：全球意识、公民素养、理财素养、健康素养和环保素养，这些议题实质上是21世纪学生必须培养和发展的基本素养。美国21世纪核心素养联盟对21世纪主题、健康素养进行了具体的界定和说明（表25）。

表25　美国21世纪核心素养之“健康素养”学习内容体系

核心学科之一		具体内容
21世纪主题	健康素养	1.获得、解释和理解基本的健康信息和服务，并懂得运用这些信息和服务来增进个人健康 2.懂得身体和心理的保健措施，包括合理节食、营养、锻炼、躲避危险和释放压力 3.运用可用信息以做出恰当的确保健康的决策 4.建立并监控个人与家人的健康目标 5.理解国家与国际上公共卫生与安全的问题

3. 日本人才核心素养之“自我生存能力”

为应对人类社会面临的新挑战，日本从20世纪90年代后期就提出要培养孩子适应信息化、国际化社会的核心素养，即生存能力。在日本21世纪型能力的基本框架中，日本内阁府对人才的核心素养，在自我管理素养中提出了“自我生存能力”，以培养完整的人。培养“生存能力”就是要拥有强健的体魄，即为坚强地生活所不可缺少的健康和体力；就是要集德智体于一体，发展坚实的学力、丰富而充实的内心和强健的体魄。

4. 中国台湾学者核心素养之“身心健康与自我实现”

中国台湾学者蔡清对课程改革中的“素养”问题进行了系统研究，提出核心素养是较为核心而重要的素养，是指个体为了发展成为一个健全个体，必须适应生活情境需求，所不可欠缺的知识、能力与态度的全方位国民的核心素养，认为核心素养不同于一般的素养，需要通过各教育阶段的长期培养得以形成，具体内涵包括3个维度、9种行为，其中自主行为维度中的“身心健康与自我实现”涉及体育学科（表26）。

表26　中国台湾学者核心素养之“身心健康与自我实现”各教育阶段重点

年龄阶段	核心素养具体内涵及教育重点
6岁	具备生活自理能力与良好的生活习惯，并能表达自我需求与选择
12岁	养成良好的生活习惯，具备身心保健的能力，并能认识个人特质及发展潜能

续表

年龄阶段	核心素养具体内涵及教育重点
15岁	养成良好的身心健康习惯，并能展现自我潜能、肯定自我价值、积极实践
18岁	具备维护身心健康及发展个人潜能之能力，并能肯定自我价值与实现理想

综上所述，“身体健康”“健康素养”“自我生存能力”和“身心健康与自我实现”，无论是作为国际框架中的学习领域，作为学生必须培养和发展的基本素养，还是作为核心维度下的素养成分，其内涵、学习指标、具体内容都直指体育，都指向体育学科核心素养，为我国体育学科核心素养的研究奠定了研究基础和提供了研究视角。

（二）现行体育与健康课标中体现的核心素养

在综合核心素养国际比较研究结果，以及前期座谈和问卷调查调研的基础上，《中国学生发展核心素养》课题组选取35门现行课标进行研究，包括2011版的义务教育阶段的体育与健康、2003版的高中教育阶段的体育与健康课程标准。课题组整理并界定出了36种核心素养指标，“健康素养”为36种核心素养指标之一，具体内容表述包括：健康素养、健康、健康的生活方式、健康的生活模式、身心健康全面发展。本部分的调查数据和结果分析，均整理于《中国学生发展核心素养》课题组的实证调查[1]。

1. 素养在体育与健康课标中的提及情况

据《中国学生发展核心素养》课题组整理统计，素养在《普通高中体育与健康课程标准（2017年版）》中出现总计158次，在《义务教育体育与健康课程标准（2011年版）》中出现总计203次。且在两版体育与健康课程标准中不同位置的出现频率明显不同，课程内容部分提及最多，高中为56次、义务教育为75次，高中课程目标提及最少（26次），义务教育实施建议提及最少（36次），高中前言（37次）、实施建议（39次）、义务教育课程目标（52次）、前言（40次）提及相对较

[1] 林崇德. 21世纪学生发展核心素养研究[M].北京：北京师范大学出版社，2016.

少。如《义务教育体育与健康课程标准（2011年版）》中提及的提高学生的体育学习能力，强调学生应在运动实践中体验心理感受并形成良好的行为习惯，提高对个人健康和群体健康的责任感，安全地进行体育活动，正确理解体育活动与自尊、自信的关系，形成克服困难的坚强意志品质等。

2. 体育与健康课标中出现频率较高的核心素养

在《普通高中体育与健康课程标准（2017年版）》中，提及频率较高的素养有学习素养（16.5%）、健康素养（13.9%）；在《义务教育体育与健康课程标准（2011年版）》中，提及频率较高的素养有学习素养（23.2%）、健康素养（21.1%）和团队合作（10.3%）。可见，体育与健康课程标准不仅聚焦健康素养这一核心素养，在一定程度上体现了体育学科的特点，同时对学习素养、团队合作同样重视，在一定程度上体现了体育学科相关的素养。而且，健康素养在《义务教育品德与社会课程标准（2011年版）》中提及频率也较高，达11.1%。

3. 义务教育体育与健康课标中出现的相关核心素养

据《中国学生发展核心素养》课题组整理统计，在36个核心素养指标中，体育与健康课程标准中提及了伦理道德、沟通与交流能力等28个相关核心素养.其中《义务教育体育与健康课程标准（2011年版）》提及26项，语言素质、独立自主、数学素养、公民意识、生活管理能力、生涯发展与规划、冲突解决能力、可持续发展意识、艺术与审美能力、人文素养10项核心素养指标未被提及（表27）。

表27　义务教育体育与健康课标中出现的相关核心素养

序号	相关核心素养	出现频率	出现点示例
1	伦理道德	5	形成良好的体育道德意识和行为，如标出胜不骄、败不馁，尊重同伴、尊重对手、尊重裁判等道德行为等
2	沟通与交流能力	1	帮助学生掌握与人交往的方法，如小学阶段要引导学生在体育活动中学会交往等
3	团队合作	21	形成合作意识与能力，在团队体育获得中能较好地履行自己的职责等

续表

序号	相关核心素养	出现频率	出现点示例
4	法律与规则意识	4	遵守运动规则并自我规范体育行为，如在体育活动中做到文明用语、讲礼貌、遵守规则等
5	健康素养	43	形成关注自身健康的意识和行为等
6	国家认同	3	培养学生的爱国主义具有重要的意义等
7	环境意识	2	提高适应自然环境的能力，如在夏天、冬天或气候变化时坚持参加体育等
8	安全意识与行为	8	增强安全意识和防范能力，掌握运动损伤及意外伤害的预防与简易处理方法，如初步掌握运动中自我保护和相互保护的基本方法、常见运动损伤及轻微烫烧伤的预防与简易处理方法，能够识别常见的危险标识，了解煤气中毒、触电、雷击、中暑的发生原因及预防和简易处理方法等
9	计划、组织与实施	3	认真完成体育学习和锻炼任务；经常参加课外体育锻炼，有简单的体育锻炼计划，并付诸实施等
10	自我管理	11	促进学生主动参与体育活动；注意规范自己的体育行为等
11	创新与创造力	1	创编跳绳的方法
12	情绪管理能力	11	帮助学生掌握调节情绪的方法，在体育活动中注意调节自己的情绪，如比赛失利时不消极、不气馁、不讽刺对方，采用自我激励等方法控制焦虑、烦躁等不良情绪等
13	学习素养	47	促进学生掌握体育与健康学习的方法；逐步增强学生的体育与健康学习能力等
14	主动探究	3	注重培养学生自主学习、合作学习和探究学习的能力等
15	实践素养	5	强调实践性特征，以身体练习为主要手段，同体育与健康学习、体育锻炼以及行为养成，提高学生的体育与健康实践能力等

续表

序号	相关核心素养	出现频率	出现点示例
16	价值观	6	以“健康第一”为指导思想，重视对学生进行正确的体育价值观和责任感的教育等
17	科学素养	4	基本掌握科学锻炼身体的基本知识和方法，如基本掌握运动强度和密度、靶心率、心率测定和运动量控制等
18	信息技术素养	2	指导学生充分利用图书馆、阅览室、各种媒体，多渠道获取体育与健康的有关信息等
19	社会参与和贡献	4	促使学生形成良好的体育态度、心理品质和社会行为等
20	尊重与包容	4	在体育活动中尊重相对较弱者等
21	多元文化	6	根据多维健康观和体育学科的特点等
22	国际意识	1	借鉴国际体育课程发展的经验
23	自信心	3	重视培养学生的自信心；培养学生自尊、自信等
24	反思能力	2	提高学生正确评价自己和他人的能力等
25	适应能力	2	提高适应环境变化的能力等
26	问题解决能力	1	发生紧急情况时，会拨打求助电话

4. 高中体育与健康课标中出现的相关核心素养

据《中国学生发展核心素养》课题组整理统计，在36个核心素养指标中，体育与健康课程标准中提及了伦理道德、沟通与交流能力等28个相关核心素养。其中《普通高中体育与健康课程标准（2003年版）》提及28项，公民意识、人文素养、多元文化、可持续发展意识、冲突解决能力、语言素养、数学素养、艺术与审美能力8项核心素养指标未被提及（表28）。

表28　高中体育与健康课标中出现的相关核心素养

序号	相关核心素养	出现频率	出现点示例
1	伦理道德	2	提高对个人健康和群体健康的社会责任感，表现出良好的体育道德
2	沟通与交流能力	4	具有和谐的人际关系和良好的合作精神；正确处理体育活动与其他活动中竞争与合作的关系等
3	团队合作	14	表现出团队意识和行为，在体育活动和比赛中与同伴齐心协力取得集体的成功等
4	法律与规则意识	2	在体育比赛中遵守规则和服从裁判；了解国家有关体育与健康的主要法规
5	国家认同	4	培养学生的集体主义、爱国主义和社会主义精神；了解我国传统养生保健方法与现代体育锻炼方法的异同等
6	国际意识	1	关注国内外重大体育赛事，了解国内外重大体育事件
7	尊重与包容	1	尊重他人对体育活动的兴趣和需要
8	环境意识	8	懂得环境对身体健康的影响；避免在不利于身体健康的环境（如大雾、灰尘、噪声等）中进行体育活动等
9	安全意识与行为	2	具有安全进行体育活动的能力，掌握运动创伤时和紧急情况下的简易处理方法等
10	独立自主	2	学生可以根据自己的条件和爱好在学校确定的范围内选择运动项目作为学习内容等
11	自我管理	8	关注和改善自己的身体健康状况；根据自身情况制订简单的个人锻炼计划等
12	生活管理能力	2	逐步形成健康的生活方式，自居主义合理的营养和饮食卫生，较合理地安排作息时间
13	情绪管理能力	13	提高调控情绪的能力，表现出调控情绪的意愿和行为，具有帮助同伴调控情绪的意愿和行为等

续表

序号	相关核心素养	出现频率	出现点示例
14	适应能力	4	学会将体育获得中培养的社会适应能力迁移到日常学习和生活中等
15	自信心	2	在体育活动中努力获得成功感，在不断进步的过程中培养自信等
16	计划、组织与实施	7	制订并实施简单的个人锻炼计划，评价体育锻炼效果；在科学锻炼的基础上帮助同伴制订简单的锻炼计划等
17	生涯发展与规划	2	初步具备规划健康人生的能力等
18	学习素养	26	重视提高学生自主学习、探究学习和合作学习的能力，促进学生学会学习，提高体育学习的能力等
19	主动探究	5	创设有利于学生主动参与、乐于探究、勇于实践的良好的教学氛围等
20	问题解决能力	4	与同伴一起分担和处理体育活动与其他活动中遇到的困难和问题等
21	实践素养	3	提高体育实践能力等
23	创新与创造力	4	培养学生的创新精神，提高批判性思维等
24	价值观	3	培养积极的价值观；逐步形成健康的生活方式和积极进取、充满活力的人生态度等
25	科学素养	6	应用科学的方法参加体育锻炼，指导科学锻炼的基本原理等
26	信息技术素养	2	利用互联网资源为体育实践服务；利用互联网资源为体育实践服务，如通过互联网获取体育知识和方法
27	社会参与和贡献	4	增强社会责任感；具有积极的社会责任感等
28	健康素养	22	融合与学生成长相关的健康教育知识和方法；关注学生健康与安全意识的培养以及健康文明生活方式的形成等

综上所述，现行体育与健康课程标准已经开始重视对核心素养的培养，特别是健康素养的培养，已较全面地关注了体育所赋予未来人才所必备的素养。随着学生年龄增长和受教育程度的提高，高中体育与健康课标涉及的核心素养多于义务教育体育与健康课标，体现了素养的发展性。但现行课标对沟通与交流能力、实践素养和反思能力等强调程度不足，不够重视对法律与规则意识、尊重与包容等素养的培养，没有高度重视对价值观素养的培养，缺乏对冲突解决能力、艺术与审美能力等素养的培养，跨学科素养有所体现但明显不足。

（三）体育学科核心素养的维度内涵

随着核心素养研究如火如荼地展开，学科核心素养的研究同样成为新一轮课程与教学改革研究的热点，加快建立学科在不同学段的学科核心素养是学科教学必须解决的问题和教育理论与实践发展的内在需求，也是深化体育与健康课程改革的新指向，更是服务于国家教育改革发展的需要。从核心素养到体育学科核心素养的研究，是课程改革深入推进的必然选择，基于此，国内高中体育与健康课标研制组专家团队和相关体育学科研究者，都对体育学科核心素养进行了研究。可以说，作为联结核心素养与学科课程的桥梁，体育学科核心素养的内涵厘定和体系构建是教学改革的前提。

1.《普通高中体育与健康课程标准（2017年版）》修订组提出的体育学科核心素养

《普通高中体育与健康课程标准（2017年版）》修订组在课标修订过程中，“学科核心素养”成为修订关键词，也就是课程标准的研制都要围绕促进学生学科核心素养的形成来进行，或是说学生学科核心素养的培养和形成，是课程标准研制的出发点，也是课程标准研制的落脚点。在此基础上，对体育与健康学科核心素养的名称、内涵、内容、表现形式和水平等级划分进行了界定说明。

《普通高中体育与健康课程标准（2017年版）》修订组认为，体育与健康学科核心素养是学生发展核心素养（社会参与、生命健康、文化修养）的重要组成部分，是学生在体育与健康学科学习过程中形成的基本知识、技能、方法和情感、态

续表

度、价值观等的综合表现，集中反映了体育与健康学科特性的独特品质和关键能力。体育与健康学科核心素养主要由运动能力、健康行为和体育品德构成，其中运动能力是形成健康行为和体育品德的基础，健康行为是发展运动能力和体育品德的核心，体育品德是提高运动能力和改进健康行为的保证[1]，见表29。本研究认同《普通高中体育与健康课程标准（2017年版）》修订组提出的学科核心素养，并以此作为体育教师核心素养研究的基础。

表29　《普通高中体育与健康课程标准（2017年版）》修订组提出的体育学科核心素养

素养		内涵	表现形式
素养1	运动能力	1.运动能力是体能、技战术能力和心理能力等在身体活动中的综合表现，是人类身体活动的基础 2.运动能力分为基本运动能力和专项运动能力。基本运动能力是从事生活、劳动和运动所必需的能力；专项运动能力是参与某项运动所需要的能力 3.高中学生运动能力发展的重点是发展体能、运用技能和提高运动认知	体能状况 运动认知与技战术运用 体育展示与比赛
素养2	健康行为	1.健康行为是增进身心健康和积极适应外部环境的综合表现，是改善健康状况并逐渐形成良好生活方式的关键 2.健康行为包括养成良好的锻炼、饮食、作息和卫生习惯，控制体重，远离不良嗜好，预防运动损伤和疾病，消除运动疲劳，保持良好心态，适应自然和社会环境的能力等 3.高中学生健康行为养成的重点是锻炼习惯、情绪调控和适应能力	体育锻炼意识与习惯 健康知识掌握与运用 情绪调控 环境适应

[1] 尹志华.论运动能力、健康行为和体育品德三个方面学科核心素养[J].体育教学，2019（1）：13-16.

续表

素养		内涵	表现形式
素养3	体育品德	1.体育品德是指在体育运动中应当遵循的行为规范以及形成的价值追求和精神风貌，对维护社会规范、树立良好的社会风尚具有积极作用 2.体育品德包括体育精神、体育道德和体育品格三个方面，体育精神包括自尊自信、勇敢顽强、积极进取、超越自我；体育道德包括遵守规则、诚信自律、公平正义等；体育品格包括文明礼貌、相互尊重、社会责任感、正确的胜负观等 3.高中学生体育品德培养的重点是积极进取、遵守规则、社会责任感	体育精神 体育道德 体育品格

2. 个别研究者提出的体育学科核心素养

目前，关于体育学科核心素养的研究还不多，除了《普通高中体育与健康课程标准（2017年版）》修订组提出之外，仅有个别专家学者采用文献分析等方法，以国内外核心素养研究的发展概况综述为基础，结合体育学科价值和特性，从不同视角提出了体育学科核心素养，以试图建构体育学科核心素养框架体系（表30）。虽然三者研究的主题表达不一，有的命名为“体育与健康学科核心素养”，有的直接命名为“体育核心素养”，有的命名为“中国学生体育核心素养”，还有的命名为“运动核心素养”，但从维度构建来看，基本表达的都是体育学科核心素养之意，或是等同于体育学科核心素养。

表30　相关研究者提出的体育学科核心素养

研究者	研究主题	概念界定	维度建构
姜勇、王梓乔（2016年）	体育与健康学科核心素养[1]	学生通过学习体育与健康课程，了解并掌握体育与健康课程的理论知识、运动技能与方法，增强体质，培养刻苦锻炼、坚韧不拔的体育精神，发展良好的心理品质、合作与交往能力，形成健康与安全的体育意识，养成终身体育锻炼的习惯	【三维度九要素】 1.人与工具：体育理论知识、运动技能、体育创新 2.人与自己：健康体能、心理健康、体育意识 3.人与社会：社会适应、迁移能力、体育道德
赵凤霞等（2017年）	体育核心素养[2]	学生在学校范围内，通过有组织的体育教学及学生的自主、合作、创造性的学习与锻炼等方式获得与建构一系列体育知识、体育技术及体育技能的动态过程，并在此过程中逐步形成终身体育健康发展意识与能力以及更好适应社会发展所具备的勇敢拼搏、团结合作、乐观自信等体育精神与人格特征	【三维度十一素养】 1.人与工具：体育物质利用开发、体育知识、体育信息素养、体育沟通交流素养 2.人与自身发展：体育技能、体育健康素养、体育态度、体育精神 3.人与社会：体育公共服务、体育文化传承与交流、体育社会价值
于素梅（2017年）	中国学生体育学科核心素养[3]	学生体育学科核心素养，不只是体育与健康素养的叠加，而是包含着体育精神、运动实践、健康促进三大维度的完整体系，是学生通过体育学科的学习和课内外的有效衔接性练习，逐步掌握并形成的有利于学生终身健康发展所需和必备体育情感与品格、运动能力与习惯、健康知识与行为	【三维度六要素】 1.体育精神：体育情感、体育品格 2.运动实践：运动能力、运动习惯 3.健康促进：健康知识、健康行为

[1] 姜勇，王梓乔.对体育与健康学科核心素养内涵特征与构成的研究[J].中国学校体育（高等教育），2016（10）：39-43.

[2] 赵凤霞，程传银，张新辉，等.体育核心素养模型构建研究[J.体育文化导刊，2017（1）：154-159.

[3] 于素梅.中国学生体育学科核心素养框架体系建构[J].体育学刊，2017（4）：5-9.

续表

研究者	研究主题	概念界定	维度建构
罗芬（2017年）	体育学科核心素养[1]	学科基本素养是学生或学者在该学科内所具备的基本专业素质，这些素质是通过长时间的专业训练所形成的专业思维，通过这种思维促成基础知识的积累，增加基本专业技能，形成专业基本经验，从而达到某门具体学科所要前进的基本目标。包括学科基础知识、基本技能、基本经验、基本品质、基本态度等几个方面	【四维度十二项要素】 1.运动认知：运动知识、运动能力、学习能力 2.健身与健康行为：珍爱生命、健康生活、终身体育 3.情意表现：责任担当、心理调节、中华体育精神 4.社会适应：交往与合作、环境适应、创新精神
薛天龙（2017年）	运动核心素养[2]	通过体育学科学习学生所能掌握与形成终身体育所需的、全面发展必备的体育情感与品格、运动能力与习惯、健康知识与行为	【三个一级、六个二级指标】 1.运动情感与品格：运动情感、体育品格 2.运动能力与习惯：运动能力、运动习惯 3.运动知识与健康：健康知识、健康行为

3. 体育学科核心素养彰显的学科特质

体育学科核心素养的提出，可以说更好地彰显了学科核心素养的学科特质。学科即“教学科目”的简称，也称“科目”，是教学中按逻辑程序组织的一定知识和技能范围的单位，如初中数学、小学音乐、中学体育等。特质指事物特有的性质、本质和属性。学科特质也就是学科特有的性质，有着鲜明的学科烙印和学科差异。

据中国知网数据，截至目前，还没有关于体育学科特质的研究。已有的相关研究，题目包含“体育学科特点”或“体育学特性”的各类文章仅有12篇，皆为2000年以后出现的。但12篇中只有2篇对其特点加以论述，其他或沿袭，或不详，或仅挂名，或只字不提。陶日桂对学校体育实践类课程的学科特点进行了分析，认为具有

[1] 罗芬. 体育学科核心素养体系构建及评价[J.当代体育科技，2017，7（10）：240-242.

[2] 薛天龙.论体育教学中学生的核心素养及其培养[J].运动，2017（9）：105-107.

技艺性、情意性、自然性、人文性[1]。毛振明从上过体育课的人、一线体育教师和搞学校体育研究的研究者三类人群视角，列举了27种体育学科与其他学科不一样的地方（特点），提出了体育学科与其他知识类学科的本质区别：体育内容的非逻辑性、运动技能和身体素质的学力标志、身体活动的特殊性[2]。《义务教育体育与健康课程标准（2011年版）》首次从政府层面，明确提出了体育与健康课程的特性为基础性、实践性、健身性和综合性。这表明到了21世纪，体育学科特点才开始引起研究者的关注，但离名副其实的学科特质还有距离。

每个学科都有自己学科特质的表达方式，都有自己的研究对象和问题领域，都有自己解决问题的思维方式和表达方式，都可以在不同程度和水平上满足学生的多样性需求和个性化发展需要。“运动能力”“健康行为”和“体育品德”体育学科核心素养的提出，是在基于对体育学科的理解，即学科逻辑，基于学科育人价值的分析，即认知逻辑和教学逻辑，将三个逻辑整合在一起而提炼出来的。体育课程的实施，旨在促进学生在运动能力、健康行为、体育品德三方面学科核心素养的获得和全面发展，培养学生作为公民未来发展应具备的体育与健康的能力和品格，形成乐观开朗、积极进取、充满活力的人生态度。因此说，“运动能力”“健康行为”和“体育品德”不仅仅是体育学科的核心素养，也充分彰显了体育的学科特质，体现了体育学科自身特有的优势和特点。

4. 体育学科核心素养关联的主要载体

核心素养要落地，要让学生有获得感，就需要结合学科培养学生核心素养的任务，关联体育学科中的核心载体，促进学生核心素养的培育。

载体1：国家课程标准。《国家中长期教育改革和发展规划纲要（2010—2020年）》提出，要开发学生核心素养，以此作为新课改的标准。如最新颁布的《普通高中体育与健康课程标准（送审稿）》明确提出，体育与健康是一门以培养高中学生的体育与健康学科核心素养和增进高中学生的健康为主要目标的课程；要高度重视培养学生的运动能力、健康行为、体育品德三个方面的学科核心素养；要改革课

[1] 陶日桂.浅谈学校体育实践类课程的学科特点[J].中国校外教育，2015(2)：145.

[2] 毛振明.论体育学科的特性[J].体育与科学，2001(5)：14–16.

程内容和教学方式，促使学生把单纯追求知识和技能获得的过程转变为学科核心素养形成的过程；促进学生在运动能力、健康行为、体育品德三方面的学科核心素养获得协调和全面的发展目标；三方面的学科核心素养在体育与健康教育过程中得以提升，并在解决不同情境的实际问题过程中整体发挥作用。可以说，体育与健康课程标准是国家发展学生核心素养的核心落实载体。

载体2：校园足球。教育部体育卫生与艺术教育司司长王登峰提出，推动校园足球是落实立德树人的教育使命所在，教育是国家发展的基石，体育应是教育的基石。在2017年7月举办的首届“北京市校园足球特色校校长论坛”上，北京市教育部门相关负责人指出，北京市校园足球特色校在开展校园足球工作中，主要围绕以足球文化带动足球发展的思路，在文化活动中发挥足球的育人功能，增进孩子们对于足球的认知和热爱。学校倡导班级联赛、开展足球通讯社小记者选拔等一系列活动，让孩子们在快乐的氛围中踢足球、写足球、感受足球、参与足球，从而更加热爱足球，让足球真正成为提升学生核心素养的有效载体。

载体3：《运动技能等级标准》。《运动技能等级标准》是体育教育工作的基础性指导文件和教育质量基本标准，是评价学生运动技能和评估学校体育及衡量各地学校体育发展的重要依据，是引导学生提升运动技能水平的重要手段。如各运动项目的运动技能等级标准是对接、落实运动技能核心素养的核心载体。

载体4：《国家学生体质健康标准》。2014年修订的《国家学生体质健康标准》是国家学校教育工作的基础性指导文件和教育质量基本标准，是评价学生综合素质、评估学校工作和衡量各地教育发展的重要依据。该标准从身体形态、身体机能和身体素质等方面综合评定学生的体质健康水平，是促进学生体质健康发展、激励学生积极进行身体锻炼的教育手段。可以说，该标准是国家学生发展核心素养体系和学业质量标准的重要组成部分。

综上所述，核心素养成为全面推进素质教育、引领体育课程改革进入“内涵式”发展的顶层设计。核心素养需要融入学科课程，以学科课程为落地的载体，并在学科教育中具体化、微创新，学生核心素养是通过学科核心素养实现的。研究学科核心素养，并将其贯穿课程标准修订的始终，是《普通高中体育与健康课程标准（2017年版）》修订的特色。构建学科核心素养，确定学科核心素养维度和要素指标，不仅是深化体育课程改革的必然选择，也是我国体育教育改革与国际教育改革趋势相衔接的重要环节。体育学科作为一门重要的学科，其学科特质对学生的核心素养的培育有着重要的不可替代的作用。

（四）体育学科核心素养的现实价值

核心素养作为一种跨学科素养，强调各学科都可以发展，对学生是最有用的东西。北京师范大学刘恩山教授认为，核心素养提出后目标更明确，我们可以在这个结构框架内更明确定位学科教育。每个学科把这件事情做好，就可以更好地发挥出学科课程的价值。体育是一门集文化与技术、思想品德与行为规范于一身的学科。在各级教育部门和学校认真贯彻落实中央关于加强学校体育决策部署的行动指导下，在建设“健康中国”新征程中，在学校体育仍然是整个教育工作薄弱环节、学生体质健康依然严峻的形势下，“运动能力”“健康行为”和“体育品德”学科核心素养的提出，给予我们理念、思想上的冲击与影响，给予我们积极的心理引导与重塑，给予我们教育教学中的优化与改革，有着重要的指导意义和现实价值。

1. 清晰学校体育育人本质

毛泽东早在1917 年发表的《体育之研究》中谈道：体育一道，配德育与智育，而德智皆寄于体。无体是无德智也。顾知之者或寡矣。或以为重在智识，或曰道德也。体者，为知识之载而为道德之寓者也。体者，载知识之车而寓道德之舍也。可见，体育文明的是精神，野蛮的是体魄，体育可以增知识、调感情、强意志。“野蛮其体魄，文明其精神”是体育学科本质的核心概括，促进学生的健康、完善、全面是体育的主旨，唯有健康的身体，才能承载健康的精神和灵魂。体育也是众多学科中与学生的成长发育关系最为密切的学科，体育对学生的影响是潜移默化的，会影响学生未来的生活方式和发展，会在学生的身体和精神上刻下不可磨灭的烙印。

《中国学生发展核心素养》涉及六大基本素养，与体育相关的是“健康生活”，包括珍爱生命、健全人格和自我管理。未来，当学生从学校踏入社会，会面对各种问题、面临各种考验，这时候体育所带给学生的健康身体和健全人格会越来越积极地发挥作用。联合国副秘书长阿道夫·奥吉（Adolf Ogi）在北大演讲曾提到：体育是人生最好的学校，好在创新跟它有关系，自立跟它有关系，社交跟它有关系，卓越、探究、知识，每一个它都不少。[1]学生未来生活和发展中需要的自信、自尊、自我表达、管理、竞争、意志、控制、激励、规则意识、纪律、尊重他人、理解多元差异、领导与合作、沟通、社交、团结、付出、坚持、拼搏，还有气力、关心、感动、责任、美、勇敢、友情、高峰体验……这方方面面都和体育有关系，都和体育学科核心素养之“体育品德”有关，都隐性培养学生动手实践、团队合作、抵抗挫折等能力，都可以在体育的历练中得到充分的培养和发展。如体育在培养人方面最为公认的功能是“意志力的形成”，学生在未来生活和发展中，对自身意志和大自然的挑战，在困难情境下的继续坚持和努力动力，与体育强意志之功效息息相关。

教育部印发实施的《关于全面深化课程改革　落实立德树人根本任务的意见》要求：要统筹一线教师等力量，要明确各支力量在教书育人等方面的作用，围绕育人目标，协调各支力量，形成育人合力。立德树人是一个庞大的社会系统工程，体育教师作为学校教育的一支重要力量，有着共同参与、同心同德、同向同行的育人使命和责任。

2. 引领体育课程回归初心

从体育走过的课程历程来看，无论社会如何变化，锻炼青少年的身体、学习用于健身和娱乐的运动技能、利用体育的教材特性优化青少年的品行，是体育课程永远不变的目的；通过有相当负荷量的身体练习帮助学生锻炼身体、学习运动技能和接受品行教育，是体育教师永远不变的使命责任。提升学生运动能力、健康行为和体育品德的核心素养，与体育课程的目的和体育教师的使命高度一致，故可以引领体育课程的回归和教育教学使命的必达。

从学科目的来看，体育学科主要让学生掌握体育与健康的基础知识、基本技能与方法，增强学生体能；让学生体验运动的乐趣和成功，养成体育锻炼的习惯；发展学生良好的心理品质、合作与交往能力；提高学生自觉维护健康的意识，基本形成健康的生活方式和积极进取、乐观开朗的人生态度，锻炼学生的身体、学习用于健身和

---

[1]　毛振明. 体育学科的育人价值及育人实践探索[J]. 中国教师，2017（1）：25–28.

娱乐的运动技能和利用体育的教材特性优化学生的品行。从学科功能来看，具有提高学生身体基本活动能力、对自然的适应能力、常见运动项目技能、野外活动能力、安全认识、自我保护能力和对行为进行规范等功能。从内容来看，包括人类的生存与发展所需要的各种能力的形成与提高的内容，如正确的站、走、坐、卧等姿势，游泳能力，各种防卫技巧；防火常识；基本的运动受伤护理常识和方法；交通安全常识和体育卫生保健内容。可见，体育学科为学生将来一生的体育实践和健康的维护打下知识、意识、爱好和行为习惯的基础。

如首都体育学院院长钟秉枢在《从素质教育到核心素养，不仅仅是名词的变化》一文中说道：作为学生发展核心素养在特定学科的具体化，学科核心素养是学科育人价值的集中体现，是学生学习该学科之后所形成的、具有学科特点的关键成就。英国诗人培根所言："读史使人明智，读诗使人灵秀，数学使人周密，科学使人深刻，伦理学使人庄重，逻辑修辞使人善辩。凡有所学，皆成性格。"这里凡有所学皆成的性格便可看作学科核心素养。上好每一堂体育与健康教育课，提升学生的运动能力、健康行为和体育品德，这是否就应该是我们上好体育课的"初心"[1]。

3. 聚焦体育教学关键要素

如果说教师、学生、教学内容和教学环境是体育教学体系包括的四大要素，教学设计、教学环节、教学行为是体育课堂教学的关键要素，那么运动能力、健康行为和体育品德就是新时期体育教学体系包括的关键要素。所谓关键要素，就是内核重要的、具有核心竞争力的要素，就是事物最为紧要和起决定作用的最主要因素，也就是我们的体育课堂，在以往重视、关注的主要要素基础上，需要将视角转换聚焦到运动能力、健康行为和体育品德的核心素养上，需要抓住运动能力、健康行为和体育品德这三个起决定作用的关键因素进行教学设计、教学实施和教学评价。

聚焦核心素养的体育教学，可能教师更多的是进行体育教育，而不仅仅是教体育的，是教人体育的，更多是用体育教人的；可能教师是在大体育观、大健康观下指导的体育教学，以改变"学生喜爱体育，却不喜欢体育课"的现状；可能不是"面面俱到"的教学，以至于"学了知识，却不会技能""上了12年体育课，却没

[1] 钟秉枢.卷首语：从素质教育到核心素养，不仅仅是名词的变化[J].中国学校体育，2017（2）：2-3.

有学会一项技能”；可能就是专注“一校一品”“一校多品”“一生一特长”的体育教学，让学生享受体育运动。

如在2017年7月内蒙古鄂尔多斯市举行的第七届全国中小学优秀体育课教学观摩展示活动和第二届全国中小学优秀健康教育课教学观摩展示活动中，努力发展学生的运动技能、健康行为和体育品德三大核心素养，成了参加展示大会4 000余名学校体育工作者乃至全国学校体育界的共识，认为三大核心素养是体育与健康教育的目标。中国教育学会学校体育卫生分会秘书长耿培新认为，今后体育教学改革的核心是落实党的十八大提出的“立德树人”教育根本任务，以发展学生运动技能、健康行为、体育品德三大学科核心素养统领体育教学改革的全过程。因此，学校体育必须紧紧围绕“聚焦学科核心素养，强化体育学科本质”这一中心，深入钻研各类运动项目对学生发展运动技能、健康行为、体育品德的教育价值。通过设置适宜的教学情境、问题，创设师生和谐互动、形式灵活多样、气氛热烈活泼、学生乐学爱学、教学富有实效的体育课堂教学新生态[1]。

4. 指向学生健康幸福未来

作为教育的一个组成部分，体育首先管的是人的健康，身体活动与人的体育的关系最为密切。面向未来的自身生存和发展，学生不但要学习掌握丰富而扎实的科学文化知识，同时需要不断进行提高自身素质和能力的争胜、赶超和竞赛，以改变身体条件，拥有强健的体魄和良好的身心素质。

2007年，《中共中央　国务院关于加强青少年体育增强青少年体质的意见》（中发〔2007〕7号）总体要求指出：认真落实健康第一的指导思想，把增强学生体质作为学校教育的基本目标之一，培养青少年良好的体育锻炼习惯和健康的生活方式，形成青少年热爱体育、崇尚运动、健康向上的良好风气和全社会珍视健康、重视体育的浓厚氛围。2012年，《国务院办公厅转发教育部等部门关于进一步加强学校体育工作若干意见的通知》（国办发〔2012〕53号）中强调：把提高学生体质健康水平作为落实教育规划纲要和办好人民满意教育的重要任务，摆在更加突出位置，纳入重要议事日程，切实抓紧抓好。2016年，《国务院办公厅关于强化学校体

[1] 李小伟.体育与健康课：如何赢得学生真爱[N].中国教育报，2017-7-14（8）.

育促进学生身心健康全面发展的意见》（国办发〔2016〕27号）中提出：以“天天锻炼、健康成长、终身受益”为目标，到2020年，学生体育锻炼习惯基本养成，运动技能和体质健康水平明显提升。从近十年中央颁布的文件来看，学校体育摆在了学校教育的突出位置，而学生健康摆在了学校体育更加突出的位置，始终释放“要重视少年儿童的健康”的信号，并对少年学生的健康提出了要培养健康的生活习惯、珍视健康、提高体质健康水平、体质健康水平明显提升的具体目标。也就是说，推动学校体育科学发展、改革发展的目的，就是促进学生健康成长；学校体育的根本职责是守好少年儿童健康。

随着社会的进步与发展，终身体育已成为一种现代人的现代化生活不可缺少的组成部分，成为一种高品位的人生追求和享受。体育课上发展身体基本运动能力，就有可能让学生具有终身运动的基础；体育课上学会一至两项能够伴随终身的运动技能，就有可能让学生养成终身运动的可能；注重体育兴趣培养并长期不懈地坚持锻炼，就有可能让学生养成终身运动的习惯，实现“每天锻炼一小时、健康工作五十年、幸福生活一辈子”。“天天锻炼、健康成长、终身受益”的强化目标，体育纳入健康中国建设的规划行动，与之配套的运动能力、健康行为和体育品德核心素养的提出，有助于培养健康、阳光、幸福、达观的现代青少年学生和未来公民，使他们以负责任的态度养成健康的生活方式，过一种积极的、有尊严的、高质量的生活，健康且幸福的生活。

综上所述，高中体育与健康课标组研制构建的学科核心素养，以及相关研究者思考构建的学科核心素养，引领着体育学科教育的具体化，引领着体育课程教学改革的“内涵式”推进，逐渐被大家所认识、理解、认同和转化。体育学科核心素养主要从体育学科本质属性的功能价值和对学生个体未来发展的意义两个角度进行构建，最能体现体育学科与学生发展交织的本质性、关键性素养，并在实践过程中得到认同并有效引领，以为促进学生的身心健康、体魄强健和生存发展服务，并改善和促进学生的生命意识、人格觉醒和自控自律等品德，从而使学生终身享受体育运动并依靠这个过程能幸福生活一辈子。

第二章 体育教师实然发展样态

根据《2017年中国教育统计年鉴》最新统计，我国现有中小学专职体育教师达61.89万人，他们肩负着维护近1.7亿名中小学生身心健康的重任，关系到千家万户的切身利益。体育教师是推动学校体育发展的关键，其发展动向深刻影响着学校体育。我国的体育教师，在百余年的发展进程中，从无到有，从非正规到专业化，其形成与发展、结构与作用、价值与评价，有着历史形成的负面影响，有着特殊学科的职业定位，有着黯淡灰色的劣等意识，有着内外交困的生存环境，也受到当下配置结构、特质类型、发展质量和现实困境所制约。

实然即“事实如此”，指实际的样子，就是“事物实际上是怎么样的”，就是事物的现实展开和事物具体时空的真实存在，但不同于现实（现实指其合理和客观）。了解体育教师实然发展样态，可以掌握体育教师发展的现状和事实，以尊重客观事实，更好发挥主体能力，把实然状态作为改进、提升和发展的出发点。当我们理性地分析现状、正视问题、了解困境、厘清缘由，体育教育就会有应对实然因素的应然对策，体育教师就会主动去提高应对实然因素的应然素养，用我们的努力和智慧，去闯出学校体育的一片新天地。

一、体育教师配置结构

教师是教育发展最基本的条件，合理配置教师是教师管理的重要内容，合理配置体育教师是保证学校体育教学质量、促进学生全面健康成长的重要前提。数量足够、配置合理、质量卓越是体育教师政策和管理工作追求的基本目标，也是强化学校体育、促进学生身心健康全面发展的基础和保障。我国是一个典型的非均衡国家，城乡、地区之间的经济发展水平和教育发展水平差异明显，很大程度上决定着体育教师队伍在比例、城乡、地区间的配置也是非均衡的。《中国中小学教师发展报告（2012）》结果显示，我国教师的配置经历了从“短缺”到基本适应，再到还有一定“富裕（或超编）”的发展阶段，说明教师的总量供给问题已基本解决，但对体育教师来说，供给问题远远没有解决。在我国体育教师队伍建设处于由短缺走向有效配置的转型阶段，基于《中国教育统计年鉴》2008—2017年的10年数据，清晰了解全国中小学体育教师数量是否存在缺口、缺口有多大、人员配置是否合理等数量问题，准确了解中小学体育教师配置比例及呈现的结构特征，探索基于现实趋势的体育教师队伍发展，对于收缩认识、形成社会共识、明确体育教师队伍发展方向和为体育教师核心素养研究提供现实依据有着非常重要的意义。

（一）体育教师的总体配置

2017年，我国体育教师的配置总体上看比较低，比例都在5%左右，小学体育教师配置最高。与音乐教师平均比例（3.2%）、美术教师平均比例（3.1%）相比，比例较高；与语文教师平均比例（27%）、数学教师平均比例（23%）相比，比例非常低。与2008年相比，小学体育教师配置提升明显，高中体育教师配置不升反降，10年间配置平均比例提升了约0.87%（图3）。总体来看，我国体育教师配置偏低，但10年来有所提升。

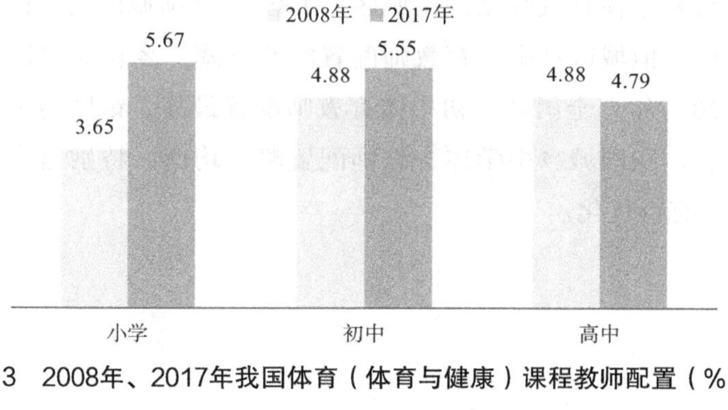

图3　2008年、2017年我国体育（体育与健康）课程教师配置（%）

（二）体育教师的学段配置

从2008年开始，我国小学体育教师配置比例逐年递增，其比例由2008年的3.65%提升到2017年的5.67%，10年整体增幅2.02%。初中体育教师配置比例变化不大，仅有小幅度提升，10年整体增幅0.67%。高中体育教师比例较为稳定，略呈小幅度下降趋势（图4）。总体来看，我国各学段体育教师配置有升有降，在逐步趋于优化。

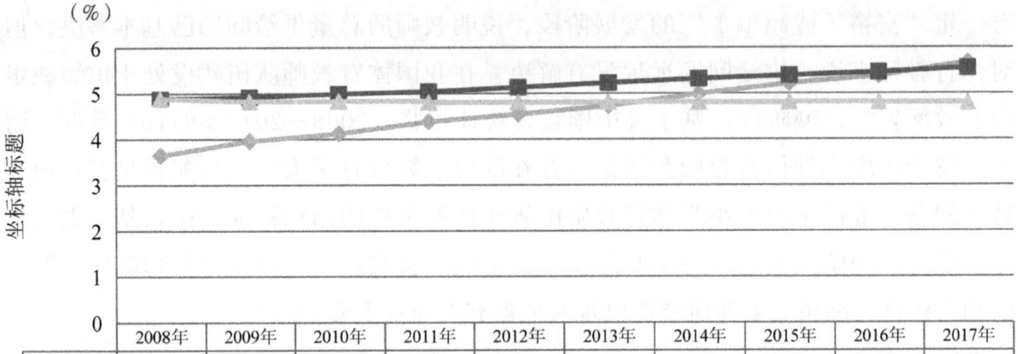

	2008年	2009年	2010年	2011年	2012年	2013年	2014年	2015年	2016年	2017年
小学	3.65	3.96	4.12	4.38	4.54	4.72	4.99	5.22	5.38	5.67
初中	4.88	4.92	4.99	5.04	5.13	5.23	5.32	5.39	5.46	5.55
高中	4.88	4.82	4.83	4.8	4.8	4.81	4.8	4.81	4.8	4.79

图4 2008—2017年我国中小学段体育教师配置（%）

（三）体育教师的城乡配置

从图5、图6可以看出，全国城区初中体育教师配置优于镇区、镇区优于乡村，2017年乡村初中体育教师比例比城区低0.8%。全国城区高中体育教师配置略高于镇区和乡村，但城区高中体育教师配置略有下降，乡村高中体育教师配置逐年有所提升。2017年，全国城区初中体育教师配置最高，镇区高中体育教师配置最低。总体来看，我国城乡中学体育教师配置略不均衡，特别是乡村和镇区体育教师配置较低，有待优化。

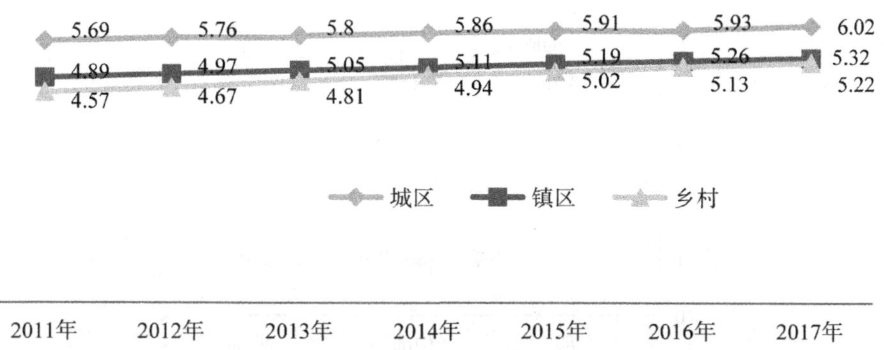

图5　2011—2017年城乡初中体育教师配置（%）

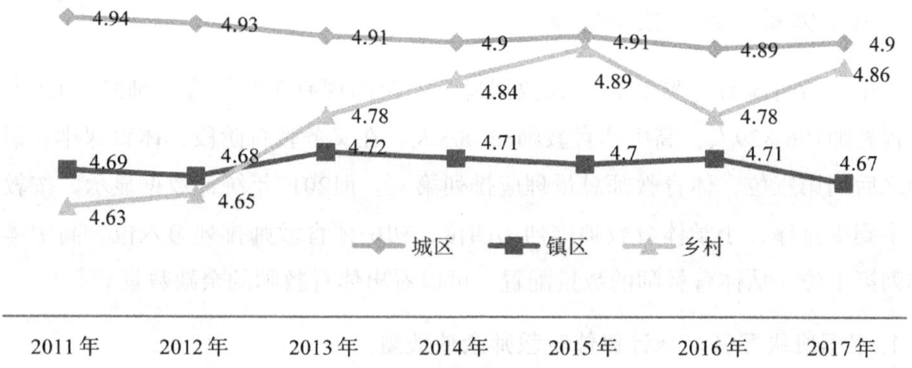

图6　2011—2017年城乡高中体育教师配置（%）

（四）体育教师的区域配置

从图7可以看出，东部地区小学、初中和高中体育教师比例都高于中、西部地区，其中东部初中体育教师配置最高为5.43，西部小学体育教师配置最低为3.49，中部地区初中和高中体育教师配置低于西部地区。总体来看，东部地区体育教师配置高于中、西部地区，西部小学体育教师配置最低。

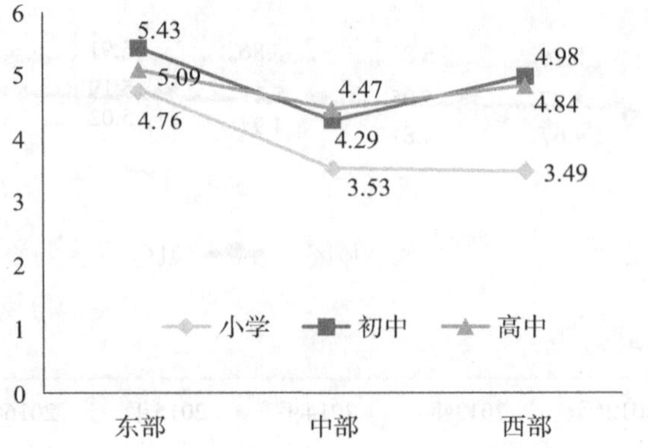

图7　2009年我国东中西部地区中小学体育教师配置（%）

（五）体育教师的数量配置

《中国教育统计年鉴2017》大数据显示，全国现有小学体育教师337 029人，初中体育教师196 829人，高中体育教师85 008人。在义务教育阶段，体育课排在语文、数学之后列第三位，体育教师总量理应排列第三。但2017年统计数据显示，按教师数量从多到少排序，小学体育教师排列第四位，初中体育教师排列第六位，高中体育教师排列第十位。从体育教师的数量配置，可以看出体育教师的余缺数量。

1. 根据班级配备标准计算体育教师余缺数量

根据2008年《国家学校体育卫生条件试行基本标准》规定的体育教师配备数，按小学6个班、初中6个班、高中8个班配备1名体育教师的标准计算，全国需小学体育教师447 284人、初中体育教师158 033人和高中体育教师57 095人。从表31可以看出，小学体育教师缺口非常大，缺口11万余人，初高中体育教师不缺反有余。

表31　2017年全国中小学体育教师的缺额数量（根据标准计算）

学段	班级数	配备标准	2017年教师数	配备所需教师数	余缺额
小学	2 683 706	6个班	337 029	447 284	−110 255
初中	948 200	6个班	196 829	158 033	+38 796
高中	456 760	8个班	85 008	57 095	+27 913

2. 根据实际配备计算中小学体育教师余缺数量

实际上，以全国各地区中小学校体育课开设来看，在据2008年《国家学校体育卫生条件试行基本标准》再适当降低教授班级数的情况下（每天一节体育课的情况除外），小学体育教师缺口更大，缺口达21人；初高中体育教师不缺且略有余（表32）。

表32　2017年全国中小学体育教师的缺额数量（根据实际情况计算）

学段	班级数	配备标准	体育教师数	配备所需体育教师数	余缺额
小学	2 683 706	5个班	337 029	536 741	−199 712
初中	948 200	5个班	196 829	189 640	+7 189
高中	456 760	6个班	85 008	76 127	+8 881

3. 根据体育课授课时数所占比例计算中小学体育教师余缺数量

根据《学校体育工作条例》第十八条规定：学校应当在各级教育行政部门核定的教师总编制数内，按照教学计划中体育课授课时数所占的比例和开展课余体育活动的需要配备体育教师。结合教育部关于印发《义务教育课程设置实验方案》的通知对义务教育九年的课时设置要求计算，需小学体育教师近69万人、初中体育教师31万余人。结合现有小学和初中体育教师数量，小学和初中体育教师分别缺失37万余人和11万余人。

根据《普通高中课程方案（2017年版）》和《普通高中体育与健康课程标准（2017年版）》中对学生毕业144学分（含选择性必修和选修）的最低要求，以及体育必修12学分的要求进行计算，高中体育课授课时数所占比例为8.3%，需高中体育教师14万余人，对照现有高中体育教师数量，缺失6万余人。

从表33来看，根据体育课授课时数所占比例进行计算，小学、初中和高中体育教师数量均存在非常大的缺口，小学缺失最多，中小学共计缺失55万余人。

表33 2017年全国中小学体育教师的缺额数量（根据授课时数所占比例计算）

学段	体育课学时总量	学时总量	授课时数比例（%）	教师总数	所需体育教师数	现有体育教师数	余缺额
小学	700	6 020	11.6	5 944 910	689 609	337 029	−352 580
初中	309	3 502	8.8	3 548 688	312 285	196 829	−115 456
高中	216	2 592	8.3	1 773 953	147 238	85 008	−62 230
合计				11 267 551	1 149 132	618 866	−530 266

（六）体育教师的生师配置

生师比是指某特定教育层次在指定年份中的学生人数与同年同一教育层次工作的教师人数之比，是描述教师资源配置水平的一个关键指标。生师比既是一个效率指标，又是一个质量指标，生师比过高会导致教师工作量过大、教学质量下降。从表34可以看出，从2008年到2017年，全国中小学体育教师生师比总体呈下降趋势，小学生师比最高，但逐年下降显著，十年间下降了40.6%，初高中生师比逐年也有所下降，初中生师比低于高中。到了2017年，小学、初中和高中体育教师生师比分别是全国生师比的17.6倍、18倍和20.8倍。

表34 2008—2017年我国中小学体育教师生师比与全国生师比的对比情况

年份	小学	初中	高中
2008	503.8：18.4	329.4：16.1	343.7：16.8
2009	450.9：17.9	314.4：15.5	337.9：16.3
2010	429.6：17.7	300：14.9	331.1：15.9
2011	404.1：17.7	285.4：14.4	328.2：15.8
2012	382.1：17.4	264.8：13.6	322.4：15.5
2013	354.8：16.8	244.1：12.8	310.7：14.9
2014	336.2：16.8	236.5：12.6	300.5：14.4
2015	326.6：17.1	230.1：12.41	291.2：14.01
2016	318.1：17.1	227.3：12.4	284.3：13.7
2017	299.5：17.0	225.7：12.5	279.3：13.4

（七）体育教师的性别配置

人员配置男女比就是指体育教师队伍中男教师与女教师之比，其性别结构是否合理，一定程度上影响着学生的身心发展。2017年，我国小学、初中、高中男体育教师比例分别为74.5%、79.7%和79.5%。由于学科特点和特殊性，我国中小学体育教师一直以男教师为主，占80%左右，女教师比例逐年略有递增。从男女比来看，呈现逐年下降趋势，且比例有所缩小（图8、图9）。

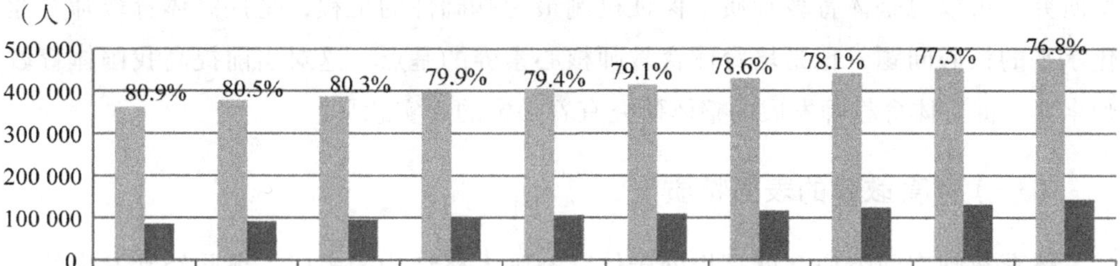

	2008年	2009年	2010年	2011年	2012年	2013年	2014年	2015年	2016年	2017年
男	361 239	377 017	386 052	397 891	405 088	414 830	429 640	441 592	453 772	475 386
女	85 077	91 200	94 621	100 081	105 087	109 293	116 810	124 046	131 576	143 480

图8　2008—2017年我国中小学男、女体育教师人数

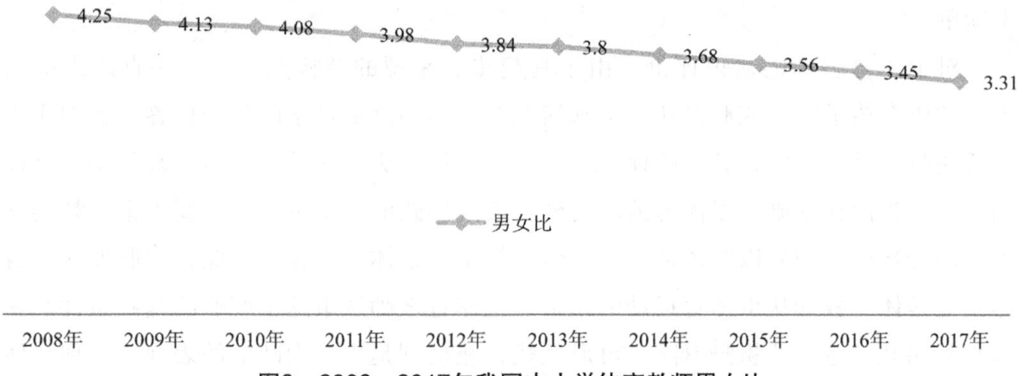

图9　2008—2017年我国中小学体育教师男女比

二、体育教师特质类型

体育教师作为一个专业性很强的特殊群体，在体育教师职业逐步专业化过程中，形成了一些带标志性的专业特质。这些专业特质是体育教师都共同具有的特质，但这些共同特质在各个体育教师身上的强度和情况各不相同，甚至在同一个人身上这些特质的强度在不同的时间也不尽相同，因为他们有着各自的成长环境和专业背景，有着各自的教育思想和教学特色。基于体育教师群体的专业特质和特质类型研究，可以说是体育教师质量保证机制最为基础性的工程，是提高体育教师专业化水平的核心问题，也是培育体育教师核心素养的基点。这对当前提高我国体育教师素养、促进体育教师发展的整体研究有着一定的现实意义。

（一）体育教师的表面特质

体育教师表面特质，就是指处于体育教师人格结构的表层，那些经常发生的、可以从外部直接观察的一群似乎聚集在一起的特质或行为，也就是四肢发达、头脑不简单。在世人的眼中和意象中，往往将体育教师印象定格于“头脑简单，四肢发达”。伴随着体育的“改革”和“科学化”，体育教师队伍的整体水平得到不断提高，世人观念也在悄然改变，且意识到体育教师“四肢发达”的同时，头脑其实并不简单。

对于体育教师的认识评价，由于其起步、来源的结构和特点，一直以来被贴上了“体育棒子”“四肢发达、头脑简单”“跑跑跳跳没学问”的标签，在现实中也常能听到世人对体育教师的评价是“五大三粗、头脑简单”。体育教师是一种以脑力劳动为内在基础、以体力劳动为外在表现形式的复杂劳动，需要手把手教会学生运动的技能，需要以肢体活动为载体向学生传播体育文化。因此，四肢发达、身体强健是体育教师从事体育运动的结果，是体育教师从事这个职业的基础条件。体育教师四肢发达并非粗野丑陋、可耻低贱，相反则是生命力旺盛的表现，体现了体育教师群体的健康与健美。同时，体育教师工作主要环境是在操场上进行体育课教学、课外体育活动和业余训练等，还要参与学校的许多其他工作，有一副好的身体才能完成任务。

大家常把体育教师与“四肢发达”“头脑简单”联系在一起，好像四肢发达的体育教师头脑必定很简单。“头脑”与“四肢”的关系，实质上是心与身、精神与肉体、智力与体力的关系。毛泽东早在1917年发表的《体育之研究》一文中就谈道：“精神身体不能并完，用思想之人每歉于体，而体魄蛮健者多缺于思，其说亦谬。”可见，体育教师“头脑简单”“四肢发达”的表面特质，是十分片面和肤浅的。如今的体育教师除了拥有发达的四肢外，还具备发达的头脑，他们是“运动很精灵，学习很聪明”的一群人，是一群以其理论知识和“十八般武艺”结合的文武双全的教师。体育教学工作的本身是一个结构复杂、组织严密的系统，在这个系统中，教学的条件、学生的特点、教师的个性、教材的内容、教学的组织、练习的方法、各练习之间的顺序、练习的密度、练习的强度等因素都需要体育教师缜密思考安排。试想，如果体育教师头脑简单，能做出精细动作吗？能协调好室外开放式教学中的多种不可控因素吗？能编排出紧凑有序的运动会比赛程序吗？

（二）体育教师的根源特质

体育教师的根源特质，就是体育教师人格的最基本元素和内在因素，就是文化素养不高、争强好胜。根源特质是一个体育教师行为的最终根源和原因，直接影响体育教师的所作所为。体育教师文化素养不高、争强好胜的根源特质，支配着体育教师个体的全部行为，一定程度上影响着体育教师的表面特质。

“四肢发达，头脑简单，一介武夫而已”的认识、“教师文人队伍中的一个武人”的形象，是以往社会对体育教师公认的一种观点，在一定程度上折射出体育教师群体的不足之处——没文化、有勇无谋。其文化修养不高、综合素质偏低、知识技能单一，也成为制约体育教师进一步发展的瓶颈问题。究其原因，体育毕竟不是以教知识为主的学科，想学知识的学生一般不想考体育专业，就是考上了也不想教体育；想考体育专业的学生一般学习较差、不想学知识，多把精力和时间用在运动训练和怎么提高运动成绩上了。加之体育考生文化课要求不高的条件，更是给学体育的学生有了不学习文化的机会。在培育体育教师的课程中，往往也注重技能学习，缺失文化知识课程。同时，真正能静下心来读书的体育教师为数又不多，养成读书好习惯、爱学习的体育教师更是少之又少。从体育教师的知识结构现状来看，不仅欠缺最基础的一般的文化素养和学科专业知识、欠缺促进发展的教育性知识，还欠缺学科的教学知识。

体育本质是人类超越其他动物的竞争力的体现，在某种意义上是人类攻击性本能的一种转移的理想模式。体育运动是一项伴随着超过日常身体活动的运动量和运动强度的“热血运动”，具有你争我夺、角逐胜利的特点，可以激发人的超越自我、挑战极限的激情。特别是体育比赛中那种激烈、勇争第一的争夺感，使得体育教师性格中有着争强好胜、追求卓越的因子，竞争已经从一种喜好潜移默化地成为他们的一种性格。不论是做人还是做事，他们都敢为人先，不仅要从竞争中脱颖而出，而且还要求自己逐渐提高、达到卓越，追求将自身的优势、能力发挥到极致的状态。因为体育教师的争强好胜，他们在满足心理需求的基础上，能热血沸腾、充满干劲地做好各项工作，不会默默接受自己被歧视、不被重视的事实，不会甘心在别人眼中低人一等、有力无处使的状态，他们会勇于表现、不断要求进步、不断追求更好。若给体育教师提供一定的发展机会和给予一定的阳光雨露，他们就会努力付出、拼命争取。

（三）体育教师的能力特质

体育教师的能力特质，就是指那些决定一名体育教师如何有效地完成预期目标及工作效率的特质，并认为智力是最重要的能力特质之一，也就是实践能力强、社交能力强的能力特质。体育教师的能力特质与认知和思维有关，其智慧因素决定工作的效率，其实践能力和社交能力体现其智慧和高情商。

体育是以身体练习为主要手段，传授运动技术和运动技能的一门学科，离开了运动技术，体育教学也就失去了意义。身为一名体育教师，除了与其他学科教师一样具备教育与教学工作的一般能力外，根据其专业特点，还具有专门的工作能力，如动作示范能力、组织管理能力、纠正错误能力、保护与帮助能力、锻炼学生身体的能力等。仅从体育教师的运动技能来看，体育教师需要做技术示范动作，需要有运动技能教学的过程，需要有高超的教学技能和帮助学生超越技能障碍的能力。在学校里，除了上体育课，学校体育中的教学、课间操和课外活动组织、管理、训练、竞赛等工作都要由体育教师们一一去完成。体育教师的工作任务和工作特点，在一定程度上对体育教师提出了更高的要求，也促使体育教师需有更强的实践能力。

社交能力是体育教师在社会交往活动中所表现出来的能力，组织管理能力、言语感染能力等都被认为是体育教师的社交能力。在学校的各科教师中，体育教师是人缘最好的教师之一。因为体育教师一般都比较开朗外向，平时给人的感觉都很敦厚真诚、脾气好，加之幽默有趣、讲义气又仗义，在学校人际关系这方面都处理得比较好，有着很扎实的“群众基础”，很受学生、其他学科教师和学校领导喜欢。在日常工作和生活交往中，体育教师的处事方法、思维方式、情感投入和工作成绩都与社会交往有一定的联系。一个做出业绩、取得公认、树立威信的体育教师，除了具有丰富的理论知识和技术技能外，一般在工作中能实干加巧干，说话会注意方式方法，能把各方面关系处理得很融洽。现实中不难发现，由于体育教师善沟通、广交际的能力，不少体育教师被提拔为学校的德育主任、后勤主任或工会主席等职。

（四）体育教师的环境塑造特质

体育教师的环境塑造特质，就是指那些由外界环境的作用以及体育教师个人经验的影响而形成的特质，也就是豪爽粗犷、顽强坚韧。体育教师是教师队伍中的一部分，其成长、生活和工作都离不开学校的大环境。体育教学环境的相对开放性和特殊性，塑造了体育教师鲜明的外表特征和心理特征。

有校长这样形容体育教师的粗线条：很直爽，做事大大咧咧，敢说敢为，同时也比较富有开拓精神。体育教师作为一个专业性很强的职业，其户外工作的开放环境和特殊性，逐渐使体育教师形成鲜明的心理特征，如开朗的性格、广泛的兴趣、良好的气质、丰富的情感、综合的能力、坚强的意志等。同时，体育教师在室外开放式的教学环境中，在非课堂环境的行为表现中，言谈举止逐步形成了直率豪爽的外表。做事坚持原则、主次分明、果断、有尺度，不小气、肯吃亏，该计较的东西决不含糊，不该计较的事情也决不啰唆，造就了体育教师那种率真、质朴、有点游侠豪爽的气度和不拘小节的行为。但在体育教师粗犷的背后，往往也是粗中有细、犷中存善。

夏天顶烈日、冬天冒寒风，体育教师工作的这份辛苦和工作环境的恶劣，使其有着顽强的意志品质。由于任何一种体育运动的成效都是在长期磨炼的过程中获得的，一定程度上塑造了体育教师顽强不屈的意志品质，而体育教师的意志努力总是与自身一些重要的经历和体验有联系，与克服困难的行为相联系，一方面在克服困难中得到体现，另一方面也在克服困难中得到锻炼。在体育教学、训练和竞赛中，体育教师有时需要付出自己的最大努力去克服一个又一个生理和心理上的困难或障碍，去挑战一个又一个新的极限或高点，去取得“再坚持一下”的胜利或成功。因此，长期、系统的运动生涯和体育教育经历，塑造了体育教师坚守到底的心志，即使有很多的障碍、委屈和不公正，体育教师也会打起精神，鼓足信心勇气，坚守在岗位上。

（五）体育教师的动力特质

体育教师的动力特质，就是指促使体育教师朝向目标行动的、与体育教师的行为动机相联系的根源特质，也就是自我需求实现、职业道德。这是一种启动体育教师人格的特质，是使体育教师朝着预定的目标的人格动机因素。体育教师的动力特质与体育教师行为的意志和动机方面有关。

当体育教师有着维持生计的教师职业这个最基本的需要满足后，当体育教师有了体育教师职业归属感后，当体育教师觉得做一名教师很称职时，他们就会追求更高层次的情感与归属、自我尊重和价值实现的发展需要，这些需要就成为驱使体育教师行为的动力，他们就会为了实现个人理想、抱负，提高工作自觉性，善于合作处事，去努力发挥个人的最大潜能，使自己感到最大的快乐，使自己越来越成为所期望的人物。当体育教师上了一堂好课，当体育教师精彩汇编了一套课间操，当体育教师将多年教学经验转化为文字发表在体育期刊上，当体育教师为学校赢得荣誉时，从外部得来的、显现的满足会逐渐向体育教师内在得到的满足转化，成为更持久的一种动力。大多数体育教师和其他教师一样，也非常希望自己的工作能得到领导、同行和学生的认可，希望自己所从事的工作能够得到他人的尊重。只要学校尽力为师生们创造良好的体育锻炼环境，自己能够感受到来自学校的那份关爱，他们则会全力以赴、想方设法把工作做好。

体育教师的动力特质反映出体育教师动力的来源，即爱岗敬业、增进学生体质健康的内能和校长、学生、家长支持的外能。体育教师作为阳光下最光荣的职业之一，需要有一种体育人的精神和阳光投入其中，不是一时的兴趣，也不是一时的热情，而是一种体育教师对理想的忠诚和对职业的敬业，不仅是把体育教师当成一门短期从事的职业，更是把它上升为一种长期投入的专业和事业，并为之奋斗终生。体育课程肩负着提高学生身体素质和锻炼学生身体的责任，体育教师有着提高学生身体素质和锻炼学生身体的责任，体育教师对自身职业的爱岗敬业和对自己学科所要实现的学科价值的内能，成为体育教师坚强毅力、拼搏竞争、默默奉献的动力。因为他们深知教师承载着民族复兴、国家富强、家乡发展、人才培养的神圣使命，深知他们也是体育文化的传承者、体育精神的播种者和学生体质健康的促进者。

（六）体育教师的体质特质

体育教师的体质特质，就是指那些由遗传、机体内部生理因素决定的根源特质，也就是体形健美、帅气阳光。身体为从业之本，体育教师拥有健康的体魄、充沛的精力和正常的仪表，是做好本职工作的前提和保证。

身体素质是教师素质结构中的基本素质之一，是其他素质形成和发展的物质基础。身体各部分发育良好、功能正常，是教师身体健康的标志，也是对体育教师职业的最起码的要求。体育教师的劳动是智力和体力的双重支出，良好的身体素质是成为一名体育教师最起码的条件。斯宾塞在《论教育》中曾说过："长期的身体毛病，使最光明的前途蒙上阴影，而强健的活力就使不幸的境遇也能放金光。"体育教师展现给学生的，一般都是匀称的身材、挺拔的身躯、健壮的体魄，给学生树立良好的形象，给学生一种健康、朝气、向上的积极的精神面貌，从而博得学生的拥戴，对学生有着较强的号召力和感染力。如果体育教师没有一个良好的身体做保证，没有一名体育教师应有的体形匀称、精干利落，就会出现"心有余而力不足"的情况，即使有敬业的精神、全面的素质，也不能实现体育教育的目的。

调查发现，不管是小学生、初中生还是高中生，在"你喜欢什么样的体育教师"的选择中，多数选择的都是年轻的男体育教师。因为在学生眼中，着运动服的体育教师总是很帅。年轻体育教师着运动服，会给学生以青春、"阳光"之感；中年体育教师着运动服，能展现特有的高雅气质和健康形象；男体育教师着运动服，能体现阳刚之气；女体育教师着运动服，同样给人帅气之感。男性体育教师占体育教师群体的80%左右，在他们身上有着一种体育人特有的气质，加之中小学校中男教师比例小，更凸显了体育教师的阳刚帅气。体育教师“酷”的形象，一定程度上体现了其性格和个性，体现在符合体育教师的身份和职业特点上，体现在良好的身体条件和体育专业教学技能上，如显现蓬勃向上的精神气质和时尚气息，示范正确、优美、轻松和干净利落的动作，开发学生感兴趣的教学内容，使得学生从内心佩服和尊重，真正“酷”在学生心目中。

（七）体育教师的气质特质

体育教师的气质特质，就是指那些由遗传和生理因素所决定的根源特质，也就是阳光外向、亲和力强。气质特质决定了一名体育教师的一般“风格与节奏”，如对情境做出反应时所表现出的能力的强弱、速度的快慢和情绪的状态等。一般可以从气质特质来推断出一名体育教师的举止脾气等，也一定程度上决定了一名体育教师的感情色彩。

结合体育教师的姿态、长相、穿着、性格、行为等诸多元素，总体会给人一种很阳光、很外向的感觉。在气质的四种类型中，多数体育教师是多血质和胆汁质类型的典型代表。因为他们普遍具有活泼、好动、敏感、反应迅速、喜欢与人交往、注意力容易转移、兴趣容易变换等多血质的特征，以及普遍具有直率、热情、精力旺盛、情绪易于冲动、心境变换剧烈等胆汁质的特征。同时，体育教师的气质风度因人而异、不拘一格、各有风采，有的具有意志坚强、精力充沛、活泼好动、反应敏捷、幽默开朗的外倾性性格；有的具有遇事不慌、沉着冷静的内倾性特点。体育教师言谈、举止、仪表、态度的外在表现，往往是体育教师德、才、识、学、体、貌等各种素质在社会交往中形成的一种风度，其独特风貌是其良好个性气质的外在流露，同时是在长期体育教学过程中受其职业制约逐渐形成的。

体育教师在学生或学校教师心目中，是使人容易亲近、愿意接触的群体，一般有着良好的亲和力。因为在课堂上，体育教师不仅以规范的技术动作为学生示范，而且常常是近距离、零距离的“手把手”式的教学辅导，体育教师的一个表情、一个眼神、一个微笑、一句话、一个问候、一次拍打，都会对学生传播各种积极向上的信息，都会给学生留下深刻的印象。在课余活动中，多数体育教师能和学生打成一片，容易得到学生的肯定与喜欢。在师生关系上，体育教师容易成为学生交谈、交往的朋友，学生也喜欢将自己心中事情讲给体育教师听，体育教师能深入接触、了解学生的需要和烦恼，并在思想、道德、学习上起到一个很好的引导作用。加上体育教师能指导学生通过运动，放松肌肉、发散多余的精力、消除精神紧张、驱散郁闷情绪、克服羞怯感、减轻束缚感、消除一切不良影响、指导和预防伤病等，对学生某些不健康的心理和心理疾病进行必要的处理和治疗，进一步拉近了与学生的距离。

三、体育教师发展质量

“教育大计，教师为本”，“办好教育，教师是关键”，关于教师队伍建设重要性的认识，2014年时任教育部副部长的陈小娅在“教育发展战略与教育质量”石家庄论坛时明确指出：“未来10年的教师质量决定着中国教育的成败。”关于教育工作的重点是质量，2016年时任教育部部长的袁贵仁曾一再强调：“当前最根本、最集中、最迫切的，是要切实增强质量意识。”同理，未来10年的体育教师质量决定着中国学校体育的成败。因为体育教师队伍的质量直接关系到学校体育教育的质量，关系到学生身心健康、体魄强健，关系到发挥体育在培育和践行社会主义核心价值观、推进素质教育中的综合作用。可见，随着社会发展和教育改革的深化，对学校体育教学的要求逐步从“要规范”向“有质量”转化。质量观提出的根本目的是提高质量，而提高质量，在当下最迫切的就是要提高体育教师的质量。体育教师发展质量是体育教师专业发展状况的重要标志，可聚焦学历、职称、师德修养、职业认同、教育教学能力等质量发展重要标识进行分析。

（一）体育教师的学历

学历即求学的经历，是衡量体育教师队伍素质水平和个人能力指标的基础性标志，也可以作为体育教师质量的代理指标。体育教师学历合格率、平均受教育年限以及获得高标准学历比例三个指标，可以从不同方面描述体育教师质量。

1. 学历合格率

根据《教师法》规定和《中国教育统计年鉴2017》大数据，小学体育教师的学历合格率，即具有中师和高中及以上学历的专任体育教师数占专任体育教师总数的比重；初中体育教师学历合格率，即具有高等师范专科学校或者其他大学专科及其以上学历的专任体育教师数占专任体育教师总数的比重；高中体育教师学历合格率，即具有高等师范院校本科或者其他大学本科毕业及其以上学历的专任体育教师数占专任体育教师总数的比重。从表35来看，我国初中体育教师的学历合格率最高，达到99.7%；小学体育教师的学历合格率最低，全国中小学体育教师的平均学历合格率为96%。总体来看，我国体育教师的学历合格率较高，形成了体育教师队伍学历水平整体较好的良好格局。

表35　2017年我国中小学体育教师学历合格率

学段	体育教师总数	合格学历人数	合格率（%）
小学	337 029	316 075	93.8
初中	196 829	196 223	99.7
高中	85 008	82 114	96.6
全国	618 866	594 412	96.0

2. 平均受教育年限

人均受教育年限是指某一人口群体人均接受学历教育（包括成人学历教育，不包括各种非学历培训）的年数，它是反映某一人口群体受教育状况的指标，反映的是人口受教育的总体水平。如果按大专以上体育教师人均受教育16年计算，按高中含中专以上体育教师人均受教育12年计算，按高中以下体育教师人均受教育9年计算，我国小学、初中和高中体育教师人均受教育年限均接近16年，其中小学体育教师人均受教育年限略低一点（表36）。

表36　2017年我国中小学体育教师平均受教育年限

学段	体育教师总数	大专以上学历人数	高中含中专学历人数	高中以下学历人数	受教育年限（年）
小学	337 029	316 075	20 772	182	15.75
初中	196 829	196 223	581	25	15.99
高中	85 008	84 929	78	1	16
全国	618 866	597 227	21 431	208	15.86

3. 高标准学历比

学历比是指中小学专任体育教师队伍中，较高学历者所占比值。根据《教师法》规定要求来看，从2008年到2017年，高标准学历体育教师比例逐年上升，专科以上小学体育教师从63.93%增加到89.9%，本科以上初中体育教师从36.55%提高到76.9%，研究生学历的高中体育教师从0.44%增为3.7%。特别是在新增体育教师中，具有本科学历、研究生学历的体育教师成为主体（图10、图11）。但总体来看，具有研究生学历的体育教师太少，2017年有研究生学历的体育教师14 266名，仅占体育教师总数的2.3%。从表37来看，全国体育教师平均学历比为56.6%，初中体育教师学历比最高，基本形成了体育教师队伍高层次学历的良好格局。

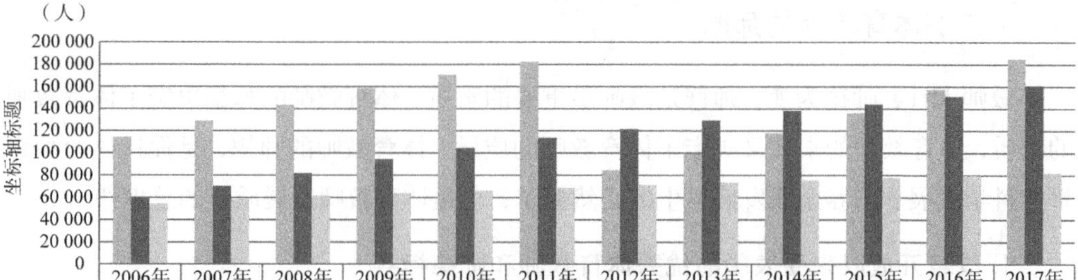

	2006年	2007年	2008年	2009年	2010年	2011年	2012年	2013年	2014年	2015年	2016年	2017年
小学	114 152	128 932	143 519	158 328	170 751	182 189	84 575	99 539	117 553	135 783	157 331	184 925
初中	59 702	70 269	81 734	94 453	104 606	113 538	121 540	129 386	138 041	144 158	151 274	161 046
高中	54 450	58 663	61 785	63 875	66 145	68 651	71 173	73 504	75 642	77 904	79 997	82 114

图10　2008—2017年我国中小学体育教师本科以上人数

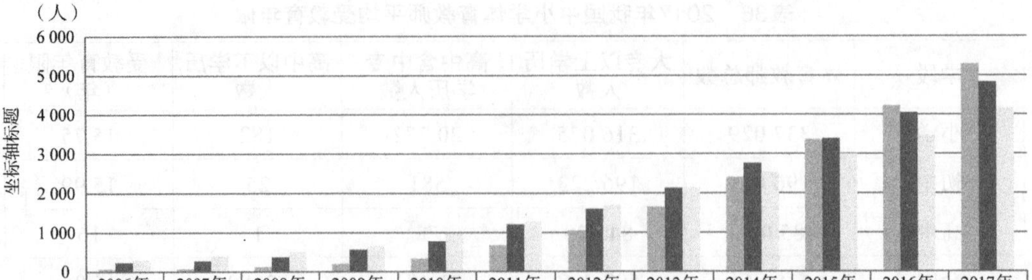

	2006年	2007年	2008年	2009年	2010年	2011年	2012年	2013年	2014年	2015年	2016年	2017年
■小学	67	75	127	201	330	670	1 047	1 654	2 402	3 367	4 225	5 292
■初中	233	275	370	565	774	1 208	1 606	2 134	2 759	3 390	4 051	4 829
■高中	302	401	509	645	964	1 281	1 697	2 140	2 535	3 004	3 475	4 145

图11　2008—2017年我国中小学体育教师研究生学历人数

表37　2017年我国中小学体育教师高标准学历比

学段	体育教师总数	高标准学历人数	学历比（%）
小学	337 029	184 925	54.9
初中	196 829	161 046	81.8
高中	85 008	4 145	4.9
全国	618 866	350 116	56.6

（二）体育教师的师德

教师大计，师德为魂，师德是教师最重要的素质。体育教师的师德决定了体育教师的素质，体育教师的素质又决定了体育教师的质量。体育教师的师德，是促进体育教育事业科学发展、培养全面发展学生的必然要求，也是体育教师发展质量的总枢纽。

1. 改革开放以来受表彰的优秀体育教师和师德标兵

改革开放以来，党中央、国务院高度重视师德建设，不断加强师德教育和制度建设，创新师德建设实践，全国涌现出了一大批做出贡献、成绩突出的优秀体育教师和师德标兵，国家相关行政管理机构和新闻媒体单独或联合开展了各种表彰活动，见表38。

表38　改革开放以来优秀体育教师和师德标兵一览表

时间	优秀教师或师德标兵类别	人数	表彰平台
1979年	全国学校体育卫生工作先进工作者	84人	全国学校体育卫生工作经验交流会议
1981年	千名优秀体育教师奖	1 000人	《体育报》《光明日报》和《文汇报》
1987年	全国体育传统项目优秀工作者	1 000人	国家体委、国家教委
1990年	全国农村千名优秀体育教师	1 009人	中央电视台体育部、《学校体育》
1992年	全国千名优秀、十名最佳体育教师	1 010人	新华社、《人民日报》等12家新闻单位
1999年	全国学校体育卫生工作先进个人	495人	教育部、国家体育总局
2002年	《学校体育工作条例》先进个人	310人	教育部
2004年	《学校体育工作条例》先进个人	298人	教育部
2007年	全国百名优秀中学体育教师	100人	中国教育学会体育专业委员会
2013年	正高级体育教师	3人	人力资源和社会保障部、教育部
2016年	全国双十佳中小学体育教师	20人	陶行知教育基金会、新华社体育部和体坛传媒集团
2018年	我是体育教师	40人	教育部学生体育协会联合秘书处、《中国学校体育》杂志社等
……			

这些受到国家表彰的优秀体育教师和师德标兵，他们是全国体育教师的优秀代表，他们在平凡的工作岗位上创造了不平凡的业绩，集中体现了新时期体育教师和教育工作者崇高的思想境界及良好的精神风貌。如北京市密云区穆家峪乡新农村中心小学体育教师谢宗诚代表受表彰的1 009名全国农村优秀体育教师在会上发言说："我们是农村基层学校的体育教师，在平凡的工作岗位上，为培养祖国需要的社会主义建设者做了自己应该做的工作，可是党和人民却给了我们这么高的荣誉，充分体现了党和各级政府对我们广大农村体育教师的关怀和尊重，对农村学校体育工作的重视和支持。为了不辜负党和人民的厚望，为了不愧于农村优秀体育教师的光荣称号，我们要把荣誉作为新的起点，发扬自力更生、艰苦奋斗、无私奉献的精神，在党和各级政府的正确领导下，全面贯彻落实党的教育方针，为提高民族素质，为

振兴农村学校体育，为培养大批德智体全面发展的社会主义建设者和接班人做出新的贡献。”如1991年《体育师友》第4期发表了高州县（高州市）教育局梁洁行撰写的《他一心扑在学校体育工作上——记全国千名农村优秀体育教师周积甫》一文，对高州县云潭镇中心小学体育教师周积甫20多年来坚持在山区体育教学园地默默耕耘29个春秋的事迹做了报道。如1993年《体育师友》第Z1期发表了《泰山人的情怀——记山东泰山中学全国十佳体育教师邢绍发》的先进事迹。如2006年《中国学校体育》第9期发表了《“全国十佳体育教师”的今天》，采访报道了韩茂富、黄仲藩、关艳云3位十佳体育教师14年后的工作状态，他们没有停滞不前，仍把自己当作学校体育航船上的普通水手在搏击风浪，仍把自己当作一颗小小的螺丝钉在平凡的岗位上闪闪发光。如2018年全国体育教师大型公益宣传电视节目《我是体育教师》新闻发布会、活动宣传片等电视系列专题报道，展现出一批知识丰富、素养高雅、技能高超并有执着追求的体育教师。

2. 全国首批正高级体育教师

重视教育、关心教师，是各级党委政府的神圣职责。深化职称评定制度改革，改善教师待遇，加强教师队伍建设，使更多优秀人才长期从教，特别是到农村、边远地区从教，要让他们真正成为知识的授予者、人生的引路者、文明的传承者、道德的示范者。2009年经国务院常务会议研究决议，分别在山东潍坊、吉林松原、陕西宝鸡三个地市开展中小学教师职务制度改革试点，2013年就有了3名中学体育教师被评为正高级体育教师，之后北京、上海、河北等省市也陆续开始了正高级体育教师的改革评选。可以说，他们是体育教师师德、能力的杰出代表，是体育教师做出业绩、贡献的杰出代表。

根据《中小学教师水平评价基本标准条件》和正高级教师标准条件，这些被评为正高级的体育教师具备以下素养标准：一是拥护党的领导，胸怀祖国，热爱人民，遵守宪法和法律，贯彻党和国家的教育方针，忠诚于人民教育事业，具有良好的思想政治素质和职业道德，牢固树立爱与责任的意识，爱岗敬业，关爱学生，为人师表，教书育人；二是具备相应的教师资格及专业知识和教育教学能力，在教育教学一线任教，切实履行教师岗位职责和义务；三是身心健康；四是具有崇高的职业理想和坚定的职业信念，长期工作在教育教学第一线，为促进青少年学生健康成长发挥了指导者和引路人的作用，出色地完成班主任、辅导员等工作任务，教书育人成果突出；五是深入系统地掌握所教学科课程体系和专业知识，教育教学业绩卓著，教学艺术精湛，形成独到的教学风格；六是具有主持和指导教育教学研究的能力，在教育思想、课程改革、教学方法等方面取得创造性成果，并广泛运用于教学实践，在实施素质教育中，发挥了示范和引领作用；七是在指导、培养高级、一级、二级、三级教师方面做出突出贡献，在本教学领域享有较高的知名度，是同行公认的教育教学专家；八是一般应具有大学本科及以上学历，并在高级教师岗位任教5年以上。

如正高级体育教师郝振生，男，现任包头市第一中学（以下简称“包头一中”）名誉副校长，全国中学生排球分会副秘书长。作为包头一中一位平凡而普通的体育教师，1980年女排组队之初，担任体育教师兼女排教练，凭着自己对排球的挚爱，凭着自己超凡的毅力，几十年如一日，辛勤耕耘，默默付出。30多年来，包头一中女排一直稳坐包头市中学生排球赛冠军的宝座。从1993年至今连续荣获内蒙古自治区中学生排球赛冠军。1997年，代表中国参加了在芬兰举行的第13届世界青少年超霸杯排球锦标赛，获得少年组冠军。2002年8月，在全国第八届中学生运动会女子排球赛中获冠军。2002年获得内蒙古自治区第十届运动会冠军。2009年，参加全国第十届中学生运动会女子排球赛，获得第一名。2011年，第十一届全国中学生运动会再次蝉联女排冠军。2013年，在首届包头国际中学生女子排球精英赛中荣获冠军。郝振生教师不断总结工作经验和实战经验，作为副主编撰写的《排球技战术全图解》《普通高校体育选项课教材——沙滩排球》《普通高校体育选项课教材——软式排球》3部著作，深受业界同行认可和好评。在抓好运动训练的同时，他还和班主任及任课教师密切配合，共同抓好女排队员的文化课学习、思想品德教育，全面关心队员的成长，使队员德智体全面发展。自建队以来，有200多名队员以优异的成绩被北京大学、清华大学、浙江大学、南开大学、复旦大学等全国重点高校录取或出国留学，还有的队员入选八一女排和国家集训队。

如正高级体育教师肖素华，女，重庆南开中学体卫处主任。肖素华教师为人直爽、热心、热爱教育事业，平时对自己要求严格，把“学为人师，行为世范”作为自己的自觉行动目标。30多年来笃信身教言传为体育之本，于肢体运动、群体活动中育心立人，在一线教学中，能够深刻领会和自由展现学科教学之精髓，高质量地完成自己的教学工作，每一堂课都力求学生在活动之余身心有所触动，多次获得各种教学工作优秀奖励。作为重庆市骨干教师、学科带头人，在教研组建设、青年教师培养、学校体育活动的普及和组织、特长学生的培养和输送、学生健康行为的养成、学校公共安全事故的预防和教育、学校体育场地的设计和规范化管理等方面做了大量细致的工作。带出了一批在全国和重庆市获公开课教学一等奖的青年教师，培养了大批心理素质好、学习能力强的优秀学生运动员，其事迹曾在《中国学校体育》和《田径》杂志上专版介绍。近几年，在各类期刊及会议上发表和交流的文章有13篇，参编教辅4本，并有7项重大科研课题项目顺利结题并获奖。

3. 师之翘楚中的体育特级教师

为了鼓励广大中小学教师长期从事教育事业，进一步提高中小学教师的社会地位，表彰在中小学教育教学中有特殊贡献的教师，1978年，教育部、国家计委联合颁发了《关于评选特级教师的暂行规定》，此后各地普遍开展了评选特级教师的工作。可见，“特级教师”是国家为了表彰特别优秀的中小学教师而特设的一种既具先进性又有专业性的称号，他们是师德的表率、育人的模范、教学的专家。评选体育特级教师，对提高中小学体育教师地位，增强体育教师的光荣感、责任感，表彰特别优秀的中小学体育教师、树立榜样，激发广大中小学体育教师教书育人的积极性，促进基础教育事业的发展，起到了非常重要的作用。据了解，到目前为止，全国已有体育特级教师百余名，其中北京出版社2007年出版的《师之翘楚——全国体育特级教师》记录了全国15个省市区34名充满着爱心、激情、睿智、尽职和富有创造性的体育教师，他们是中国40多万体育教师的优秀代表。

如重庆市特级教师阳劲力，男，生于1949年10月。曾任重庆市体育学会会员、重庆市渝中区教育学会学术委员会委员、全国中小学体育教学指导委员会委员等职，获得重庆渝中名师（四届）、全国模范教师、全国千名优秀体育教师等荣誉。2001年以来国家新一轮课程改革，阳劲力在编写教材、实验研究、培训推广等方面做出了成绩，被人民教育出版社聘为体育学科培训团专家。2006年由重庆市渝中区人民政府授命建立“阳劲力名师工作室”，推广课改实验成果。他没念过大学，也没有学过体育，是一位自学成才的特级体育教师。他从一位农村知青来到丰都师范，后任体育教师、副校长。因为他有一种热爱教育事业的敬业精神；有追求进步、刻苦钻研的执着精神；有求真务实、勇于创新的探索精神。他带领学生修操场，自制体育器材，积累和创造了培养小学体育教师业务能力的方法，由于方法切实可行，受到全国中师界的好评，并在该校召开了现场会。几十年体育教师的苦乐经历，阳劲力对“教师”这一称号、职业与事业、自我与团队等的理解经历了一个不断深入的领悟过程，认为做教师要“经师”和“人师”合一；学校体育事业成了自我实现人生理想的载体，随着学校体育事业的不断发展，理想也在与时俱进；只有靠大家共同努力，才能把学校体育这项面向全体学生的事业干好。

如北京市特级教师蔡福全，男，1955年出生，1971年起先后任北京市第六十五中学体育教师、副校长，中国第一所国际文凭学校——北京市第五十五中学校长。2002年起曾任北京市东城区教育委员会主任、教工委书记、人大常委会副主任，兼任全国教育科学规划领导小组体育学科专家组成员、全国基础道德教育委员会副主任及北京市举重裁判委员会主任、国际裁判等。多年来运用先进的教育教学理论指导自己的教学实践，立足现实，着眼未来，开拓进取，力求创新，本着“人无我有、人有我新、人新我深、人深我精”的教学思想，积极探索体育教学规律，着重在高中男生的品格培养上下功夫，形成了自己独具特色的教学风格。因教学特色突出，《中国学校体育》杂志社举办“蔡福全体育教学特色研讨会”，将其“育体育心同在、继承创新结合、主导主体相融、严肃活泼并存”的和谐教学法向全国推广；其教学经验曾五次在全国卫星电视播放。发表论文、经验总结等百余篇，主编、编著体育著作和教材十余册，荣获北京市第一届胡楚南教学成果奖、全国优秀体育教师金质奖章、全国优秀教师、北京市“教书育人先进个人”等荣誉称号和北京市“体坛英豪教苑楷模”奖牌。1996年被提名为“全国十杰教师”，受到时任总书记的江泽民等党和国家领导人的接见。

（三）体育教师的价值观

在改革开放、发展社会主义市场经济的今天，教师的价值观发生了广泛而深刻的变化，体育教师群体的价值观也发生着变化。这一群体理解价值观建设的重要性，明确一些现实的价值是非，正确进行价值导向，对于体育教师队伍树立正确的世界观、人生观，塑造专业自信，提高质量，搞好学校体育工作，推动并把持学校体育改革方向，增强学生体质，意义甚为重大。同时，这一群体树立正确价值观，可以切实发挥体育在培育和践行社会主义核心价值观、推进素质教育中的综合作用。因为在学生成长的过程中，教师是最具有影响力的人，体育教师作为学生生命中的重要他人之一，是学生价值观学习的重要他人，其思维方式、价值观及其指导下的行为对学生的价值观形成具有直接、深刻和长期的影响。

结合笔者对“国培计划”（2013—2016年）全国29个省、市、自治区及新疆生产建设兵团的762名中小学体育骨干教师调查，发现体育教师的价值观在认同、理想、利益、道德、人生价值方面均存在着一定问题。这些渗透体育教师价值观深层次方面的现实问题，也是影响体育教师发展质量的现实问题，将直接影响体育教师的教书育人、构建良好教育集体、培养学生体育素养、做学生健康成长的指导者和引路人。

1. 体育教师的认同观呈现低自尊取向

在对“选择做一名体育教师的职业认同度”调查中发现，有超过一半的体育教师表示是毕业分配到这个职业岗位，自己别无选择；还有近一半的体育教师表示“如果有机会选择，会毫不犹豫地选择不当体育教师”。在谈到自己的职业“我是体育教师时”，仅有48%的体育教师表示能骄傲地强调，而有一半多的体育教师会选择避而不谈，对自身的专业或职业有着一种朦胧的自卑感。假如按照层次定社会地位，体育教师对自己的职业地位评定以中间层最多，中间层以下的比例略高于中间层以上。当问及体育教师在学校中与其他学科教师的地位相比时，九成体育教师表示地位不够平等，在受重视程度、工作价值认定、工作量、职称评优、经济待遇等方面存在差异。可见，体育教师对自身职业缺乏足够的认同、喜爱、忠诚和坚定，现实的不理想导致体育教师的自我职业认同和价值认定较差，多数体育教师处于低自尊水平或缺失专业自信。

2. 体育教师的理想观呈现多元选择趋向

在“你对自身今后的发展规划是什么”的回答中，体育教师的回答是多样的，有的想成为较有名气的名师，有的希望自己在教师这一职业上有更高水平和层次的发展，有的愿意继续做一名自己喜欢的体育教师，有的表示维持原状就好，有的选择当行政领导，还有的表示想改行，现实中确有部分中小学体育教师在步入中年前后选择改行换岗。调查表明，当今体育教师的价值观选择呈现多元化，并具有务实性、现实性和功利性等特点。可见，体育教师理想层面中形而上学意义的追求在削弱，体育教师对职业情感认识、情感倾向和情感理想正发生着偏差，群体心态有所变动，保持真挚、热烈、聚精会神当好体育教师的理想观有所动摇，个人本位的人生理想有所蔓延。从长远来看，这种理想价值对学校体育的强化、学生体质健康的促进以及全面发展构成潜在的价值隐患，对国家的教育政策、学校体育的发展、自身专业的发展和学生的发展构成潜在的自信隐患。

3. 体育教师的利益观呈现偏移冲击倾向

期望是通过实践获得互动效应，不同的期望反映了体育教师的信仰、选择、思维和追求。在“作为一名体育教师的职业期待是什么”的调查中，排在前5位的分别是实现自我价值、工资待遇好、职称级别高、成为教师同行的佼佼者和享有较高社会地位。在实践工作中，体育教师认为在各类比赛取得好名次、好业绩为学校争光，中考成绩名列前茅，培养的体育生考入大学等方面获得的成就感最大，更关心自我价值实现与否，更强调自我需求的满足，更注重“面子工程”的实现，以及视体育教师职业为谋生手段。可见，一些体育教师的利益观是图名或谋利或兼而有之，其职业价值观念有所淡薄且功利，不能正确认识体育教师的职业使命和责任感，不能很好地坚持践行体育教师的职业初心和专业愿景，同时缺失了一份当好体育教师的内生动力。

4. 体育教师的道德观呈现偏失不佳指向

体育教师与学生接触较多，具有较强的亲和力，加之体育学科的特点，体育教师的德行往往具有双重意义，对学生的影响和教育则显得更加生动、深刻。在面向校长、不同学科教师、家长、学生对“体育教师最欠缺的品质是什么”的调查中发现，体育教师不上进、素质不高、德行不好、严厉粗暴、简单机械排在前5位。在现实生活中，有时也难免看到体育教师挖苦、嘲骂或惩罚学生，或是采用一些简单直接的方式对待学生。这些很大程度上存在的“不像教师”的行为和做法，凸显了一部分体育教师教育能力、师德修养、法制观念、对学生不够尊重等问题，凸显了体育教师在室外开放式教学环境中粗线条、随意、“形象不佳”等印象。无论是体育教师自身带有鲜明的职业标志和个人色彩，还是人们传统世俗中的认识和偏见转化、迁移为体育教师的道德观偏失和异化，如果体育教师的道德形象和道德品行有所缺失，必将影响体育教师的教书育人，因为好的德行是体育教师育人的前提。

5. 体育教师的人生价值观呈现个人本位导向

身为体育教师，承担了学校体育教学、训练、管理、科研等多重任务，承担了育体、育心、育人的重要使命。多数体育教师勤奋敬业、甘于奉献、乐于助人，有着良好的品行和修养，有着积极乐观、追求卓越的人生态度。但调查发现，有部分体育教师比较在乎个人名利得失，有的学校归属感不强，有的缺乏学校和集体荣誉感，有的会把个人利益放在首位，有的会为了评职称抄袭或找人代写论文，有的以自傲为动力、追求发现自我和证明自我的满足，还有的体育教师个人幸福感不高等，出现了一些体育教师过一天算一天、职业倦怠、立足于个人、强调个人利益等个人本位人生价值观。如果体育教师不能将个人本位价值观与学校本位、社会本位统一融合，就不能真正带来体育教师个人的健康发展，更不能科学健康地促进学校体育发展。

（四）体育教师的职业倦怠

职业倦怠更多描述的是那些服务于助人行业的人们，因工作时间过长、工作量过大、工作强度过高所经历的一种疲惫不堪的状态，是由情绪衰竭、去个性化和成就感降低构成的一种心理状态。体育教师这个群体作为经常与人打交道的行业，也是职业倦怠的高发群体。也许因为选择、因为敬业、因为偏见、因为熟练，成为体育教师职业倦怠的影响要素。职业倦怠一旦产生，体育教师的态度、行为都会发生负性变化，反过来还会作用和影响工作，出现对学生的冷漠、工作效能感的降低及对自己消极评价的增长，不仅影响体育教师个体的身心健康，还会直接影响体育教师群体的健康发展、学生的健康成长和学校体育的可持续发展。

1. 体育教师职业倦怠概貌

通过在中国知网高级检索中输入“中小学体育教师”“职业倦怠”，得到近10年的相关研究124篇，分别对体育教师职业倦怠的概念、量表、现状、现象、影响、成因、机理、对策、缓解方式等方面进行了研究。对一些关于体育教师职业倦怠的研究状况与成果进行分析与梳理发现，我国中小学体育教师的职业倦怠状况比较严重，不同性别、学历、职称、年龄、教龄、城乡、地域的职业倦怠程度和差异不同，产生职业倦怠有学科内在、外在环境、职业压力等多元因素。

如王妍等人在对北京市海淀区中学体育教师的职业倦怠进行调查发现：中学体育教师总体职业倦怠情况比较严重，更多地表现为较低的职业成就感，群体中本科学历的教师在低成就感上的职业倦怠高于大专学历的教师，与其他科目教师之间职业倦怠不存在显著性差异。孟祥乐对陕西省604名小学体育教师职业倦怠展开调查，结果显示：小学体育教师的职业倦怠检出率很高，倦怠程度深，与小学主科教师相比，小学体育教师的情感耗竭高、成就感低、职业倦怠更明显。钟远金等人对283名农村体育教师的职业倦怠进行调查显示，农村体育教师体验着中等程度的职业倦怠，其中以情绪疲惫维度和少成就感维度更为明显，倦怠感主要产生于缺乏社会支持、付出与回报不平衡、系统作用不合理。还有相关研究结果显示：温州市女体育教师的职业倦怠程度整体处于中等偏高水平；上海30～40岁这一年龄段的体育教师倦怠的状况比较严重；山西晋中有超过半数的中小学体育教师有中高程度的职业倦怠，女体育教师高于男体育教师，并向低职称的方向发展；山东聊城小学体育教师职业倦怠程度较高，40～50岁之间的倦怠程度高，教龄15～25年之间的倦怠程度较严重，中级职称的倦怠程度高于其他职称的体育教师；闽南地区本科学历体育教师的职业倦怠最严重，农村体育教师的职业倦怠高于城区体育教师，教学效能感在职业压力和职业倦怠之间可能具有调节作用；新疆、江西等地中学体育教师产生倦怠的直接原因是对体育课意外伤害事故的惧怕，根本原因是现代社会单一的价值取向使学校体育处于边缘化境地、没有正确认识教学本质和学科理论建设缺乏独立性；广西初中体育教师职业倦怠产生的主要原因为社会地位低、缺乏必要社会支持、工作负荷大、工作环境差、学校体育器械和场地缺乏、教师角色模糊、培训机会少等。

2. 体育教师易患职业倦怠的4种类型

类型1：因为职业错位选择。选择职业，对于体育教师来说，不仅是选择一种谋生方式，也是选择一种实现人生价值的途径。在一项对体育教师当初从事走上教师这一职业的原因调查发现，排除部分教龄在20年以上的中老年体育教师是国家统一分配外，一半体育教师是源于对体育运动和教师职业的热爱，但还有一半体育教师选择是因为受高考考分的限制、听从父母安排、受高中体育教师和同学朋友影响等。当选择的职业不是所热爱，当经历风吹日晒、辛劳又待遇低下的工作时，这些体育教师就难以对体育教师职业有持续的热爱、使命，就难以找到自己持久热爱的源泉和乐于承担所赋予的责任，就难免在怨天尤人、无奈混日子的工作中消极怠工，失去信念，产生职业倦怠。

类型2：有强烈责任使命感。据光明微教育网介绍，美国QZ新闻网站刊载了一篇文章，提到一名敬业的、优秀的、深受校方重视和学生拥戴的教师在任教7年后最终选择了离职，原因一半是由于敬业的她承受不了无法全方位帮助学生的愧疚感，一半是由于7年以来拼尽全力工作耗尽了她所有的耐心和精力。现实中不难发现，那些把自己的工作当成社会责任和使命的体育教师，那些视对学生负责为己任的体育教师，通常对工作有超出常人的热情和精力，对工作有超出常人的付出和奉献，对工作是各种心甘情愿和全心全意，他们的奉献付出一直耗费着其情绪资源，他们往往更容易筋疲力尽，更容易产生职业倦怠。

类型3：处于工作环境失衡。体育本质是人类超越其他动物的竞争力的体现，因此在体育教师的性格中，有着潜移默化的争强好胜因子。他们往往希望得到追求卓越的感觉，追求将自身的优势、能力发挥到极致的状态，在满足心理需求的基础上，做起各项工作来是热血沸腾、充满干劲。但当学校体育不被领导重视、体育学科地位不高、体育课可有可无被随意挪用挤占、体育教师干得多却被认可的少、在评职评优奖励中被边缘化、户外高强度的辛劳、学生安全的压力、威胁自身健康的身体疾病等问题长期存在得不到缓解之时，当体育教师自身的内部资源耗尽而无补充、个人能力得不到发挥、缺乏挑战性、难以获取成就感、自己表达的意见得不到重视之时，就会引发倦怠。

类型4：处于职业发展高原期。许多研究证明，年龄30~40岁、教龄6~10年是教师职业倦怠状况最严重的阶段。对于拥有10年教学经验的体育教师来说，一般业务达到熟练阶段，能轻松胜任体育教学工作，是从经验型或熟练型教师迈向卓越型教师的关键期，一般会开始产生高原期，出现激情逐渐淡化、容易疲劳、会焦虑、记忆力减退等症状。也有的体育教师是因为不断进行低水平的重复教学，有的是需要完成很多与业务无关的繁杂工作，有的是期望过高而感到力不从心，有的是个性和价值观难以符合工作需要，或是家庭、个人方面的重大事故等，表现出职业发展的高原期现象，并出现职业倦怠感。

（五）体育教师的思维定式

思维定式是思维的固有程序、规则和框架，也是创新性思维的障碍。在全面推进素质教育的进程中，在体育与健康新课改的实验过程中，在学科教学指向核心素养的探索中，在面对学生体质健康严峻挑战的形势下，学校体育和体育教师会遇到许多新的问题、新的困境，需要以创造性思维加以处理和解决。体育教师本没有“定式思维”，经过的事情多了，也就形成了“定式思维”，出现了禁锢于经验、因思维定式而止步不前的状态，也就是受过去式的、固定化的思路束缚，造成自我封闭、墨守成规和思域狭窄，难以摆脱消极、刻板印象，难以发挥能动的、正向的创造精神。这些思维定式，往往影响学校体育的改革发展，阻碍体育教师专业进阶发展，并在一定程度上影响体育教师的发展质量。

1. 世人意向中的体育教师思维定式印象

思维定式效应能使人在客观事物、客观环境相对不变的情况下，对人和事物知觉得更迅速、更有效。体育教师自我和世人所刻画、认可的“图像”或“印象”，往往是体育教师自我或“他我”意向中的思维定式，一般都有着阳光、健康、积极的正向态势，但在认知、态度和行动上也显现出诸多的消极印象。

印象1："缺乏创新"成为体育教师的首位定式印象。在笔者4年前面向北京市300余名中小学学科教师、400余名中小学生和300余名学生家长的一份调查中，就"体育教师最欠缺的品质是什么""体育教师最需提高哪些能力"的调查发现，在不同学科教师和学生眼中，不受重视、缺乏创新、简单机械、知识面窄、严厉粗暴等成为体育教师的品质，而"缺乏创新"成为体育教师首位需提高的能力。或许是几年如一日的同一套课间操，或许是沉闷无生气的学校体育活动，或许是"一哨两球三放羊"的体育课，或许是对体育教师"头脑简单，四肢发达"的印象定格，或许是对体育教师职业角色的历史成见，或许是基础教育深入改革的现实冲击，"缺乏创新"成为体育教师的首位定式印象，一定程度上影响着学校体育的改革与发展。

印象2："消极态"是体育教师意向认知上的定式印象。思维定式从根本上来说，是一种认识的产物，是一种认识定式，是存在于头脑当中的认知框架。在"你是怎样的一名体育教师"的自我描述中，近一半体育教师对自我具有接纳、自尊、自信、自爱、善于克服困难等积极意向，但一半多的体育教师自我意象消极，他们有着不受学校重视、工作艰辛、待遇低下、学校勤杂兵、任劳任怨、做一天和尚撞一天钟、混混算了等认知，对自我具有否定、自卑、压抑、自暴自弃、放弃等负向评价。同时，其他学科教师对体育教师的意象正负兼而有之，一半以上的学科教师认为体育教师有着懒散、知识面不够、责任心不够、文明形象不好、管理水平差、专业素养不高、课堂"放羊"教学等消极意向。这些意向认知在一定程度上影响着体育教师的职业角色定位和专业发展。

印象3："灰色态"是体育教师专业态度上的定式印象。教师的专业态度是指教师专业行为的心理倾向，是外界刺激与个体反应之间的中介因素，很大程度上决定着体育教师的专业工作效能。由于受个人师德、兴趣、信念、人际关系、经济利益、追求升迁等多种因素的影响，现实生活中体育教师的专业态度是多种多样的，少数体育教师有着投入的积极态和无所谓的消极态，多数体育教师则呈现灰色态。这是一种介于积极和消极两者的中间状态或混合状态，主要表现为缺乏一贯性和系统性，时好时坏，有的方面好、有的方面不好。如有的体育教师对自己喜欢干、愿意干的工作能做得很好，但对有难度、有挑战的工作就选择逃避或抱怨；有的体育教师在领导提要求、给压力的情况下，往往能把工作完成得非常漂亮，但当没人管、没人要求时，就得过且过，甚至破罐子破摔。体育教师的专业态度定式一定程度上影响着体育教师的专业活动和专业精神。

印象4：“灰色技能”是体育教师任务行动上的定式印象。在面向体育教师的一项调查显示，60.7%的体育教师认为在学校竞争中具备“灰色技能”很重要，44.2%的体育教师表示自己具备“灰色技能”，58%的其他学科教师认为体育教师具备“灰色技能”。在他人眼中，体育教师的工作是清闲轻松的，因为不用备课、不用写教学设计、不用批改作业、不用参加考试排名、不用补课，也没有升学压力等，而其他学科教师的工作则是繁重忙碌的。在现实中，不少体育教师在学校很是吃得开、混得好，与学校领导甚至是校长称兄道弟，关系不一般。体育教师这些能喝酒、唱歌、打牌等吃喝玩乐方面的特长，还有其他如善交际、会公关等与体育教师教学业务无关的灰色技能，一定程度上影响体育教师的工作精力和业务钻研，使部分体育教师陷入不务正业、专攻旁门的恶性定式之中。

2. 体育教师思维定式的常态负迁移表现

体育教师在实践工作中，往往都能凭借自己积累的一定知识和经验，对学校体育改革中的新事物能迅速、有效地认识并做出跟进，特别是对学校体育工作中那些常规性、例行性工作有着一定的积极意义。但思维定式作为创新性思维的障碍，很容易造成思维框架，使体育教师产生思想上的惰性，养成一种机械呆板、千篇一律的工作习惯，显现负迁移态势。

表现1：因循守旧——习惯从传统和惯例中找根据。“学校一直就是这么要求的”“运动会一直就是这么开的”“体育课准备活动都是这么做的”“以前我们教师就是这么教的”……对于多数体育教师来说，已形成的这些比较稳定的、定型了的思维路线、方式、程序、模式，成了定式的习惯和做事的理由，更多的都是在模仿、在沿袭、在走老套路，如学校里的新教师和老教师一样体育课上都是背着手站立，体育课上教师擅长什么、愿意教什么就教什么，体育课准备活动千篇一律都由学生带着做等。这些习惯性、常态性工作行为，缺少了继承基础上的革故，缺少了借鉴基础上的鼎新，缺少了传统基础上的突破，缺少了惯例基础上的变化，使得学校体育和体育教学多年来因循守旧，难以改变，使得体育教师一批批、一代代都同一德行，难以改变。

表现2：经验主义——习惯靠吃老本的非理性应对。“以前我就是这么教的，现在怎么就不行了”“我就关注怎么提高学生体育中考成绩，其他的我不关心，也与我无关”“为什么非要实践大单元教学，我觉得没意义，用我以前的教法一样能提高中考成绩”“那些‘一校一品’试验改革在我们学校不可行”……对于多数体育教师来说，走上工作岗位后，有了积累的思维活动、经验教训和已有的思维规律，更多会凭经验、吃老本，不注重钻研教材教法，不注重自身业务提高，不加强技能训练，不关注教育教学改革，也不走出去更新理念方法。特别是一些中老年体育教师，呈现“温水煮青蛙”的样态，面对深化基础教育领域综合改革，面对新课程深入推进，面对体育中考改革，面对学校体育“三位一体”目标，面对“一校一品”试验，面对学科核心素养，习惯了无动于衷，习惯了“你要求你的”，习惯了“我做我的”，使得学校体育和体育教学缺少了生气活力和突破创新。

表现3：拿来主义——习惯提供模板、照抄照搬、仿效。“有没有集体跑步视频录像我们可以直接学习模仿的”“有没有阳光体育运动的方案提供参考”“谁有鱼跃前滚翻的研究课教案学习借鉴”“直接告诉我们怎么做就行”“我就是完全按照国外的这个教学模式实施的”……对于多数体育教师来说，习惯用现成的模板和套路，直接采用“拿来主义”，仿效模仿、照抄照搬他人的经验，而不是基于他人的经验提供参考和借鉴，并在他人经验的基础上组合和改创。体育教师习惯直接拿来就用、过分依赖他人、自己不尝试、不经历、不体验，没有根据自己的理解和学校的实际情况选择性地参考、吸收和改编，就不能很好地加以消化吸收使之内化为自己的东西，就会导致效仿效果不好、理解不到位和思考不深刻。

表现4：唯上唯书——习惯根据领导意图和书本内容。“领导不重视学校体育”“领导就是这么要求的”“领导就喜欢这项运动”“领导只关心学生安全和成绩”“教材中就是这么要求的”“教材上就是这么写的”“就是按照教材设计的单元教学”“动作技术要领和教学重难点就是根据教师用书进行讲解与确定的”……多数体育教师习惯从领导的意图和指示中找根据，习惯从教材和书本中找根据，面对需要理解、改变和变通的问题，一般都会出现下意识地先考虑条条框框，下意识地只完成“转运站”的作用，而不注意从实际出发、从需求出发，结合本地区、本学校的实际情况和特点，开动脑筋，做出建设性的思考和学科决策，并创造性地贯彻实施。

（六）体育教师的专业技能

在全面提高体育教学质量、引领体育教育理念革新、提升体育教师专业素养的重要时期，全国各省区都开展了中小学体育教师教学技能考核或比赛，试图通过比赛和相互交流，展示中小学体育教师的综合素质，不断提高体育教学质量，不断推进中小学体育教学改革，最终提高体育教师的教育教学水平和教师发展质量。同时，体育教师专业技能考核既是对学校体育教学质量和体育教师素质进行检查和评估的一项重要措施，是体育教师加强技能、促进专业化水平的重要平台，也是对一名体育教师的一种巨大考验和全面考查。从2011年到2016年，教育部体育卫生与艺术教育司和中央教育科学研究所已联合举办全国中小学体育教师教学技能比赛三届，同时各省市也纷纷举办中小学体育教师专业技能展示与比赛，对体育教师理论技能、单项技能、运动技能和教学技能等方面进行考核。此部分将以此了解近六年来全国中小学体育教师的专业技能。

1. 从全国体育教师教学技能比赛来看

全国中小学体育教师教学技能比赛是一个国家级的赛事平台，充分展示了体育教师的教学技能，有效提升了体育教师的教学水平，增强体育教师的核心竞争力。教育部体育卫生与艺术教育司司长王登峰表示，举办这样的比赛，对于体育教师教学技能带来的提高，将会是提高青少年体质健康一个非常重要的途径和手段，对于提高广大体育教师研究教学的积极性和提高质量的积极性都会有重要意义。从第一届的教学准备、实践练习、运动技能和10类项目60个内容的教学技巧考核，到第二届增加了民族民间传统体育项目，到第三届赛前10分钟抽取内容、有授课对象的模拟上课，参赛教师都充分展示了当代中小学体育教师良好的人文素养和扎实的教学技能。从举办方、相关组织者、记者、裁判员和参赛者的比赛综述及采访来看，“我国体育教师在运动项目自选方面有偏重”“充分展示了我国体育教师的教学技能和专业素养”“教师们通过广播操、武术操、秧歌、武术、民族舞等民族民间体育等规定动作的集体亮相，展示了体育教师们过硬的基本功”“参赛教师的教学设计和评课能力较为欠缺”“大部分体育教师的运动技术水平能够满足当前中小学教学的需要，部分教师的运动技能水平偏低”“这些选手简直跟专业选手不差上下了”“无论是男选手还是女选手，都表现出相当的实力”“某一教师在排球比赛中，发球、垫球、接球三个环节一气呵成，评委给出9.3的高分”“我必须付出更多的努力才能与年轻的教师一决高下”……由于这些参赛选手是各省市优中选拔出来的，可以说，这些体育教师一定程度上反映了当下体育教师的专业技能，但不一定代表了当下体育教师的专业技能。

2. 从省市体育教师专业技能展示与比赛来看

近十年来，全国各省、市、区，甚至是一些学校都积极举办中小学体育教师基本功大赛或专业技能展示等活动，以打造一支教学基本功扎实、专业技能强、综合素质高的体育教师队伍，引导广大体育教师关注自身专业发展。以北京市首届中小学体育教师专业技能展示与比赛来看，内容涉及中小限额是广播体操、武术健身操、专项运动技能和微格教学展示四部分，组织者表示：从活动现场的效果来看，基本实现预期目标，参赛教师在广播体操和武术健身操比赛中，精神饱满、动作整齐，表现出良好的精神风貌；在专项比赛中，动作标准、富有激情，展现出较高的专项技能水平，且考核结果可作为学校聘用教师的参考因素。

如2015年江苏省小学青年教师教学基本功大赛，体育教师需要参加专业教学技能、队列、广播操、武术、看课与评课、规定动作技能展示、自选动作技能展示、现场借班上课等教学技能，需要参赛体育教师要具备过硬的专业教学技能和动作技能的十项技能，还要有扎实的基本功和良好的心理素质。如衡水市第九届中小学体育教师基本功考核，分基本功考核、理论考试和现场作课三方面内容，通过考核可以发现：衡水市体育教师的综合素质不断提升，教师口令正确、运用合理；讲解简练、重点突出、难点明确；示范正确、动作规范优美；保护帮助方法得当、有效等。

（七）体育教师的教学能力

教学能力作为体育教师能力结构中的核心能力，是体育教师完成教学任务必须具备的最基本的能力，是从事体育教育教学活动必须具备的专门能力，是落实体育与健康课程标准综合能力的主要表现，是达成体育学科核心素养的专业能力，也是最能体现体育教师专业特质的一项专业能力。因此，教学能力是体现体育教师发展质量的一项核心指标。从2004年开始，全国中小学体育教学观摩展示活动至今已举办7届，体育课观摩展示不仅可以看到变革创新的体育教学，看到体育教师独具匠心的教学设计，看到体育教师尝试运用许多新的教育理念、教学经验和教学方法，更是可以看到历年体育教师教学能力的现状与优化。从2014年开始，“校园足球”成为中国教育和体育体制改革的“先行军”，除了大量吸收国内高水平教练员、裁判员和优秀退役运动员，吸收体校和俱乐部教师志愿者外，中小学体育教师无疑是校园足球教学的主力军。此部分将以全国体育教学观摩展示课和中外足球课来看当下全国中小学体育教师的教学能力。

1. 从全国体育教学观摩展示课看教学能力

为深入贯彻落实党的十八届三中全会提出的“强化体育课和课外体育锻炼，促进青少年身心健康、体魄强健”，进一步落实国务院办公厅关于体育教学工作要求，推动《义务教育体育与健康课程标准（2011年版）》和《普通高中体育与健康课程标准（实验）》的实施，总结、交流和推广各地体育教学改革的经验和成果，同时为体育教师成长搭建平台，引领体育教学改革深入开展，全面提高体育课教学质量。每两年一届的全国中小学体育教师观摩课，在交流教学经验、展现教学成果中，也引发了教学能力优缺的思考，此部分以近两届全国中小学体育教学观摩课为主进行分析。

(1) 驾驭体育教学过程的教学能力

体育教学过程是为实现体育教学目标而计划、实施的，使学生掌握体育知识和运动技能并接受各种体育道德和行为教育的教学程序，是实现教学目标、实施教学内容、贯穿教学方法的时空载体和必要保证。体育教师对教学过程的驾驭能力，可从来自中国教育学会体育与卫生分会的第七届全国中小学体育教学观摩展示活动综述中了解（表39）。

表39　第七届中小学体育课教学观摩展示活动体育教学过程的教师行为表现

教学过程要素	教学能力表现
教学目标落实	呈现总体上具有明确具体、难度适宜、可操作性强的特点，课堂教学落实教学目标的意识有所增强。教师通过目视、语言、时间测量、即时评价等方法监测目标的达成情况，并以此为依据及时调整教学
教学内容选用	能够注重挖掘运动项目的教育内涵，对教学内容的教育价值、学理性和项目特点、趣味性进行分析，选择教材的目的性有新的突破；内容选用体现以传统体育教学内容为主，并有与开发地域性和校本教学内容相结合的趋势
教学方法选创	注重教学方法的创新和教学方法的多样性，能够运用适当的情境、问题、条件等要素调动和激发学生的主动性和积极性；给学生更多的自主、合作、探究活动的空间和时间，实现以教为主向以学为主转变
课堂组织管理	不合理、频繁地调动队形及用于教学组织的时间过长等情况有所改变，改变单一的教学组织形式，改变教师讲得多、学生练得少的情况
学生学法指导	重视学生学法的指导与关注，关注学生的个体差异，重视让学生自己体验，得出适宜结论的教学指导方式
教学评价反馈	能根据学生运动技能制定精细的教学评价标准或提高技能的评价标准进行区别对待、分层评价或运用口诀提炼评价，引导学生进行自我评价、生生互评和师生评价

(2) 促进学生身体健康的教学能力

促进学生身体健康是体育与健康课程的主要目的之一，也是体育课和体育教师永不改变的责任使命。重视和科学发展学生的体能、保证和调控一定的运动负荷、注重和强化安全学生锻炼的意识行为，对于促进中小学生的身心健康发展具有重要的保障作用，也是衡量体育课教学质量和体育教师教学能力的主要指标（表40）。

表40　第七届中小学体育课教学观摩展示促进学生身体健康的教师行为表现

教学过程要素	教学能力表现
发展学生体能	高度重视学生体能的发展与促进，遵循体能锻炼基本原则，在一节体育课中既有一般体能练习，也有专项体能练习；能够根据教学环境和教学对象特点安排针对性的一般体能和专项体能练习；灵活安排场地器材，并创编一些学生乐于参与的体能练习方法等

续表

教学过程要素	教学能力表现
调控运动负荷	注意学生运动负荷的监控与调整，科学灵活搭配和组合练习内容，关注学生学习和练习时的运动强度和曲线变化；注意掌控多数学生和个别学生的身体反应，及时调整分组安排、练习次数、练习内容等；有的教师在课堂上鼓励学生用自测、互测脉搏等方式控制负荷等
锻炼安全防护	重视学生锻炼的安全和防护，始终贯彻安全练习的意识，课的设计中有安全预案，课前注意对场地器材布置和检查，教学中有安全提示，练习中有保护措施，指导中有观察判断等

（3）关注学生运动兴趣的教学能力

对体育教学而言，激发学生运动兴趣是一个重要的目标。有了技术为载体的运动和乐趣为核心的兴趣，有了“运动”和“乐趣”两个要素的课堂相容，体育教学就有了提高学生运动技能的承载，就有了促进学生全面发展的灵动，就有了提高教学质量的基础。观摩课的多数授课教师，能根据学生年龄特点、运动基础，结合学生学习情况，注意设计适宜的学习情境，激发学生的学习兴趣，如使用学习引导牌、运用不同的音乐情境、创造性地运用游戏—竞赛—展示法、把运动功能练习的肌肉拉伸等新手段运用到全身性的热身和放松阶段、利用自制器材、设计不同的教学情境等，让学生觉得有意思、好玩、挑战得“上瘾”，从而促进学生积极主动地学练。

（4）渗透融合体育品德的教学能力

体育品德是在体育运动中应当遵循的行为规范及形成的价值追求和精神风貌，对维护社会规范、促进社会风尚具有积极作用。学生未来生活和发展中需要的自信、自尊、管理、竞争、意志、控制、激励、规则意识、纪律、尊重他人、领导与合作、沟通、社交、团结、付出、坚持、拼搏，还有气力、关心、感动、责任、美、勇敢、友情、高峰体验……这方方面面都和体育有关系，都可以在体育的历练中得到充分的培养和发展。在观摩课上，许多教师不仅向学生传授体育与健康知识和技能，还很重视结合教学内容的教育价值，不失时机地向学生进行品德教育；不仅在教案设计重视学生体育品德教育和情感目标，而且在体育课堂常规、队列队形、准备活动、游戏、竞赛、体能练习、放松等环节，也能抓住学生行为表现的细节，捕捉随机出现的“点滴”优点或小事件，及时发现学生的闪光点和不和谐的音符，通过正确引导，疏导消极情绪，激励学生斗志，并结合学练贯彻对学生进行奋勇拼搏、团结协作、坚韧不拔等体育品德的培养。

(5) 体育课堂上缺失的教学能力

第一，课堂上“精讲多练”不够。在观摩活动中，看课教师都有一个深切感受，就是在展示课上，授课教师说得多、吹哨喊停频繁。有的课不管学生练与不练，教师一直在说，在喋喋不休地强调动作要点，自问自答地说个没完没了；有的课学生刚开始练习、还没有或正投入练习，教师一声哨或一声“停”愣是让学生吓一跳或不得已停下来听讲；有的课学生一共就草草练习了5次动作，摸了4次单杠……总体来说，就是学生学习得不够“痛快”。授课教师们或许为了走教学设计流程，或许为了在短暂的时间凸显出自己的教学功底，或许为了完成课的任务，在教学过程中出现讲得多、一问一答多，形成了“满堂说”“打断说”“吹哨停”的局面，忽略了体育课“精讲多练”最基本的教学要求，没有充分认识到讲和练的对立统一，也就是课堂上既要讲更要练，因为技能是练会的，不是讲会的，学生的练习体验最为重要。我们知道，“精讲多练”是根据体育教学中应遵循的动作技能形成规律提出来的，不难发现授课教师们要做到“精讲多练”，要让学生既懂又会、普遍欠缺高超的讲解水平，需要根据学生的接受能力，用最精练的语言和最短的时间，简明扼要地将教材的概念、动作要领和练习方法讲解清楚，让学生有充分的时间进行身体练习。

第二，课堂上 “关注学生”不够。在展示课堂教学中，有一个最突出的问题就是授课教师们关注教材、关注教学设计、关注教法比较多，也就是侧重教比较多，而关注学生比较少，关注学生思想、思维、技能基础、学习方法等方面较少，特别是缺少学法的指导。如有的课在创设教学情景这一环节上，究竟需不需要创设情境，究竟需要什么样的情境导入，授课教师没有充分了解当地学生的原有体育知识技能基础层次，只是凭借教材和自己的主观想象进行设计，导致所创设的情景、所教授的方法对课堂教学意义不大，不能让学生跟进学习或促进学生对技能的掌握。如有的授课教师在主教材学习环节，没有关注学生对技能动作学习的难度，愣是按照自己原先的教学设计走完多种教法流程，出现一堂课上主要以教师讲解、示范为主，学生站着听、站着看为主，且出现技术动作学生做着难、做着难看、做着错误的状态。体育教学的对象是学生，学生是体育学习的主体。因此，体育展示课的设计与教学，不能为展示而展示，不能为教学而教学，而应从教育的本原来认识课堂，着眼于学生生命成长的课堂，一切教学活动须基于学生实际、从学生生命成长需要出发，为了学生和发展学生进行教学。

第三，课堂上“灵动变化”不够。由于时间、场景在变化，教育的“变数”是永恒的，既然“变”是永恒的，“不变”是不可能的。展示课的特点之一是异地上课，异地就意味着不同和变化。即便是授课教师自己的课堂，在课堂教学中的每一个环节，往往也都是“出乎意料”的，是随机的，也就是说是“动态生成”的。但在展示课堂中，会发现授课教师们随机应变、随机引导的能力不够，对课堂中的教学细节和问题视而不见，缺乏独特的感受力和敏锐的洞察力。如教学场地有限、预设准备活动是学生一路纵队绕场地跑圈，授课教师还是按照预先设计继续跑圈开始；有的教师在练习结束前，随机找出两位同学为大家做示范，学生动作失败了，教师尴尬地笑一下就进入下一教学环节；在横箱分腿腾越课堂教学中，当横箱高度不够，而学生技能水平较高时，没有及时调整助跳板与跳箱距离、跳箱高度，而无法让学生体验、突破顶肩推手的教学重点。这些课，授课教师没有根据课堂的实景及时调整教学预案和教学方法，在课堂上不能够迅速发现、捕捉那些对课堂教学有帮助的瞬间，不能够及时消解那些不利于教学的负面因素，这样的课堂就显得缺乏张力和灵气。因为教学面对的对象是学生，既然学生是活的，就不能死守预先设定的教学方案，不能按照同一个教学模式组织教学，需要授课教师及时消解不利因素，抓住课堂灵感，并将一些预料之外的情况为教学所用，也就是要有驾驭课堂的灵感或教育机智。

2. 从中外校园足球课看教学能力

发展校园足球，建设校园足球特色学校的标志之一就是每周一节足球课，也就是在课程标准规定的小学每周四节体育课、初中和高中每周三节体育课里面，要拿出一节课教授足球。校园足球特色校主要示范的就是体育教学要做到让每一个学生都学会踢足球。除此之外，其他的学校在体育课上也要安排有足球的内容，把足球列为体育课必修的内容，使每一个学生在九年义务教育阶段所上的体育课程里，有一段时间一定要学足球。怎么去教会足球，怎么教会孩子们踢球，最基础、最关键的还是教学，而制约校园足球发展的瓶颈主要在师资。从体育教师上足球课与外国教练上足球课的案例来看，体育教师的教学能力还有待切切实实地整体提高。

(1) 还原一节国内普通体育教师的常规足球课教学

这是一节小学五年级的足球课，共三课次的教学单元内容为小足球前额正面顶球，本节课为第二课次。课的主要任务是针对上节课学生顶“抛来球”练习中出现的判断力差、控制不好顶球时机、顶球部位不准确等问题，进一步学习前额正面顶球动作、改进顶球时机。教学目标的设定包括三个方面。第一，知识与技能目标：进一步学习前额正面顶球动作，改进顶球时机的动作技能，在游戏教学中，提高学生快速运动能力，发展身体灵敏、协调等素质；第二，过程与方法目标：采用教师引导、讲解示范、自主、合作练习、游戏竞赛等形式实施教学；第三，情感、态度、价值观目标：培养学生团结协作、刻苦锻炼、积极进取的精神。课的教学重点是顶球时机，教学难点为动作协调连贯、落点准确。在课的开始部分，课堂常规加队列练习后，是一节球操，涉及头部和髋、膝、踝关节的辅助练习和“顶龙珠”游戏。课的基本部分内容，主要是复习徒手头顶球动作、复习原地头顶固定球动作、进行头顶悬垂球练习和两人一组的抛顶球动作练习，两人一组的练习包括自抛自顶球动作、一抛一顶、连续头顶移动悬垂球、近距离一抛一顶、加大距离一抛一顶和连续顶球练习，主教材之后是“运球往返接力”游戏。课的结束部分内容有放松练习和师生共同小结。课堂主要采用教师引导、讲解示范、观察与指导，学生自主、合作练习、游戏与竞赛等形式实施教学。整堂课主要在一片篮球场内进行，学生每人一个足球，教师自制教具吊顶球20个、展板一块。从课堂教学效果来看，学生在教师规范教学和有效指导下，大多数学生的足球球感很好，具备了一定的足球基本功，能积极、主动地跟着体育教师的教学步骤和要求进行学练，特别是前额正面顶球动作，85%左右的学生能较好地掌握和完成，且有不少学生动作完成得很漂亮。

(2) 还原一节外教的常态足球训练课

这是一节面向3~5年级学生的外教足球训练课。课前，外教和每一位学生击掌鼓励。在热身环节，活动内容是膝盖夹球跳跃前进至指定地点，然后再回来，目的是让学生充分亲近足球、活动身心。基本部分的分组训练，是以小组为单位的练习，分为4组。第一组训练内容为踩住球做前后移动，要求移动幅度越大越好，目的是把球控制住；第二组训练内容是摆放一排锥桶，桶与桶之前相隔1米，带球成“S”形前进，目的是行进中带球控制好球；第三组训练内容是控制住球，然后试着抢下对方的球，目的是锻炼队员的团队意识，抢下对方的球，并与自己的队员寻求配合；第四组训练内容是射门训练，学生排成一列纵队，先把球传给外教，外教第一时间回传门前，学生再抢点射门，目的是让学生喜欢上这种感觉，找到足球魅力值。结束部分是借助绳梯和软梯进行身体灵敏性、协调性和节奏性练习，帮助学生理解和学习动作难点，提高身体素质。从训练课效果来看，因为是外教执教，学生的兴奋度自是提高不少。基本部分的小组分组练习，教师巡视指导积极，学生根据自身基础体验学练不同的练习形式，学生的学习态度相当认真，主动参与的积极性相当投入，练习状态相当酣畅。

（3）中外校园足球课的教学能力差异

差异1：体现在对足球运动的理解不到位。我们知道，足球运动在中小学校，主要包括足球队员的技术、足球队员的战术、足球队员的身体素质和足球队员的道德意志品质4个部分，这4个组成部分是同样需要而且同样重要的。试想，如果一个学生有优异的技术，体力很足，而且也有良好的意志品质，但是缺乏最起码的战术意识，连本方和对方的球门都分不清，就不能算是一个好的足球队员。如果一个学生的意志品质、战术和技术都很好，但缺乏应有的力量、耐久力和速度，他也不可能发挥出很好的水平来。如果一个学生有良好的技术、战术和全面身体训练的基础，但没有顽强的意志，也不能说他是个好队员，因为当他遇到些许困难、稍受挫折或略感疲劳，两腿就不愿动了，就不能在团队中起到什么作用。

从体育教师上的足球体育课可以看出，我们的足球课教学，重在对足球基本知识、基本技术、基本技能的“三基教学”，对技术的教学非常注重且传授细腻，而忽略了足球的战术和身体素质的学练，仅注重技术的学练是难以实现足球项目所能承载的道德意志品质培养。从外教的足球训练课来看，其很好地将足球技术、战术和身体素质的学练融为一体，且在过程中自然有效地锻炼了学生的道德意志品质。因为足球运动是一种综合性的复杂技术的组合体，随着学生年龄的增加、知识的逐渐丰富，仅学足球的一些基本动作是不够的，仅靠简单的游戏动作是不足以满足学生学习要求的，学生需要系统学习其知识与技术、有高度组织的正式比赛活动，以满足他们在足球学习发展过程中的要求。

差异2：体现在不能达到足球课教学的“三会”。足球作为球类项目，在中小学体育课教学中，需要回归足球项目本源，充分发挥球类运动的特性，采用多种形式的游戏和教学比赛，多给学生提供参加运动实践的机会，也就是不仅让学生“学会”，还要让学生“会学”和“会用”。从体育教师上的足球体育课可以发现，通过讲解示范、纠错指导和自制教具，教学实效达到了让学生“学会”的状态，也就是学会足球运动的技术动作，学生可以在体育教师的统一安排和指导下，整齐地练习脚内侧踢球、运球，有次序地练习颠球、头顶球，做到节奏一致、重复多次且不出现失误，但明显脱离了球类教学的攻防对抗和比赛活动的本质，有种“中看不中用”的花架子感和“假把式”感。

外教的足球训练课，通过简单的游戏活动、情境创设和实景模拟，不仅在活动中让学生“学会”技术动作，更重要的是让学生达到“会学”的状态，就是学生在学会足球运动的一些技术动作外，还能主动思考、揣摩这些动作的运用时机、相应规则及其变式，能举一反三、触类旁通，并能通过其他途径方式拓展学习课堂上未曾学过、自己却感兴趣的技战术。因此，我们的体育教师在教学中，有着让学生学会足球技术的教学理念，但缺失让学生学会踢球的教学理念；有着采用多种体育教学常规性的教学方式，但缺失适切足球运动攻防对抗特点的教学方法。同时，外教的足球训练课，很好地抓住了足球项目的本质特点，基于攻防对抗的特性和比赛的特点，教学训练往往从“尝试性比赛”开始，以“总体性比赛”结束，让学生在学练过程中自然“会用”。也就是学生学练和掌握的这些足球技术动作和战术能在比赛中运用，能打比赛并会打比赛。

差异3：体现在对足球项目独具价值的挖掘。足球运动作为世界第一大球类运动，是一项技能与身体素质共同发展、个人能力与团队合作精神相互结合、困难挫折和勇气欢乐并存的运动。除有着促进身体健康的一般价值外，对于学生集体主义精神及应付变动环境能力的培养等，有着独具的价值。目前，“以球润德、以球健体、以球启智、以球育美”等校园足球理念正在被诸多学校和体育教师接受，将校园足球作为培养学生良好习惯、提升学生意志品质、培育阳光健康学子的重要载体，把与人交往、拼搏精神、大局观念、团队意识、合作意识、耐挫抗压等融入足球教学和运动，将社会主义核心价值、德育元素贯穿于足球运动技术教学和训练之中。同时，在每一节足球课教学设计中，都充分体现了不仅传授足球运动之“技”，也注重足球育人之“道”的目标设计。但足球项目承载的这种独具的价值如何有效实现、通过何种方式有效实现、能否在教学实施中有效实现，是体育教师在足球课教学中需要思考和构建的。

从体育教师的足球体育课来看，在主教材的教学环节，主要采用的是学生个人练习和两人一组练习，完成技术动作的学习、体验与修正。从外教的教学训练课来看，主要采用了小群体教学法和动作组合练习法，学生在小组合作中完成组合动作的技术练习、战术配合与实战运用。试想，如果没有两人以上的小群体练习，如果没有足球技战术的综合应用，如果没有实战抢断，如果没有寻求与队友的配合，如果没有抢点射门，足球动作学习的意义何在？足球独具的这些项目价值怎么能让学生体验并经历，怎么有效融入学生的品行之中？学生又怎能通过足球获得运动的乐趣？又怎能通过实战场景受到“规则效应”的熏陶，学会配合与相互协作，获得体育道德与精神的发展？

差异4：体现在专注教学的练习时间。体育教师的足球课，上课内容聚焦于一个足球的一个技术动作要点，形式较多样花哨，教学步骤层层递进，但学生练习内容的时间少，总是在短时间内变换多种方式学练，总能听到教师吹哨喊停和让学生停下来看一看、听一听。这可能在学习形式方面多了；在兴趣方面，能够吸引学生的注意力；在技术方面，学习改进得更到位了。但如果学生练习的时间少了，对于练习密度方面是不够的，对于技术的掌握方面也是不利的。

从外教的足球训练来看，上课内容并不多，似乎就是根据安排的分组内容和活动场地进行练习，形式很朴实，教学环节很简单，但学生的练习时间很充足，学生在训练过程中练习一些基本动作，练习多种踢法，练习战术的运用，练习团队的配合协作，练习高度的战术意识，练习比赛得分的射门，给了学生诸多练习的真体验与真实战。

四、体育教师现实困境

当教学质量被列为国家优先事项予以重视的时代背景下，当切实增强质量意识成为当前最集中的迫切需求时，当“有质量的体育教学”成为学校体育的一个基本起点时，“高质量的体育教师”成为全面推进学校体育的基本保证。当前，我国学校体育改革进入攻坚克难的新阶段，各项具体改革工作步入深水区，各种新问题不断出现，且各种老问题依然存在，学校体育的一些现实困境逐渐成为体育教师发展的现实困境，成为体育教师发展质量的影响因子。体育教师发展的现实问题和教学困境不容忽视且需要正视，如大班额、兼职化、超工作量、被边缘化、职业倦怠、戴着考试镣铐等。虽然现阶段我国的国情、校情、生情和学情都暂时难以解决这些问题和困境，但可以让我们对体育教师有更理性的认识、更温暖的尊重、更宽容的理解和更投入的关爱。

（一）体育教师的兼职化

“兼职体育教师”一词是大家非常熟悉的、表示体育教师不足所特有的专用名词。兼职体育教师类型包括多种样态，有兼职教其他学科的，有担任学校行政职务的，有承担体育课以外数项学校体育工作的，还包括兼数项学校其他工作和校外兼职的。教育部于2017年10月印发了《学校体育美育兼职教师管理办法》，认为选聘体育兼职教师是当前和今后一个时期加强学校体育师资队伍建设的一个必要举措，是破解现阶段学校体育教师紧缺问题的重要途径，是整合各方资源充实体育教学力量的有效手段，也是促进学生身心健康发展的迫切要求。在此，以2018年某直辖市9 538名（含中联126人）中小学体育教师的调研数据进行分析，以此提示我们：在日益关注体育教师专业化的同时，体育教师队伍建设还存在着严重的兼职化问题，这些问题直接制约着体育课程的深入推进和体育教师质量的有效提高。

1. 一成以上体育教师兼教其他学科，涉及语文、数学、外语等学科

调查发现，9 538名中小学体育教师队伍中，专职教体育的体育教师为8 138人，还有1 400名体育教师（15%）兼教其他学科，兼职教着语文、数学、外语、物理等

各个学科，其中兼职教品德与社会、信息技术的教师最多，分别有156人和120人，还有982人教着列表以外的其他学科（图12）。

	没有兼教	教语文	教数学	教英语	教物理	教化学	教生物	教品社	教信息技术	教其他
乡村	1 131	5	14	14	2	2	1	71	52	304
镇区	3 260	18	15	14	6	4	5	52	39	320
城区	3 747	9	12	7	7	3	4	33	29	358

图12　中小学体育教师兼教其他学科情况

小学、初中和高中各学段体育教师，初中没有兼教其他学科的比例（90.8%）高于小学（80.6%），说明初中体育教师的专业化程度较小学体育教师好一些。高中没有兼教其他学科的情况最好（91.3%）。小学兼教其他学科的人数最多，有1 068人（图13）。

	没有兼教	教语文	教数学	教英语	教物理	教化学	教生物	教品社	教信息技术	教其他
小学	4 444	22	34	28	9	4	2	141	99	729
初中	1 932	5	6	4	6	5	5	8	9	147
高中	881	2	0	2	0	0	0	7	8	65

图13　中小学学段内体育教师兼教其他学科情况

注：经统计，此项调查数据9 538名中小学体育教师队伍中含934个缺失值。

2. 近二成体育教师担任学校行政职务或中层领导，年级组长和德育干部居首

调查发现，在图14列举的学校行政职务或中层岗位中，有1 619名体育教师承担了学校10个行政岗位的职务，占体育教师总人数的17.3%，其中校长28人、副校长45人，担任行政职务位居前四位的是年级组组长、德育干部、后勤干部和保卫干部，还各有百余名的团委干部和音体美中心主任，以及各几十名教务处干部和科研干部；还有864名体育教师选择了“其他”。

	校长	副校长	音体美中心主任	德育干部	教务处干部	年级组长	保卫干部	后勤干部	科研干部	团委干部	其他	无
乡村	8	11	33	59	31	72	36	62	9	28	176	1 064
镇区	17	17	63	128	28	109	63	87	19	61	326	2 655
城区	3	17	68	115	27	144	105	83	32	84	362	3 146

图14　中小学体育教师担任学校行政职务或中层干部情况

注：经统计，此项调查数据9 538名中小学体育教师队伍中含190个缺失值

从图15来看，按照小学、初中和高中的顺序，担任学校行政职务或中层干部的人数逐渐减少，小学938人、初中406人、高中189人。小学体育教师担任学校行政职务或中层干部的队伍中，担任年级组组长和后勤干部人数最多，初中担任德育干部和团委干部的人数最多，高中担任德育干部和音体美中心主任的人数最多。

调查还发现，这些担任学校行政职务或中层干部的体育教师，他们有的不上一节体育课，有的每周上课最多达26节，平均每周上10节体育课。

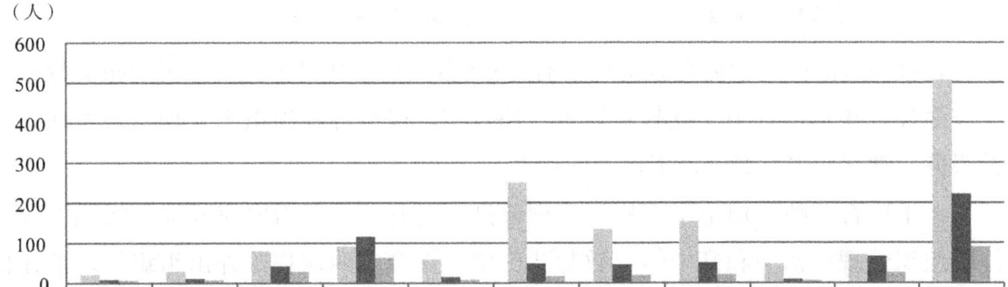

	校长	副校长	音体美中心主任	德育干部	教务处干部	年级组长	保卫干部	后勤干部	科研干部	团委干部	其他
小学	21	29	80	92	59	250	135	154	48	70	506
初中	4	11	42	116	15	48	45	50	9	66	222
高中	2	3	28	63	8	17	19	21	2	26	90

图15 中小学学段内体育教师担任学校行政职务或中层干部情况

3. 承担体育课以外的数项学校体育工作，包括课间操、校内竞赛组织等

调查发现，96.6%的体育教师除了承担体育课教学任务，还承担着早操、课间操、课余训练等数项学校体育工作，只有327名体育教师没有兼图16列举的学校体育工作。77.8%的体育教师承担课间操组织，一半以上的体育教师承担着校内体育竞赛组织、课余训练、带队参赛和早操。

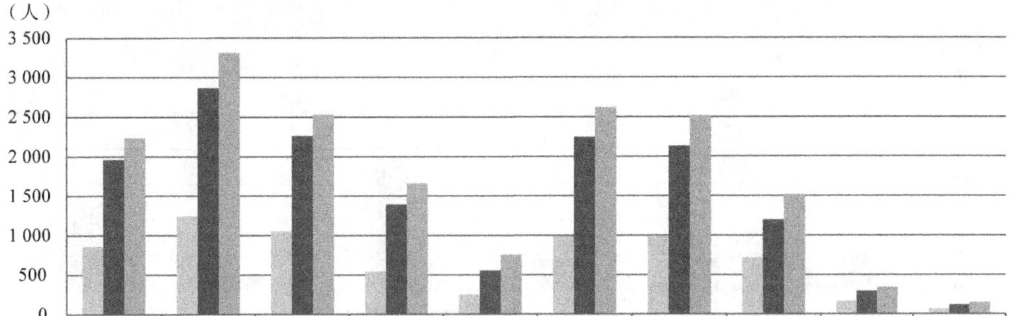

	早操	课间操组织	课余训练	俱乐部/社团教学	课程组织管理	组织校内体育竞赛	带队参赛	体育场地器材管理	其他	无
乡村	859	1 243	1 053	542	252	989	993	717	162	66
镇区	1 963	2 866	2 264	1 392	554	2 246	2 131	1 197	289	114
城区	2 238	3 312	2 530	1 658	753	2 616	2 516	1 515	339	147

图16 中小学体育教师除了体育课教学任务之外承担的学校体育工作

4. 兼数项学校其他工作，体育教师中午管班的人数最多

在被调查的中小学体育教师中，有5 638名体育教师以为他们除了承担学校体育工作之外，还承担着中午进教室管班、综合实践课程等外出组织管理、班主任、后勤服务、党支部委员等学校工作（图17）。

小学体育教师承担中午管班的比例最高，还有一部分需要完成综合实践课程等外出组织管理；初中和高中体育教师队伍中，综合实践课程等外出组织管理的比例均最高；各学段担任班主任、党支部委员的比例基本接近（图18）。

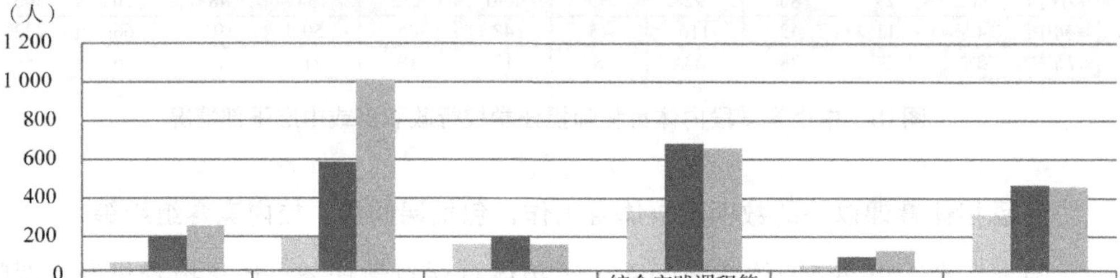

	班主任	中午管班	后勤服务	综合实践课程等外出组织管理	党支部委员	其他
乡村	47	174	138	312	31	292
镇区	179	566	176	660	76	446
城区	234	989	138	637	106	437

图17　中小学体育教师除学校体育工作之外承担的学校其他工作

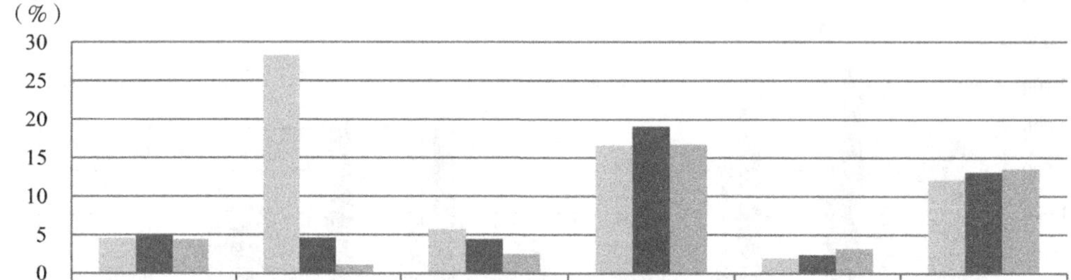

	班主任	中午管班	后勤服务	综合实践课程等外出组织管理	党支部委员	其他
小学	4.6	28.3	5.7	16.6	2	12.1
初中	4.9	4.6	4.4	19.1	2.4	13.1
高中	4.4	1.1	2.5	16.7	3.2	13.5

（单位：%）

图18　中小学学段内体育教师除学校体育工作之外承担的学校其他工作

5. 少数体育教师有着校外兼职，包括区兼职教研员、名师工作室导师等

除了学校相关工作外，还有464名体育教师承担着一些校外兼职工作，约占总人数的4.9%。其中，区兼职教研员235人，名师工作室导师29人、成员163人，高校、机构指导教师37人（图19）。此外，高中学段兼职教研员比例显著高于初中和小学。

	区兼职教研员	名师工作室导师	名师工作室成员	高校/机构指导教师	无
乡村	17	2	19	2	1 459
镇区	88	11	72	12	3 248
城区	130	16	72	23	3 751

图19　中小学体育教师校外兼职情况

注：经统计，此项调查数据9 538名中小学体育教师队伍中含616个缺失值。

（二）体育教师的超工作量

工作量作为教师合法利益的风向标，是合理配置体育教师资源的要素之一。在《义务教育体育与健康课程标准（2017年版）》推进过程中，在关注和思考体育教师专业发展的同时，体育教师的负担一直是研究者及教师关注的问题。随着体育与健康新课程、《国家学生体质健康标准》的实施，随着竞赛排名、职称评定、科研任务等压力的形成，体育教师不再是以往人们心目中“课上没字、课下没事”的无术者，与其他学科教师一样承担着巨大的工作，甚至超出其他学科教师的工作时间。早在2010年公布的《我国中小学教师专业发展状况调查与政策分析报告》显示，中小学体育教师的工作量属“超高工作量”。在很多地区和学校，一名体育教师带多少节课无法确定，超工作量无法得到承认、尊重，形成很大的随意性和差异性。从体育教师“可持续发展”的角度考虑合理确定工作量，解决好超工作量问题，是承认体育教师繁重工作、尊重其劳动成果、确保积极性和健康、提高教学质量的基础。

1. 体育教师的周课时数

在面向28省（自治区、直辖市）五百余名参加“国培计划（2010—2013）”体育教师的调查中发现，体育教师平均周课时14节，多数体育教师的周课时是16~20节，最少的是一些兼职教体育的教师每周2节，最多的是每周28节。因此，有24%的体育教师表示目前担任的周课时数“非常多”，56.1%的体育教师表示“有点多”，仅有不到20%的体育教师认为担任的周课时“不多”。

《中国学校体育》编辑部委托玉林师范学院体育学院面向全国中小学体育教师进行相关调查，结果显示：体育教师周课时15节以上的人数占55.96%，且21节以上的占4.92%，最多者周课时竟达30节。

在面向某直辖市的9 538名中小学体育教师调查发现，中小学体育教师的每周课时数0~30节，平均每周13节。但也有少数体育教师有着体育教师编制，但完全不上体育课。从图20来看，乡村和城区体育教师每周最大授课时数一样均为30节，每周授课平均值从乡村、镇区和城区逐渐递增1节。

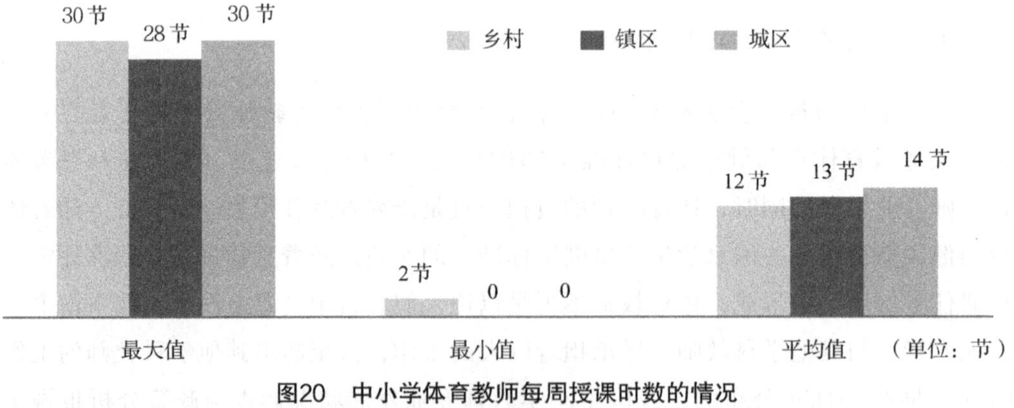

图20　中小学体育教师每周授课时数的情况

2. 体育教师的业余训练和其他各种临时性工作

除了进行正常的体育课教学外，大部分还承担着学校早操与课间操、课余体育训练和课外体育活动组织与辅导等任务，多数体育教师平均每周利用早上或下午放学后的时间训练4次，每次平均训练1小时，有的体育教师甚至需要承担每周20次的训练任务，还有的体育教师需要每次训练4小时。有70.5%的体育教师承担着学校各种临时性工作，如阳光体育运动开展、体育竞赛、学生体质健康标准测试、体育中考指导等。尤其是小学男体育教师，还需要负责学校的各类杂活、脏活、累活和力气活。

调查还发现，中小学体育教师队伍中有21.6%的体育教师不承担学校体育训练队的业余训练任务，78.4%的体育教师承担训练；承担的业余训练队以10~30人为主，还有10人以下和30人以上的训练队；周训练次数1~7次，每周训练5次的人数最多，还有一定数量每周训练6~7次（图21）。

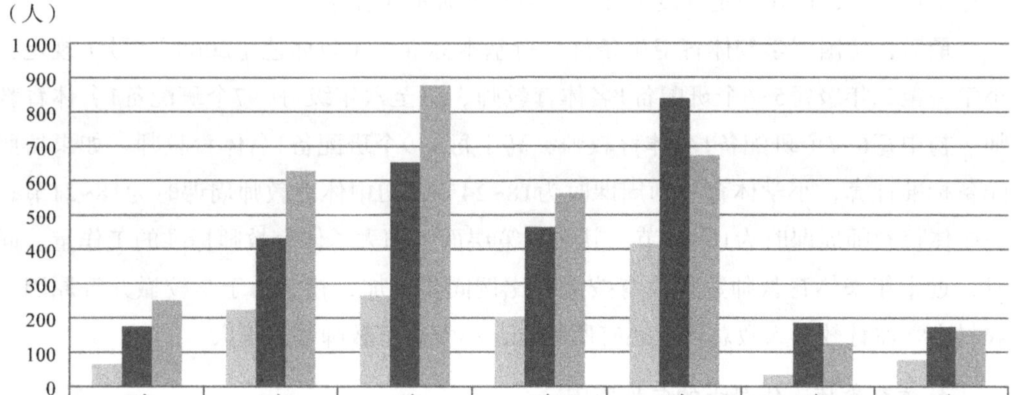

	1次	2次	3次	4次	5次	6次	7次
乡村	64	223	265	202	416	34	77
镇区	175	431	653	464	839	186	174
城区	250	628	877	563	673	126	162

图21　某直辖市中小学体育教师承担业余训练任务的每周训练次数情况

3. 体育教师工作量呈上升趋势

首先，新课程标准增加了小学和初中的课时，中央7号文件、53号文件和27号文件均明确指出：中小学要认真执行国家课程标准，保质保量上好体育课，其中小学一至二年级每周4课时，小学三至六年级和初中每周3课时，高中每周2课时，有条件的学校可以增加课时。基于我国班级授课制的教学形态，如果开足开齐体育课，意味着总课时增长到原来的2倍；有条件的学校，学生都有1天1节体育课，意味着总课时的成倍增加。

其次，2011年教育部发布的《切实保证中小学生每天1小时校园体育活动的规定》（教体艺〔2011〕2号），要求确保学生每天锻炼1小时，在没有体育课的当天下午课后组织学生进行1小时集体体育锻炼，每天上午统一安排25~30分钟的大课间体育活动，认真组织学生做好广播体操、开展集体体育活动，寄宿制学校需要体育教师每天带学生出早操。凡没有认真执行本规定的，在各种评先评优活动中实行“一票否决”，这在一定程度上加大了体育教师的工作量。

最后，《国家学校体育卫生条件试行基本标准》（教体艺〔2008〕5号）规定：小学一至二年级每5~6个班配备1名体育教师、三至六年级每6~7个班配备1名体育教师、初中每6~7个班配备1名体育教师、高中每8~9个班配备1名体育教师。如果按照配备标准计算，小学体育教师周课时为18~24节，初中体育教师周课时为18~21节，高中体育教师周课时为16~18节，其在政策层面上加大了体育教师标准的工作量。同时，近十年来体育教师数量没有按课时比例同步增加，相反由于学校撤并等原因，农村中学体育教师人数总体上还有所减少，小学体育教师缺口很大。

4. 体育教师工作量大的多种原因

体育教师除了进行正常的体育课教学外，大部分还承担着学校早操与课间操、课余体育训练和课外体育活动组织与辅导等任务。在“体育教师工作量大的主要原因”的调查发现，42%的体育教师认为是“家庭教育配合不力”，成为主要原因；各有1/3左右的体育教师认为是以学生成绩为唯一标准的评价体系、督导检查太多和班额过大；还有21.9%的体育教师认为是教育改革政策或新项目过多，11.26%的体育教师认为是培训过多。可见，体育教师认为工作量大的主要原因，更多体现在教育教学业务范围之外的内容（图22）。

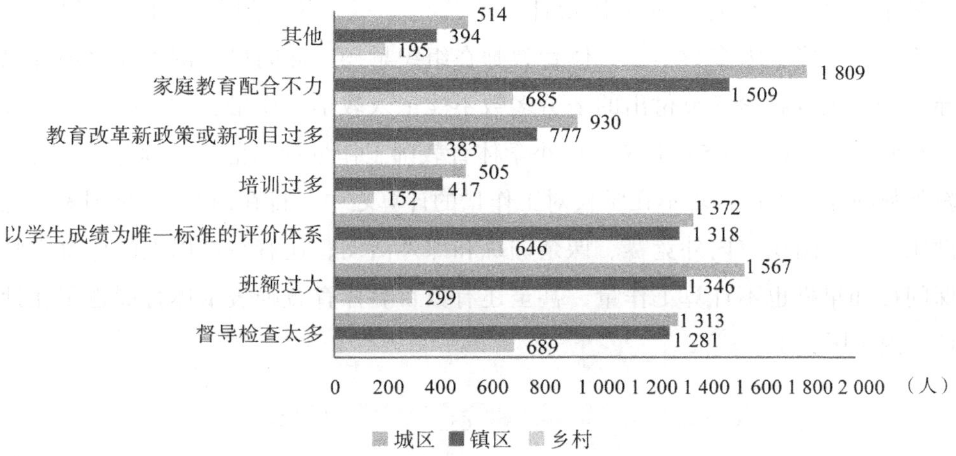

图22　体育教师工作量大的主要原因

（三）体育教师的不平等待遇

体育教师是一种特殊的职业，既具有一般教师的共性，又有其自身的工作特点（室外活动多、体力活动多），本应受到特殊的照顾。但现实中存在着不尊重体育教师辛勤劳动、不能给予平等待遇、处于边缘弱势地位，甚至受到一定程度的歧视等现象。在面向某直辖市的全员中小学体育教师调查中发现，对体育教师工作量的认定、运动服装费发放、室外补助、工资有折扣系数等老问题依然存在。对于体育教师来说，有着诸多无奈和心酸：领导说体育重要才重要，领导同意组建运动队，体育教师才有资格去无偿建队训练，领导不同意开展班级联赛，比赛就不能举行，体育教研组建设和体育教师专业发展不太可能纳入领导考虑范围，体育课可以随时被占被挪用……体育作为学校教育教学的一个重要组成部分，作为教师队伍中的一分子，自然期待得到教师的“同等待遇”，以获得职业的尊严，以证明自身的价值，以更好地为体育教育事业做出贡献。学校领导要切实将体育教师的“同等待遇”落实到实际规划中，各区教育行政部门要切实督查体育教师“同等待遇”落实问题，给体育教师提供一个公平、健康、阳光的工作生态。

1. 体育教师数项业务工作均不在工作量计算之中

多年以来，对体育教师工作量计算不公正、不合理的问题一直没有很好地解决。不公正是指在大多数学校，体育教师在组织早操、课间操、课外体育锻炼以及辅导课余训练等教学环节付出的辛劳多数不能记入教学工作量，付出的辛劳不被承认。在面向某直辖市9 538名全员中小学体育教师工作量计算范畴的调研中发现，体育教师数项业务工作，均不在学校对工作量的计算之中，排在前4位的是国家学生体质健康测试、组织校内外竞赛、课余训练和课外活动；还有一成以上的体育教师表示课间操和早操也不计算工作量，甚至还有数百名体育教师表示体育课也不在计算范畴之内（图23）。

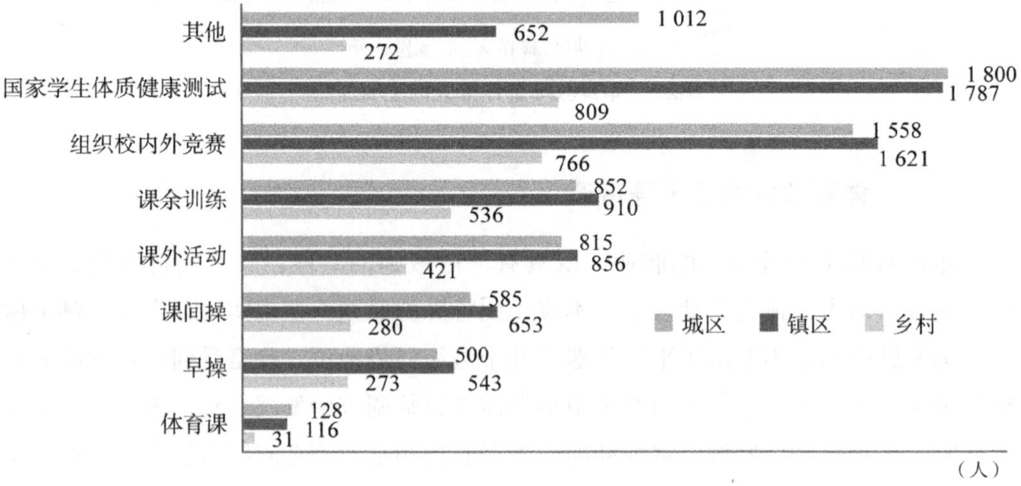

图23 体育教师工作不计算工作量的情况

同时，不合理是指在计算教学工作量时体育课系数只能等于或小于1。据广西玉林的一项调查显示，体育课工作量系数大于1的学校为12.76%，系数定为1的学校为18.02%，定为0.9~0.99的学校为6.23%，定为0.8~0.89的学校为19.20%，定为0.7~0.79的学校为18.31%，定为0.6~0.69的学校为17.55%，另有由于其他原因低于0.6的学校占7.93%。可以看出，有25.48%的学校将体育学科的系数定在0.7以下。多数体育教师反映他们学校体育学科工作量系数为1，语文、数学、英语学科为1.5，政治、历史、地理、物理、化学、生物为1.2。也就是体育教师上15节课才抵上语文、数学、英语教师上10节课的工作量。

2. 工资待遇存在绩效工资系数低于其他学科、评优评先处于弱势地位等

调查发现，38.5%的体育教师认为自己的工资待遇是“同工同酬”的，17.1%的体育教师认为自己的“绩效工资系数与其他学科相同”。但还有45.1%的体育教师认为体育教师的工资待遇受到不平等对待，具体表现在2 560名体育教师认为“绩效工资系数低于其他学科”，有2 695名体育教师认为“评优评先处于弱势地位”，还有1 880名体育教师认为“同工不同酬”（图24）。

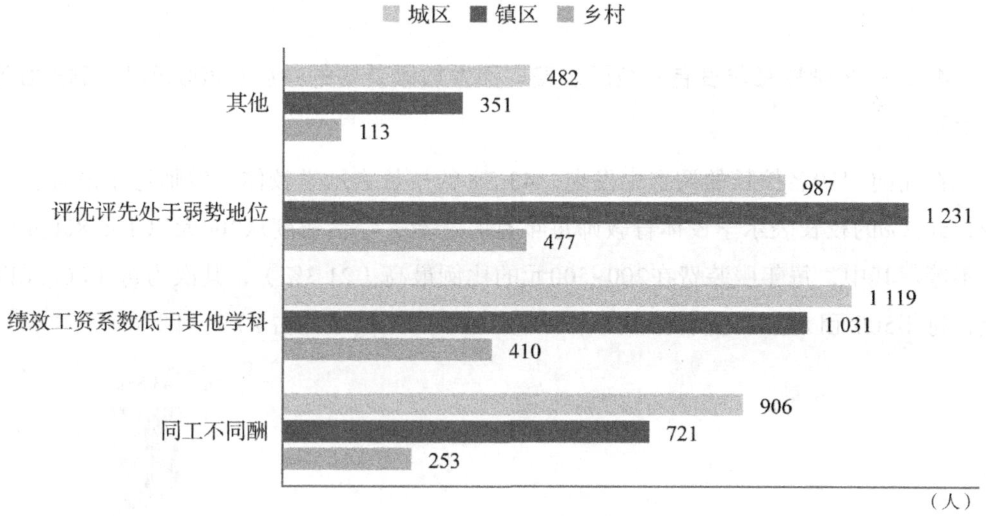

图24　体育教师的工资待遇情况

3. 一半体育教师表示学校没有发放室外补贴，而发放室外补贴的一般每月5~1 000元

就“学校是否每年给体育教师发放室外补贴”的调查发现，仅有2 292名（24.0%）体育教师表示学校每年有室外补贴的发放，但有一半的体育教师（48.4%）明确表示学校每年没有给体育教师发放室外补贴，还有2 046名体育教师表示不清楚（图25）。

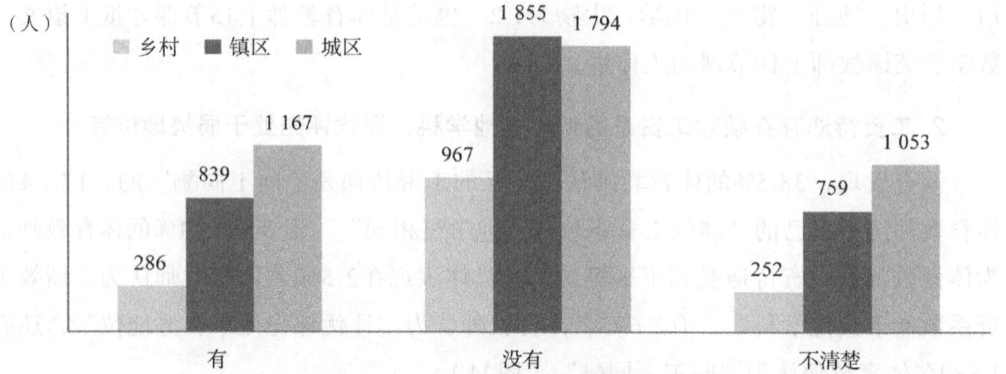

图25　学校每年给体育教师发放室外补贴情况

4. 近一半学校每年没有发放服装费，而发放服装费的额度从200元以下到800元以上不等

在面向1479名校长的调查中发现，43.8%的校长表示学校体育教师每年没有服装费，56.2%的校长表示学校体育教师每年有服装费，经费额度从200元以下到800元以上不等。其中，每年服装费在200~500元的比例最高（21.3%），其次为每年800元以上，每年500元以上的比例占30.2%，200元以下的比例最低占4.7%（图26）。

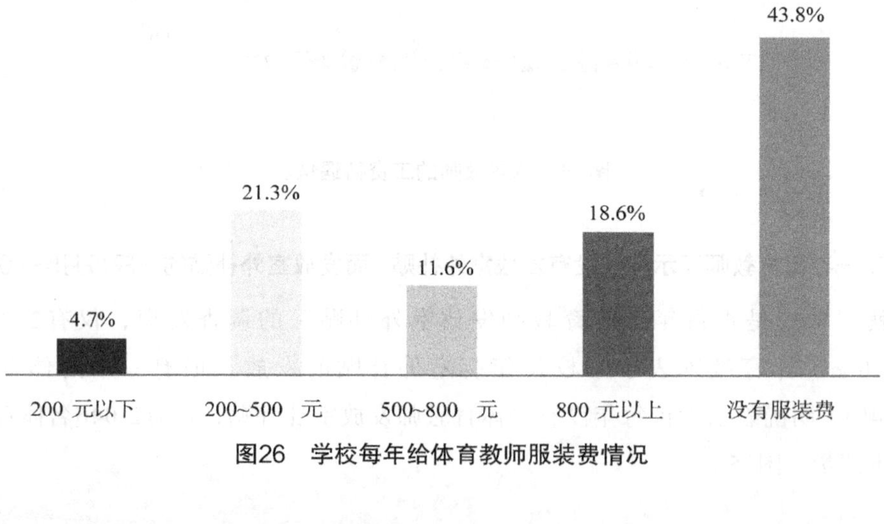

图26　学校每年给体育教师服装费情况

（四）体育教师的工作压力

工作压力是指因工作负担过重、工作责任过大或改变等对人产生的压力。工作压力对体育教师来说既是一种强大的推动力，也是一个影响工作绩效和健康的消极因素。体育教师和多数其他学科教师一样，除了面对着更多内在的角色冲突、激烈的竞争和紧张的工作环境外，面临着职称晋升、工资收入、生活和工作环境、科研任务等各个方面的压力，还承受着更多的外在期望的压力。

在面向某直辖市9 538名中小学体育教师的调查中发现，体育教师认为的工作压力主要来源于多个层面，安全层面的压力排在首位，有51.6%的体育教师将安全层面作为工作压力的主要来源；其次为学校层面、社会层面和家长层面，体育教师的自我要求和学生层面居中；还有12.6%的体育教师表示有考试层面的压力，这与体育是中考项目之一有直接关系（图27）。可见，鉴于学校领导、学生家长对安全的过度重视，以及处理安全事件的非人性化方式，给体育教师带来了很大的压力，一定程度上束缚了体育教师的手脚。

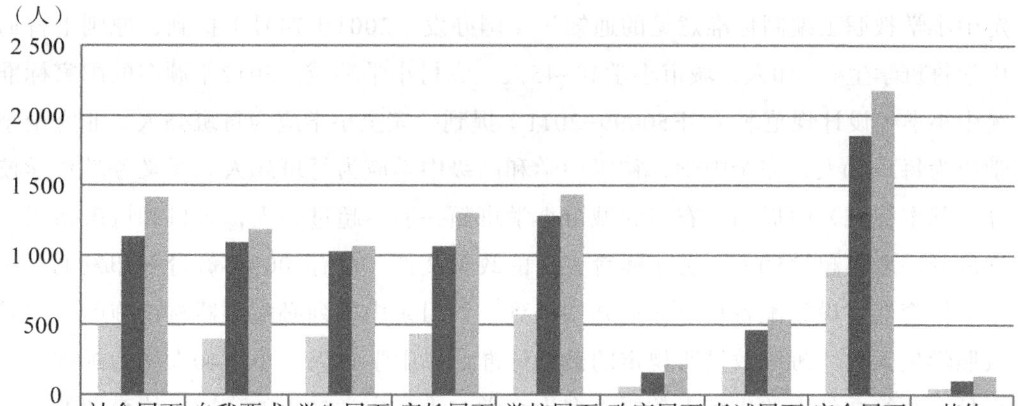

	社会层面	自我要求	学生层面	家长层面	学校层面	政府层面	考试层面	安全层面	其他
乡村	495	400	413	436	574	59	203	883	44
镇区	1 135	1 092	1 028	1 065	1 282	159	463	1 855	101
城区	1 415	1 186	1 066	1 302	1 435	220	540	2 180	134

图27　体育教师工作压力的主要来源

（五）体育课的大班额

班级是学生接受学校教育的基本组织形式，一个班级学生人数的多少会直接影响每一个学生能够获得的教育资源的多寡。2012年《国务院关于深入推进义务教育均衡发展的意见》（国发〔2012〕48号）中提到，学校班额要符合国家规定标准，消除“大班额”现象；2016年国务院印发的《关于统筹推进县域内城乡义务教育一体化改革发展的若干意见》（国发〔2016〕40号）提出，到2018年基本消除超大班额、到2020年基本消除大班额。可见，从国家层面落实来看，离消除大班额教学的目标还有一段距离，从体育课的实际情况来看这段距离还很长。无疑，体育课的大班额，势必影响体育教学的质量，影响体育教师的教学，影响体育教师的专业诉求。

1. 从国家政策文件视角考察中小学班额标准

在2002年教育部颁布《城市普通中小学校校舍建设标准》的通知（建标〔2002〕162号）中，对城市学校规模和班额人数做了具体要求，小学阶段每班45人、中学阶段每班50人。2002年《国务院办公厅转发中央编办、教育部、财政部关于制定中小学教职工编制标准意见的通知》（国办发〔2001〕74号）提到，原则上普通中学每班学生45~50人，城市小学40~45人，农村小学酌减。2012年颁布的国家标准《中小学校设计规范》（GB50099-2011）提到，完全小学应为每班45人，非完全小学应为每班30人，完全中学、初级中学和高级中学应为每班50人。《义务教育学校办学基本标准》中提到，农村和城市小学班额一般不超过45人，农村和城市初级中学班额一般不超过50人。关于体育方面的政策文件，仅有2002年教育部印发的《中小学体育器材设施配备目录》通知中提到，该目录中所列必配类器材设施的数量是按照学生人数、班级数量所规定的最低标准，以中学48人、小学40人作为标准班。可见，政策文件中的班额人数要求多为小学45人、中学50人的班额，体育课的标准班则为小学40人、中学48人，略低于自然班。关于大班额的描述，仅有2016年国务院印发的《关于统筹推进县域内城乡义务教育一体化改革发展的若干意见》提出，到2018年基本消除66人以上超大班额，到2020年基本消除56人以上大班额。也就是大班额的界定是56人以上，66人以上的班级人数则为超大班额。

但根据国家哲学社会科学项目“义务教育阶段班级规模的效益研究”课题组的

研究结果来看，并没有对班级规模给出研究所得的一些量化结论。道理很简单，因为中国义务教育发展的区域性非常明显，课题组最多给出一个区域内相对的标准，而不可能给出一个全国统一的“一刀切”式的标准，也就是具体标准由各省（区、市）和学校根据实际情况确定。

2. 从我国中小学校的班额情况看体育课大班额

体育课一般为正常的教学班上课，极少数有条件的学校会采用分班教学，班额相对偏小一些；绝大多数学校还是以自然班为单位上体育课，或是两个班男女合班上体育课，班额相对会更大一些。如果以《中国教育统计年鉴2015》中班额数统计为依据来看，小学班额为38人，初中班额为48人，高中班额为57人；小学班额为36~45人的班级数最多，初高中班额均为46~55人的班级数最多；小学小班额班级较多，初中中等班额班级较多，高中大班额班级较多（表41）。可见，仅从班额来看，60人以上班级的体育教学就占有一定比例，初高中比例则更高。

表41 2015年我国中小学校的班额情况

班额	小学班额百分比（%）	初中班额百分比（%）	高中班额百分比（%）
25人及以下	604 792（23.5）	27 309（3.0）	6 840（1.5）
26~35人	437 430（17.0）	95 514（10.6）	19 269（4.3）
36~45人	722 146（28.1）	251 029（27.8）	70 901（15.9）
46~55人	495 585（19.3）	350 195（38.8）	182 505（40.9）
56~65人	198 782（7.7）	117 403（13.0）	111 320（25.0）
66人以上	111 112（4.3）	62 114（6.9）	54 889（12.3）

从北京教育学院过去几年承担的教育部示范性“国培计划”参训体育教师调查来看，来自全国七百余名中小学体育教师，他们所教学生平均每班50人，且50人以上的占55.8%，最多的班级人数为90~110人。体育课如此高比例、高人数的大班额现状，与全国体育教师缺失、生师比高、班额大的实际现状直接关联。

（六）体育考试的镣铐

体育考试是升学考试，关系到学校、考生和家长的切身利益，关系到教育公平和社会稳定。在我国现有体制中，仅有体育中考纳入了国家和各地教育部门的工作范畴之中。体育中考给学校体育工作带来了很多正价值，如体育考试使体育在学校教育中的地位得到提高、体育课正常进行有了保证、初中生身体素质有了较大提高、促进了学生参加锻炼的积极性、给校园体育带来了生机、成为撬动体育教学改革的杠杆等，在一定程度上提升了家长、学生、校方乃至全社会对学校体育的重视程度。但不可回避，体育中考也带来了诸多的负价值，如考什么、教什么、练什么的常态化，体育课简单粗暴的中考化倾向，体育教学以考试为龙头的现象、体育教师“戴着考试镣铐”教学等，从而影响体育教学和体育教师发展质量。

1. 初中生痛恨体育考试

毋庸置疑，体育中考对于学生的素质提高、体质增强和坚持挑战精神有着很大的作用，但在多数初中生眼里，初三那一年的体育课和体育中考，还有讨厌和痛恨，如诸多初三学生所认为的：体育课就是围绕体育中考跑跑跑、练练练；初三最痛恨的是体育，一周5天，每天跑5圈，每周3节体育，每节课跑17圈，着实让人崩溃、讨厌；每次一想到体育课，脸色都是苍白的、喉咙都是反着恶心的；特别不愿意自己的中考分数被体育拖下去，所以一直很努力，以不计代价的方式练体育，到最后对身体造成了不可挽回的伤害；总之，好烦体育，也不喜欢国家用这种方式来测体育，达不到标准的话就要影响中考成绩；重点班的学生必须满分，因为这是重点班的义务；真想弄个残疾证去，这样就可以免考了；考完试后就把买来练习的实心球找出来扔掉，发誓再也不“玩”实心球了……从这些初三学生反馈的心声来看，获得好的成绩成为多数学生主要、唯一的动力，体育中考带来的痛和恨长久留在了他们的身心、体验和感受中，或许会延续到今后的学习，或许会伴随一生的记忆。

2. 学校将体育中考沦为另一种应试

对于一些学校来说，体育成为中考必考项目之后，不仅成为体育教学的风向标与指挥棒，并使体育中考逐步陷入应试教育的泥潭。到了初三考试前，有的学校专门腾出放学后的一节课加练体育中考项目，有的学校中午、放学后和节假日为身体素质差的学生开小班，有的学校要求初三学生提早半小时到校集体跑圈，以这种临时抱佛脚的办法让学生加练，以快速提升体育成绩。一旦体育中考结束后，体育课压缩给其他学科，有的干脆停止体育课和一切课外体育活动。还有的学校领导，要求体育教师必须将学生的平时成绩都一律计为满分，学生的中考成绩成为体育教师绩效考核的首位指标，甚至有的学校对初三年级体育中考29.2的平均分（满分30分）还不满意，还给体育教师差评或脸色。还有的学校在初中二年级开始就将体育中考成绩纳入学生备战中考的月考之中，这种以分定绩效、以分考量教师的应试趋势，进一步逼迫体育教师沦陷于“考试宝典”之类的应对策略之中。

3. 家长急功近利突击体育中考成绩

当中考体育成为中考必考项目后，引发了一系列“突击锻炼”现象，不少家长开始重视、关注并期待孩子的体育成绩，有的家长主动陪同孩子锻炼，有的家长配合学校教师督促孩子锻炼，有的家长开始主动咨询体育教师关于孩子的体育成绩，有的家长为孩子购置运动服装等。但更多的家长开始担忧孩子中考时被体育成绩“拖后腿”，或是在寒假或考前为孩子进行集中“补课”，或是为孩子报了“中考体育培训班”，希望通过临近考试前的突击式锻炼，将孩子的体育成绩提升一个档次。家长这种突击锻炼的行为背后，更多只是急功近利，希望提高孩子的体育中考成绩，并没有思考体育成绩的提升是否需要通过科学锻炼，没有意识通过体育中考让孩子养成运动的习惯，没有感知运动是孩子自然成长的生命所需。

4. 体育教师戴着镣铐教学

对于多数初中体育教师来说，初中体育课的目标就是体育中考，就是学生最后的体育中考成绩，因为学校、学生和家长都以最后的体育中考成绩评价教师能力和教学质量。“体育课就是围绕体育中考”已成为共识，也是体育教师教育学生的方向。自然地，中考考什么，初中体育课就教什么、练什么，体育中考内容成了体育课堂教学内容，体育课堂教学变成了体育中考项目训练课的一种较为普遍的现象，体育课就是围绕体育中考项目、提高体育中考成绩不断强化练习。体育教师不得已为了学生的分数和“升学”而进行教学，不愿意、也不可能再多花精力去教学考试之外的其他内容。没有游戏、没有技战术、没有比赛的体育课是常态，只有练习与测验的体育课是常态，仅停留在教授中考需要的技战术的体育课是常态。对于学生的体育运动兴趣与爱好、健康知识与行为、体育品德与素养，包括初中阶段的过程性考核项目、学生体质健康标准测试等，都成为体育教师教学的负担或教学的理想而已。

（七）体育器材的配备不良

“工欲善其事，必先利其器”，体育器材是保障中小学校体育工作的正常开展、保障体育教师正常开展学校体育工作的基础条件，是保障体育教学、课外体育活动和课余训练活动正常进行必不可少的物质条件。2008年教育部、卫生部和财政部联合颁发了《国家学校体育卫生条件试行基本标准》，制定了中小学校体育器材配备基本标准，明确了开展学校体育工作所必不可少的条件。这是国家对开展学校体育工作的最基本要求，是中小学校办学应达到的最基本标准。但就学校体育器材配备的实际情况来看，体育器材配备的数量、质量等方面均存在着不少问题，一定程度上制约了体育教师的工作开展。

在面向某直辖市9 538名中小学体育教师的调查中发现，学校体育器材配备在满足体育课教学需求方面，存在着数量、质量、种类、补配等多种问题，其中4 502名（47.2%）体育教师认为学校体育新兴器材跟不上，33.6%的体育教师认为学校体育器材配备的质量较差，还有50.9%的体育教师认为学校体育器材配备存在数量少、种类单一的问题（图28）。

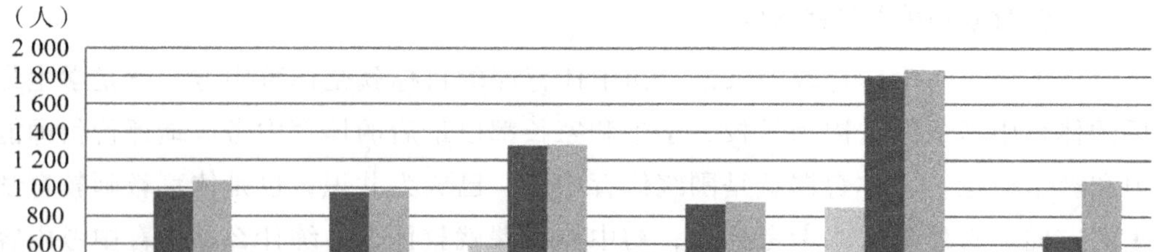

	数量少	种类单一	质量较差	补配不及时	新兴器材跟不上	其他
乡村	455	425	594	459	865	237
镇区	974	968	1 303	887	1 790	658
城区	1 050	981	1 306	903	1 847	1 052

图28　学校体育器材配备存在的问题

第三章

体育教师本然核心素养

核心素养作为被引入的教育领域概念，不仅是从经济社会发展角度提出的人才能力要求，也是人才规格必须具备的人格和关键能力的具体化要求。核心素养作为引领体育教师发展的重要元素，不仅是对国务院中央文件的有力落实，也是对学校体育发展和体育教师培育相关标准的有力跟进。体育教师核心素养元素构建，要有政策意识，要有标准意识，要有现实意识，也就是要有政策的“面”、标准的“纲”和现实的“情”，以勾勒出体育教师的核心素养像。因为当体育教师站在政策的视角，对学校体育的全局了解站位就会更高；当体育教师站在标准的视角，对学校体育的明确要求就会更清晰；当体育教师站在现实的视角，对学校体育的基础理解就会更融通。

本然即“本当如此”，也就是“本来的样子”，指客观存在的自然世界，不为任何事物所左右的世界，强调的是世界的自在性、客观性和必然性。在本然世界里，我们看到的是事物本来的面貌及其本来所具有的物理特性；在体育教师本然核心素养里，我们看到的是体育教师本来的面貌及其本来所具有的特性。这些特性是不以人们意志为转移的一种客观发展规律，这些核心素养的建构，基于对学生发展的目标而提出，指向学校教育中每一名体育教师发展自我、融入社会及胜任工作所必需的一系列知识、技能和态度的集合，也指向体育教师要达到每一个政策、标准及现实所必需的一系列知识、技能和态度的集合。

一、体育教师核心素养建构的政策要求

近十年来，国家对体育的重视达到了前所未有的高度。习近平总书记自党的十八大以来多次对加强学校体育工作和青少年健康成长做出重要论述，相关文件由中共中央、国务院办公厅陆续颁发，“校园足球”“全民健身计划”“健康中国2030”“北京冬奥会”等规划纲要也陆续出台，学校体育摆在了学校教育更加突出的位置，体育与语文、数学、外语一起成为4个必考科目，学校体育需要进一步突出在促进学生身心健康、体魄强健、培养学生健康生活核心素养、完善人格等方面的独特作用，进一步发挥体育在培育和践行社会主义核心价值观、推进素质教育中的综合作用。学校体育作为国家体育事业发展的战略重点，体育教师作为学校体育改革发展的主力军，不是旁观者和局外人，有守土之责，有应尽之义。可以说，这些国字号政策文件对体育教师提出了核心工作和任务，体育教师就有了核心责任和要求，为建构体育教师核心素养提供了理论指导和政策基础。

（一）落实“中央7号文件”的素养要求

2007年5月7日，由中共中央、国务院共同下发的《关于加强青少年体育增强青少年体质的意见》（简称“中央7号文件”），成为新中国成立以来最高规格和最高级别的关于青少年体育工作的政策性文件，充分体现了党中央国务院对青少年健康体质的高度重视。中央7号文件从标准的顶层执行、课的质量保证、活动的组织安排等方面，从体育活动和竞赛的视角，从评价和考试的视角，给体育教师提出了责任、让学生锻炼和开展活动竞赛等专业素养要求（表42）。

表42 中央7号文件对体育教师的素养要求

素养要求	具体要求
责任素养	1.全面贯彻党的教育方针，高度重视青少年体育工作，使广大青少年在增长知识、培养品德的同时，锻炼和发展身体的各项素质和能力，成长为中国特色社会主义事业的合格建设者和接班人 2.明确“533”的目标，即通过5年左右的时间，使我国青少年普遍达到《国家学生体质健康标准》的基本要求，耐力、力量、速度等3项体能素质明显提高，营养不良、肥胖和近视三种不健康状况的发生率明显下降等

续表

素养要求	具体要求
增强学生体质素养	1.全面实施《国家学生体质健康标准》，把健康素质作为评价学生全面健康发展的重要指标 2.组织实施初中毕业升学体育考试 3.推行在高中阶段学校毕业学业考试中增加体育考试 4.做好《国家学生体质健康标准》测试报告、公告和新生入学体质健康测试 5.广泛开展“全国亿万学生阳光体育运动”等
让学生每天锻炼1小时的素养	1.认真执行国家课程标准，保质保量上好体育课 2.没有体育课的当天，在下午课后组织学生进行1小时集体体育锻炼并将其列入教学计划 3.全面实行大课间体育活动制度，每天上午统一安排25~30分钟的大课间体育活动，认真组织学生做好广播体操、开展集体体育活动 4.寄宿制学校要坚持每天出早操等
开展体育活动和竞赛的素养	1.举办多层次、多形式的学生体育运动会，召开春秋季运动会 2.因地制宜地经常开展以班级为单位的学生体育活动和竞赛，做到人人有体育项目、班班有体育活动、校校有体育特色 3.创建或办好体育传统项目学校 4.注重发展学生的体育运动兴趣和特长，使每个学生都能掌握两项以上体育运动技能等

（二）落实“53号文件”的素养要求

2012年10月22日，国务院办公厅转发了教育部、发改委、财政部、体育总局四部委共同印发的“国办发〔2012〕53号”——《关于进一步加强学校体育工作的若干意见》（简称“53号文件”）。这是党中央、国务院继续贯彻落实中央7 号文件、深入贯彻落实教育规划纲要、落实有关领导批示、推动学校体育科学发展和促进学生健康成长而出台的又一项重要纲领性文件，表明了党中央、国务院对加强学校体育的重视和决心。53号文件重申了加强学校体育增强青少年体质刻不容缓、把体育纳入考试、强调体育课和课外体育活动是学校体育主渠道作用等问题，可以说是中央7号文件的延续和细化，是对突出问题的重申和延伸，也是对体育教师提出了担当、教育教学、指导学生课外锻炼、体质测试与评价、创新等专业素养要求（表43）。

表43　53号文件对体育教师的素养要求

素养要求	具体要求
担当素养	1.加强学校体育，增强学生体质，对于提高学生综合素质、实现教育现代化、建设人力资源强国、培养德智体美全面发展的社会主义建设者和接班人，具有重要战略意义 2.充分认识加强学校体育的重要性和紧迫性，把提高学生体质健康水平作为落实教育规划纲要和办好人民满意教育的重要任务，摆在更加突出的位置，纳入重要议事日程，切实抓紧抓好 3.加强学校体育要以科学发展观为指导，全面贯彻党的教育方针，全面实施素质教育，把增强学生体质作为学校教育的基本目标之一，确保学生体育课程和课余活动时间，切实提高学校体育质量，促进体育与德育、智育、美育有机融合，不断提高学生体质健康水平和综合素质等
教育教学素养	1.因地制宜地制订并落实体育与健康课程的实施方案 2.在地方课程和校本课程中科学安排体育课时 3.制订和实施体育课程、大课间（课间操）和课外体育活动一体化的阳光体育运动方案等
指导学生课外锻炼素养	1.切实保证中小学生每天1小时校园体育活动，严禁挤占体育课和学生校园体育活动时间 2.建立健全学生体育竞赛体制，合理开展课余体育训练和竞赛活动 3.创建青少年体育俱乐部，组织开展丰富多彩的学生群众性体育活动 4.让每个学生学会至少两项终身受益的体育锻炼项目，养成良好体育锻炼习惯和健康生活方式等
体质测试与评价素养	1.对所有学生进行体质健康测试，并将测试结果上报纳入《国家学生体质健康标准》数据管理系统 2.按学生年级、班级、性别等不同类别在学校内公布学生体质健康测试总体结果，并将有关情况向学生家长通报 3.把学生体质健康水平作为学生综合素质评价的重要指标，将学生日常参加体育活动情况、体育运动能力及体质健康状况等作为重要评价内容 4.因地制宜组织实施好初中毕业升学体育考试 5.积极探索在高中学业水平考试中增加体育科目的做法，推进高考综合评价体系建设，有效发挥其对增强学生体质的引导作用等

续表

素养要求	具体要求
创新素养	创新体育活动内容、方式和载体，增强体育活动的趣味性和吸引力，着力培养学生的体育爱好、运动兴趣和技能特长，大力培养学生的意志品质、合作精神和交往能力，使学生掌握科学锻炼的基础知识、基本技能和有效方法等

（三）落实“27号文件”的素养要求

党的十八届三中全会《中共中央关于全面深化改革若干重大问题的决定》明确提出“强化体育课和课外锻炼，促进青少年身心健康、体魄强健”，为落实这23个字的精神，落实国务院赋予学校体育的“23字方针”，2016年4月21日，国务院办公厅印发了“国办发〔2016〕27号”——《关于强化学校体育促进学生身心健康全面发展的意见》（简称“27号文件”），再一次强调了学校体育依然存在的突出问题，也再一次对学校体育关键环节的工作做了明确指示。同时，27号文件提出大力推动足球、篮球、冰雪等运动项目，提出学生运动技能等级将纳入初高中考试，提出“让学生熟练掌握一至两项运动技能”，对体育教师提出了格局、课程、教学以及让学生参与锻炼、训练、组织竞赛和评价等全面专业素养要求（表44）。

表44　27号文件对体育教师的素养要求

素养要求	具体要求
格局素养	1.以“天天锻炼、健康成长、终身受益”为目标，改革创新体制机制，全面提升体育教育质量，健全学生人格品质，切实发挥体育在培育和践行社会主义核心价值观、推进素质教育中的综合作用，培养德智体美全面发展的社会主义建设者和接班人 2.坚持课堂教学与课外活动相衔接，坚持培养兴趣与提高技能相促进，坚持群体活动与运动竞赛相协调，坚持全面推进与分类指导相结合 3.到2020年，体育课时和锻炼时间切实保证，教学、训练与竞赛体系基本完备，体育教学质量明显提高；学生体育锻炼习惯基本养成，运动技能和体质健康水平明显提升，规则意识、合作精神和意志品质显著增强；政府主导、部门协作、社会参与的学校体育推进机制进一步完善等

续表

素养要求	具体要求
课程素养	1.开足开好体育课程 2.开展运动项目教学 3.推动足球、篮球、排球等集体项目，推进田径、游泳、体操等基础项目及冰雪运动等特色项目，开展乒乓球、羽毛球、武术等优势项目 4.进一步挖掘整理民族民间体育，充实和丰富体育课程内容
教学素养	1.加强健康知识教育 2.注重运动技能学习 3.科学安排运动负荷 4.研究制订运动项目教学指南，让学生熟练掌握一至两项运动技能，逐步形成“一校一品”“一校多品”教学模式 5.关注学生体育能力和体质水平差异 6.利用现代信息技术手段，开发和创新体育教学资源等
让学生参与锻炼素养	1.切实保证学生每天1小时校园体育活动落到实处 2.开展大课间体育活动 3.寄宿制学校要坚持每天出早操 4.合理安排家庭“体育作业” 5.开展学生冬季长跑等群体性活动 6.对学生进行安全教育，培养学生安全意识和自我保护能力，提高学生的伤害应急处置和救护能力等
训练素养	1.组建运动队、代表队、俱乐部和兴趣小组等形式，积极开展课余体育训练，为有体育特长的学生提供成才路径，为国家培养体育后备人才奠基础 2.根据学生年龄特点和运动训练规律，科学安排训练计划，妥善处理好文化课学习和训练的关系，全面提高学生身体素质，打好专项运动能力基础，不断提高课余运动训练水平 3.办好体育传统项目学校，充分发挥其引领示范作用等
组织竞赛素养	1.建设常态化的校园体育竞赛机制，广泛开展班级、年级体育比赛 2.举办综合性运动会或体育节，通过丰富多彩的校园体育竞赛，吸引广大学生积极参加体育锻炼 3.开展学校体育课余训练与竞赛，积极组织开展区域内竞赛活动 4.推动开展跨区域学校体育竞赛活动等

续表

素养要求	具体要求
评价素养	1.构建课内外相结合、各学段相衔接的学校体育考核评价体系 2.体育课程考核要突出过程管理，从学生出勤、课堂表现、健康知识、运动技能、体质健康、课外锻炼、参与活动情况等方面进行全面评价 3.把学生参加体育活动情况、学生体质健康状况和运动技能等级纳入初中、高中学业水平考试，纳入学生综合素质评价体系等

（四）落实《中国足球中长期发展规划（2016—2050年）》的素养要求

2016年4月6日，国家发展改革委、国务院足球改革发展部际联席会议办公室（中国足球协会）、体育总局、教育部四部委联合颁发了《关于印发中国足球中长期发展规划（2016—2050年）》的通知（发改社会〔2016〕780号），被认为是“史上最高规格”“首次多部委联合”“首次时间段明确的长远发展规划”。校园足球作为中国足球发展“从娃娃抓起”“从基层抓起”“从基础抓起”的基点，作为学校体育改革的突破口，作为带动学校体育综合改革的试验田，承载着体育教育掌握运动技能、提高健康水平、促进学生智力发育和体育精神功能的突破任务，承载着让学生学会一两项伴随终生的运动技能的试验任务。体育教师作为校园足球实施的主力军，作为实施推广校园足球的最基本一环，承担着促参与、办活动、育文化、增活力、强基层的职责与使命。结合《关于印发中国足球中长期发展规划（2016—2050年）》，聚焦校园足球和体育教师相关核心要点，对体育教师提出了目标、教学训练、举办赛事活动和培养校园足球文化等专业素养要求（表45）。

表45　《关于印发中国足球中长期发展规划（2016—2050年）》对体育教师的素养要求

素养要求	具体要求
目标素养	1.近期：加快发展校园足球，全国特色足球学校达到2万所，中小学生经常参加足球运动人数超过3 000万人 2.中期：校园足球体系有效运行，动力更足，活力更强 3.远期：中国足球实现全面发展，共圆中华儿女的足球梦想等

续表

素养要求	具体要求
教学训练素养	1.把足球列入体育课教学内容 开展并形成内容丰富、形式多样、因材施教的校园足球教学体系 2.制定和实施校园足球教学训练指南 3.激励学生长期积极参加足球学习和训练，组织学生课余、校外参加足球活动等
举办赛事活动素养	1.组织开展以强身健体和快乐参与为导向的校园足球比赛 2.以增强学生体质和意志品质、普及足球知识和技能、培养足球兴趣爱好为目的，举办多种形式的校园足球活动 3.举办校园足球班级、年级赛事，科学、合理、适度组织竞赛活动等
培育校园足球文化素养	1. 发展足球社团，培养足球兴趣，开展足球竞赛活动，不断培育足球爱好者和足球人才，增强学生、家长对足球的认同感 2.传承中华民族的传统文化，树立健康、快乐、进取的足球理念，充分发挥足球在强身健体、立德树人方面的积极作用，让参与足球成为学生健康生活的重要方式 3.培养学生健全人格，使他们具有团队合作精神、尊重对手、尊重规则、弘扬拼搏进取的精神 4.培育文明参赛、文明观赛的良好氛围，使校园足球运动成为传播正能量的重要载体等

（五）落实《全民健身计划（2016—2020年）》的素养要求

2016年6月15日，国务院印发了《全民健身计划（2016—2020年）》，以提高全民族的身体素质和健康水平，使全民健身成为健康中国建设的有力支撑和全面建成小康社会的国家名片。推行全民健身计划，加强国民体魄建设，需取得广泛的社会共识，取得全社会的理解支持，让全民参与，让全民转化为坚持参加体育锻炼的自觉行动，让全民形成健康的生活方式。同时也需要体育教师的理解和介入，需要体育教师的尽责和投入，需要体育教师的教育和探索，更需要体育教师专业素养的提升和开拓，因为学校体育的好坏直接关系《全民健身计划（2016—2020年）》实施得优劣，直接影响中华民族素质的奠基。聚焦全民健身、学校体育和体育教师职责的连接点，《全民健身计划（2016—2020年）》对体育教师提出了健身文化、普及青少年体育活动和开展校园特色项目等专业素养要求（表46）。

表46　《全民健身计划（2016—2020年）》对体育教师的素养要求

素养要求	具体要求
健身文化素养	1.普及健身知识，宣传健身效果，弘扬健康新理念，把身心健康作为个人全面发展和适应社会的重要能力，树立以参与体育健身、拥有强健体魄为荣的个人发展理念，营造良好舆论氛围，通过体育健身提高个人的团队协作能力 2.发挥体育健身对形成健康文明生活方式的作用，树立人人爱锻炼、会锻炼、勤锻炼、重规则、讲诚信、争贡献、乐分享的良好风尚 3.以举办体育赛事活动为抓手，宣传运动项目文化，弘扬奥林匹克精神和中华体育精神，挖掘传承传统体育文化，发挥区域特色文化遗产的作用 4.到2020年，体育健身意识普遍增强，参加体育锻炼的人数明显增加，每周参加1次及以上体育锻炼的人数达到7亿，经常参加体育锻炼的人数达到4.35亿，群众身体素质稳步增强等
普及青少年体育活动素养	1.加强学校体育教育，将提高青少年的体育素养和养成健康行为方式作为学校教育的重要内容，保证学生在校的体育场地和锻炼时间，把学生体质健康水平纳入工作考核体系，加强学校体育工作绩效评估和行政问责 2.实施青少年体育活动促进计划，积极发挥“青少年阳光体育大会”等青少年体育品牌活动的示范引领作用，使青少年提升身体素质、掌握运动技能、培养锻炼兴趣、形成终身体育健身的良好习惯等
开展校园特色项目素养	1.广泛开展校园足球活动，抓紧完善常态化，开展校园足球联赛和竞赛 2.推进冰雪运动进学校，打造冰雪运动特色校等

（六）落实《冰雪运动发展规划（2016—2025年）》的素养要求

2016年8月29日，国家体育总局、国家发展改革委、教育部和国家旅游局联合印发了《冰雪运动发展规划（2016—2025年）》（体经字〔2016〕645号），以助力2022年北京冬奥会的成功举办，以促进中国冰雪运动繁荣健康发展。要实现“三亿人参与冰雪运动”的宏伟目标，青少年学生是重点，校园冰雪运动是坚实基础和有力支撑。体育教师有责任、有义务推进冰雪运动进校园，引导青少年参与冰雪运动，广泛普及冰雪运动知识和技能，努力扩大青少年冰雪运动覆盖面。力争创建冰雪运动特色学校，这对体育教师的专业素养来说，又提出了新的挑战和要求（表47）。

表47 《冰雪运动发展规划（2016—2025年）》对体育教师的素养要求

素养要求	具体要求
冰雪运动普及	推行“百万青少年上冰雪”和“校园冰雪计划”，促进青少年冰雪运动的普及发展；普及冰雪体育文化、冰雪运动健康知识；冬奥会、观赛礼仪和冰雪运动知识进校园
冰雪运动技能	培养青少年冰雪运动技能
冰雪课程开设	推进冰雪运动进校园，有条件的北方地区中小学将冰雪运动项目列入冬季体育课教学内容，南方城区城市中小学积极与冰雪场馆或冰雪运动俱乐部合作开设冰雪体育课程
冰雪竞赛组织	积极组队参与青少年速度滑冰、冰壶、滑雪、花样滑冰比赛和冰球联赛

（七）落实《“健康中国2030”规划纲要》的素养要求

2016年10月25日，中共中央、国务院印发了《“健康中国2030”规划纲要》，这是推进健康中国建设的宏伟蓝图和行动纲领。体育在人的健康促进中具有多元功能和综合价值，体育纳入“健康中国”建设之中，不仅是理念上的飞跃和提升，也是实质性的助力和协同。学校体育作为学校教育和国家体育发展基础的重要组成部分，作为健康中国建设的重要内容和主要路径之一，在实现健康中国伟大构想和全面实施素质教育中，具有基础性和战略性的地位，担负着基石的作用。体育教师作为学校体育的主力军，与健康中国建设有着主体的、关联的、协同的职责与任务。结合《“健康中国2030”规划纲要》，聚焦学校体育与健康中国建设的关联点，《“健康中国2030”规划纲要》对体育教师提出了大健康观、健康教育课程教育、体育活动促进、健康和健康促进等专业素养要求（表48）。

表48　《“健康中国2030”规划纲要》对体育教师的素养要求

素养要求	具体要求
大健康观素养	1.全社会要增强责任感、使命感，全力推进健康中国建设，为实现中华民族伟大复兴和推动人类文明进步做出更大贡献 2.把学校体育纳入建设健康中国的大战略、大教育、大健康的格局中去定位、思考和改革等
健康教育课程教育素养	1. 体育与健康作为载体课程，承载了为中小学生提供健康教育内容以及培育学生健康素养的职责，承担起开展健康教育的责任和任务 2.把健康教育作为素质教育的重要内容，将健康教育的相关内容融入课程中等
体育活动促进素养	1.实施青少年体育活动促进计划，以对青少年学生身体素质提高进行干预，以培育青少年体育爱好 2.基本实现青少年熟练掌握1项以上体育运动技能 3.确保学生校内每天体育活动时间不少于1小时 4.青少年学生每周参与体育活动达到中等强度3次以上 5.《国家学生体质健康标准》测试达标优秀率25%以上等
健康素养	1.推行健康生活方式，引导形成自主自律、符合自身特点的健康生活方式，有效控制影响健康的生活行为因素 2.塑造自主自律的健康行为，引导合理膳食、开展控烟限酒、促进心理健康、减少不安全性行为和毒品危害 3.掌握基础的健康知识，传授给学生基本的生活技能，引导学生形成能够影响他们短期和长期健康的生活习惯，如健康食品的选择、经常运动、保持健康的体重、学习减轻压力的方法、防止事故和伤害、避免使用烟草等，并融合与学生健康成长相关的知识，渗透与学生健康成长相关的意识，指导与学生健康成长相关的方式等
健康促进素养	1.开设安全课程，保障学生的生长发育 2.加强健康学校建设 3.开展学校健康促进与健康教育的实践活动等

综上所述，从中央7号文件，到53号文件，再到27号文件，时隔9年连发三文，标题从“加强”，到“进一步加强”，再到“强化”，语气一次比一次强，要求一次比一次高，责任一次比一次具体，对学校体育的要求越来越明确，越来越清晰，对体育教师素养的要求越来越全面，越来越精准。2016年，从27号文件到《中国足

球中长期发展规划（2016—2025年）》，到《全民健身计划（2016—2020年）》，到《冰雪运动发展规划（2016—2025年）》，再到《“健康中国2030”规划纲要》，一年内密集出台多方面规划，学校体育作为国家各项战略的重要结合点和核心载体，需要重新认识和定位，更需要体育教师素养的重点拓展强化和全面升级。

二、体育教师核心素养建构的标准依据

一位好教师，是学生的幸运，是学校的光荣，是民族的希望；一个好体育教师，是学生健康的幸运，是家庭幸福的基石，是民族健康素质的希望。标准是衡量事物的基本准则，是规范性文件之一；标准既是重要指导，也是一种重要保障，具有基础性、先导性和全局性的作用。对于体育教师来说，对教学有着直接指导作用的是体育与健康课程标准，对专业发展有着直接指导作用的是专业发展标准，对如何成为好教师有着直接作用的是“四有”目标下的“四个引路人”。课程标准是国家对学生接受一定教育阶段之后的结果所做的具体描述，具有法定的性质，是体育教师教学生学习的直接依据，是体育教师教学的法或纲。专业标准是教师队伍建设的基本准则，是教师专业化的重要保障，对于体育教师队伍建设具有基础性、先导性和全局性的作用，是体育教师发展的法或纲。学科教师专业发展标准是规范或衡量教师专业发展活动的准则或尺度，是教师任职后应该达到的标准，是对体育教师教育教学活动科学有效的重要指导，反映了优质体育教师专业发展的特征，是体育教师专业发展的法或纲。可以说，近六年来这些国字号标准对体育教师提出了核心责任和要求，是建构体育教师核心素养的标准指导和发展依据。

（一）《义务教育体育与健康课程标准》提出的专业素养要求

2012年1月，教育部制订的《义务教育体育与健康课程标准（2011年版）》正式出版，这是贯彻落实《国家中长期教育改革和发展规划纲要（2010—2020年）》的重要举措，是国家层面具有纲领性和指导性的文件。

《义务教育体育与健康课程标准（2011年版）》遵照“健康第一”的指导思想，强调实践性特征，突出学生的学习主体地位，注重激发学生的运动兴趣，重视教学内容的基础性、选择性及教学方法的有效性和多样性，引导学生掌握体育与健

康基础知识、基本技能和方法，增强学生的体能，培养学生坚强的意志品质、合作精神和交往能力等，引领着国家体育课程改革的方向，引领着体育教师的教育教学实践。结合《义务教育体育与健康课程标准（2011年版）》的课程性质和基本理念、课程目标和课程内容、对体育教师合理设计并有效实施教学的建议，来看《义务教育体育与健康课程标准（2011年版）》对体育教师提出的专业素养，主要具体指向体育教师的教学素养（表49），以确保体育教师能充分认识自己的重要作用和责任，以更加积极的态度、饱满的热情、创造性的精神保证教学的有效实施，不断提高教学质量，促进学生健康、全面发展。

表49　《义务教育体育与健康课程标准（2011年版）》对体育教师提出的素养要求

<table>
<tr><th colspan="2">专业素养要求</th><th>专业要求</th></tr>
<tr><td rowspan="4">教学素养</td><td>教学方案制订</td><td>1.根据学习目标的要求来选择和设计教学内容
2.根据各个学习领域的领域目标和水平目标，以及体育与健康课程的基本理念选择教学内容
3.确定教学内容时数比例
4.教学内容的组合和搭配</td></tr>
<tr><td>教学组织</td><td>1.班级教学与分组教学
2.组织教学的灵活性</td></tr>
<tr><td>教学方法改革</td><td>1.加强对学生学法的指导
2.加强教法研究，提高教学质量</td></tr>
<tr><td>课程评价</td><td>1.学习评价
2.自我评价</td></tr>
<tr><td colspan="2">课程资源开发</td><td>1.人力资源的开发
2.体育设施资源的开发
3.课程内容资源的开发
4.课外和校外体育资源的开发
5.自然、地理课程资源的开发
6.体育信息资源的开发</td></tr>
</table>

（二）《普通高中体育与健康课程标准（2017年版）》提出的专业素养要求

2018年1月，根据《普通高中课程方案(修订稿)》的基本要求和我国高中体育与健康课程发展的需要，《普通高中体育与健康课程标准（送审稿）》研制完成，作为高中体育与健康课程实施、管理和督导评估的指导性文件。《普通高中体育与健康课程标准（2017年版）》以贯彻落实“立德树人”根本任务为宗旨，以“健康第一”为指导思想，以促进学生核心素养的形成和发展为主要目标，尊重学生的学习需求，发展学生的学科核心素养，注重学生运动专长培养，并首次提出了体育与健康学科核心素养的基本内涵及其主要表现，首次有了描述学生通过各个学年的学练后在学科核心素养方面达到的学业质量标准。结合《普通高中体育与健康课程标准（2017年版）》和实施建议，来看高中体育与健康课程标准对体育教师提出的专业素养，主要指向课程实操的教学素养，指向学业水平评价的新素养（表50），以使体育教师将培养学生的学科核心素养完整体现并渗透在教学过程中，并结合所教运动项目的特点、学生实际和课程资源等创造性地开展教学，科学设置学习目标，合理选择教学内容，改革创新教学组织形式，灵活运用教学方法，促进教学质量不断提高。

表50　《普通高中体育与健康课程标准（2017年版）》对体育教师提出的素养要求

专业素养要求	专业要求
知识技能储备素养	1.有关运动技能的知识储备 2.有关体能发展教学的知识储备 3.有关健康教育的知识储备 4.有关体育文化的知识储备
选项指导素养	若干运动项目的选项指导
教学组织素养	1.年级内选项教学组织 2.班内选项教学组织 3.年级内与班内选项相结合教学组织 4.打破年级界限的选项教学组织 5.按行政班级的教学组织

续表

专业素养要求	专业要求
教学计划制订素养	1.制订学段教学计划 2.制订模块教学计划 3.制订课时教学计划
课堂教学素养	1.强化目标意识，将学科核心素养完整地渗透在学习目标中 2.树立新的知识观，从重具体知识点教学向重学科核心素养培养转变 3.改变教学方式，促进学生积极主动地学习 4.重视区别对待，关注每个学生的进步和发展 5.保证一定的运动负荷，提高学生课堂学习效果 6.根据运动技能的特点，采用有针对性的教学策略 7.课内外有机结合，培养学生课外体育锻炼的习惯 8.关注地区和学校差异，努力形成学校教学特色 9.重视健康教育课的教学，运用灵活多样的教学形式 10.处理好体育和健康课程与国家相关政策要求的关系，共同促进学生健康与全面发展
学习评价素养	1.设置学习评价目标 2.选择学习评价内容和方法 3.收集学习评价所需要的信息 4.依据《课程标准》进行学习评价 5.学习评价结果的反馈与解释 6.体能模块、运动技能系列模块、健康教育模块学分评定 7.阶段性学业质量评定和学分认定 8.学业水平评定最终学分认定

（三）《国家学生体质健康标准（2014年修订）》提出的专业素养要求

2014年，教育部印发了《国家学生体质健康标准（2014年修订）》，以激励学生积极参加身体锻炼，引导学校深化体育教学改革，加强学校体育工作，促进青少年身心健康、体魄强健、全面发展。《国家学生体质健康标准（2014年修订）》从身体形态、身体机能和身体素质等方面综合评定学生的体质健康水平，是国家学校教育工作的基础性指导文件和教育质量基本标准，是促进学生体质健康发展、激励学生积极进行身体锻炼的教育手段，是《国家体育锻炼标准》在学校的具体实施，也是国家学生发展核心素养体系和学业质量标准的重要组成部分。体育教师作为《国家学生体质健康标准（2014年修订）》的具体执行者和组织者，要具备与《国家学生体质健康标准（2014年修订）》相适应的专业素养（表51）。

表51 《国家学生体质健康标准（2014年修订）》对体育教师提出的素养要求

专业素养要求	专业要求
知识技能素养	1.身体形态类的身高、体重和身体质量指数 2.身体机能类的肺活量 3.身体素质类的50米跑、坐位体前屈、1分钟跳绳、1分钟仰卧起坐、50米×8往返跑、引体向上、1分钟仰卧起坐、800米跑、1000米跑
大数据素养	1.定期对所有学生进行体质健康测试并如实上报数据 2.保存并建有历年原始数据库 3.分析测试达标率和优秀率 4.分析学生体质健康变化趋势，作为学生综合素质报告重要内容 5.定期公布学生体质健康测试总体结果，并通报学生及家长
运动处方素养	1.利用数据和统计分析结果做出学生个体检测分析和运动处方指导 2.结合数据针对性地研究下一步教学、训练方案 3.身体机能、身体素质的体育锻炼手段和方法
教学素养	1.处理好《义务教育体育与健康课程标准（2011年版）》与《国家学生体质健康标准（2014年修订）》的关系 2.提高课间操和课外活动的质量 3.丰富教学内容，改进教学方法 4.处理好考什么学什么、测什么练什么的弊端

（四）《小学教师专业标准（试行）》和《中学教师专业标准（试行）》提出的专业素养要求

2012年，为贯彻党的十七届六中全会精神，落实教育规划纲要，构建教师专业标准体系，建设高素质专业化教师队伍，教育部印发了《小学教师专业标准（试行）》和《中学教师专业标准（试行）》，作为国家对中小学合格教师专业素质的基本要求，作为教师实施教育教学行为的基本规范，作为引领教师专业发展的基本准则，作为教师培养、准入、培训、考核等工作的重要依据。《小学教师专业标准（试行）》从3个维度、13个领域和58项基本要求，《中学教师专业标准（试行）》从3个纬度、14个领域和61项基本要求，突出师德要求，强调学生主体地位，强调实践能力，体现时代特点，对教师的专业行为做出了明确的规定，涵盖了一名"好教师"所应具备的各方面专业素养，一定程度上也是对中小学体育教师专业素养的标准要求，更侧重体育教师师德、专业知识和专业能力素养（表52）。体育教师以此可以制定自我专业发展规划，增强专业发展自觉性，并积极进行自我评价，大胆开展教育教学实践，不断创新，对于建设一支高素质专业化的体育教师队伍，对于体育教师的专业发展有着许多指导和启迪。

表52　《小学教师专业标准（试行）》和《中学教师专业标准（试行）》对体育教师的素养要求

素养维度	小学教师	中学教师
专业理念与师德素养	1.职业理解与认识 2.对小学生的态度与行为 3.教育教学的态度与行为 4.个人修养与行为	1.职业理解与认识 2.对学生的态度与行为 3.教育教学的态度与行为 4.个人修养与行为
专业知识素养	5.小学生发展知识 6.学科知识 7.教育教学知识 8.通识性知识	5.教育知识 6.学科知识 7.学科教学知识 8.通识性知识
专业能力素养	9.教育教学设计 10.组织与实施 11.激励与评价 12.沟通与合作 13.反思与发展	9.教学设计 10.教学实施 11.班级管理与教育活动 12.教育教学评价 13.沟通与合作 14.反思与发展

（五）《中小学教师专业发展标准及指导（体育与健康）》提出的专业素养要求

2012年，由北京教育学院组织的中小学教师专业发展标准及指导课题组编著的《中小学教师专业发展标准及指导（体育与健康）》（以下简称《专业发展标准》）正式出版，以引导体育教师专业发展的方向、内容和评价，提高体育教师质量。《专业发展标准》体现了以学生发展为本的思想，体现了时代性的内容要求，体现了分阶段的原则，也体现了操作性运用，对体育教师来说有着具体的引领作用，可以用于诊断（反思）、规划和自我发展指导，可以为体育教师反思自身教学实践提供依据，为体育教师制订专业发展目标和规划、自主学习与发展提供依据，具有很强的实践意义。《专业发展标准》注重体育教师的专业基础和专业实践，注重体育教师的职业素养、学科素养、教学素养和可持续发展素养（表53），可以说是体育教师专业发展的重要参考依据。

表53 《专业发展标准》对体育教师的素养要求

素养维度		标准要求
专业基础	人格素养和职业素养	1.爱岗敬业，履职尽责
		2.关爱学生，教书育人
		3.为人师表，严谨治学
		4.热爱生活，身心健康
	学科素养和知识素养	5.关于学科的知识
		6.关于学生的知识
		7.关于课程的知识
		8.关于教学的知识及学科教学知识（PCK）
		9.科学和人文素养
专业实践	教学素养	10. 创设良好的学习环境
		11.设计合理的教学方案
		12.实施有效的教学活动
		13.培养良好的学习习惯和指导学生学会学习

续表

素养维度		标准要求
专业实践	教学素养	14.开展多元的学习评价
		15.有效的课堂管理
		16.渗透思想品德教育和生活技能教育
		17.实施积极的安全教育与健康教育
	可持续发展素养	18.教育教学反思与行动研究
		19.团结协作与经验分享
		20.终身学习与持续发展

（六）“中国好教师的标准”提出的专业素养要求

2014年9月9日，国家主席习近平在北京师范大学同师生代表座谈时的讲话中，强调“全国广大教师要做党和人民满意的好教师，这是每一个教师都应该认真思考和探索的问题，也是每一个教师的理想和追求，并提出了好教师一些共同的、必不可少的特质，即做好教师，要有理想信念、要有道德情操、要有扎实学识、要有仁爱之心，把自己的温暖和情感倾注到每一个学生身上，用欣赏增强学生的信心，用信任树立学生的自尊，为发展具有中国特色、世界水平的现代教育，培养社会主义事业建设者和接班人做出更大贡献”。“四有”好教师的“标准像”，充分体现了思想育人、道德育人、知识育人、和谐育人的导向，直指教师的师德素养，不仅是习近平主席对全国广大教师提出的好教师标准，也是对体育教师在内的教师素养要求（表54），是构建一支师德高尚、业务精湛、结构合理、充满活力的高素质专业化体育教师队伍的基础。

表54 “四有”好教师标准对体育教师的素养要求

素养维度	标准要求
理想信念	心中要有国家和民族，要明确意识到肩负的国家使命和社会责任
	加深对中国特色社会主义的思想认同、理论认同、情感认同，不断增强道路自信、理论自信、制度自信，积极引导学生热爱祖国、热爱人民、热爱中国共产党
	用好课堂讲坛，用好校园阵地，用自己的行动倡导社会主义核心价值观，用自己的学识、阅历、经验点燃学生对真善美的向往，增强学生的价值判断能力、价值选择能力、价值塑造能力，引领学生健康成长
道德情操	以德施教、以德立身，率先垂范、以身作则，引导和帮助学生把握好人生方向
	做一个高尚的人、纯粹的人、脱离了低级趣味的人
	要有“捧着一颗心来，不带半根草去”的奉献精神
	要对所从事的职业忠诚和热爱
扎实学识	要有胜任教学的专业知识，还要有广博的通用知识和宽阔的胸怀视野
	具备学习、处世、生活、育人的智慧，既授人以鱼，又授人以渔，能够在各个方面给学生以帮助和指导
	始终处于学习状态，站在知识发展前沿，刻苦钻研、严谨笃学，不断充实、拓展、提高自己
仁爱之心	要用爱培育爱、激发爱、传播爱，通过真情、真心、真诚拉近同学生的距离，滋润学生的心田，使自己成为学生的好朋友和贴心人
	要尽到教书育人、立德树人的责任，并把这种责任体现到平凡、普通、细微的教学管理之中
	具有尊重学生、理解学生、宽容学生的品质

2016年9月9日，国家主席习近平在北京市八一学校考察时发表了重要讲话，“一个人遇到好教师是人生的幸运，一个学校拥有好教师是学校的光荣，一个民族源源不断涌现出一批又一批好教师则是民族的希望”。讲话中提出要当好学生的“引路人”，广大教师要做学生锤炼品格的引路人，做学生学习知识的引路人，做学生创新思维的引路人，做学生奉献祖国的引路人。引路人是一个隐喻，就是走在前边指引道路的人，指教师的角色与作用，也就是把学生引导到正确的方向和道路上，并把学生

的潜能引导出来使其发挥展露。可以说，“四个引路人”是新时期做一名合格教师的基本条件，为教育综合改革指明了基本方向，也为体育教师成为学生引路人提出了引领素养要求（表55）。

表55　“四个引路人”好教师标准对体育教师的素养要求

<table>
<tr><th>素养维度</th><th>标准要求</th></tr>
<tr><td rowspan="5">引路学生锤炼品格</td><td>教育和引导学生要自觉加强道德养成，从小就让社会主义核心价值观的种子在心中生根发芽，把国家、人民、民族装在心中</td></tr>
<tr><td>教育和引导学生敢于面对各种困难和挫折，自觉培养不畏艰难、顽强奋进的意志品质</td></tr>
<tr><td>教育和引导学生要修身立德、志存高远，强健体魄、健康身心</td></tr>
<tr><td>教育和引导学生注重养成健康、乐观、向上的品格</td></tr>
<tr><td>教育和引导学生把身心健康牢牢抓在手上，养成良好的生活习惯，经常参加劳动和体育锻炼，通过多种方式怡情养性</td></tr>
<tr><td rowspan="2">引路学生学习知识</td><td>教育和引导学生要立志成才勤奋学习、提高综合素质，努力做到志存高远、勤学上进、追求卓越</td></tr>
<tr><td>教育和引导学生要乐于学习、勤于学习、善于学习，在求知境界上越来越高</td></tr>
<tr><td>引路学生创新思维</td><td>培养学生的创新精神和实践能力</td></tr>
<tr><td rowspan="3">引路学生奉献祖国</td><td>教育和引导学生热爱祖国、热爱人民、热爱中国共产党</td></tr>
<tr><td>教育和引导学生心中要有国家和民族、意识到肩负的责任</td></tr>
<tr><td>牢固树立为祖国服务、为人民服务的意识，立志成为党和人民需要的人才</td></tr>
</table>

（七）《学生足球运动技能等级评定标准（试行）》提出的专业素养

2016年，教育部办公厅印发了《全国青少年校园足球教学指南（试行）》和《学生足球运动技能等级评定标准（试行）》（以下简称《等级评定标准》），以贯彻落实《中国足球改革发展总体方案》和《教育部等6部门关于加快发展青少年校园足球的实施意见》，进一步深化校园足球教学改革，形成内容丰富、形式多样、因材施教的校园足球教学体系，规范和指导中小学积极开展教学活动，大力提升校园足球教学质量，培养德智体全面发展的足球人才。《等级评定标准》是我国首个指向学生专项运动技能的等级评定标准，是校园足球教育工作的基础性指导文件和教育质量基本标准，是评价学生足球运动技能和评估校园足球及衡量各地校园足球发展的重要依据，是引导学生提升足球运动技能水平的重要手段，也是体育教师检验教学质量和教学水平的主要参照。体育教师作为校园足球的教练员之一或教师主体，需要根据《等级评定标准》对学生进行相应水平的足球教学、等级测试与评价，需要跟进和强化《等级评定标准》对体育教师提出的专业素养（表56）。

表56 《学生足球运动技能等级评定标准（试行）》对体育教师的素养要求

素养维度	标准要求
专项运动技能素养	球感；运球；踢球（包括传球射门）；身体素质；比赛
进阶教学素养	根据不同水平学生对应设计不同水平等级的内容，整体难度逐渐递增： 水平一（10米往返跑、8米踢准、20米跑、小场地比赛、颠球或踩拨球） 水平二（脚背正面颠球、20米绕杆运球、10米踢准、Z形跑、小场地比赛） 水平三（行进颠球、20米不等距运球、运球踢准、20米绕杆跑、比赛） 水平四（头颠球、折线运球、定位球踢准、多向绕杆跑、比赛） 水平五（多部位颠球、折线运球、运球射门、折返跑、比赛）
综合评价素养	从控球、运球、踢球（包括传球射门）、身体素质和比赛能力五个方面，通过定量和定性两种方式，综合评价学生足球技能水平

综上所述，无论是国家层面具有纲领性和指导性的课程标准，国家引领教师专业发展的基本准则，体育教师专业发展的参考依据，国家主席的重要讲话，还是基于学生的运动技能等级评定，都是学校体育贯彻落实的最高指示，都是体育课开展实施的基本依据，都是体育教师专业发展的导向依据。这些涉及体育与健康领域的标准，对体育教师提出了具有共性和各有侧重的教学素养、学业水平评价素养、学科素养、师德素养等专业素养，是对体育教师素养的提升、引领和完善，都值得体育教师根据“标准像”照一照，反思体育教师对应标准需要具备的专业素养，以此作为建构新时期体育教师核心素养的指导依据。

三、体育教师核心素养建构的现实基础

体育教师核心素养的构建，来自当下的时代背景，来自其政策要求和标准依据，也来自其变革需求和现实基础。所谓现实基础，即基于目前状态的基本条件，包括政治、经济、社会等诸多因素构成的整体的现有状态，也就是与当下学校体育核心改革发展相关的现实基础，与体育教师工作直接相关的现实基础，与指向体育教师未来发展相关的现实基础。可以说，这些学校体育的热点问题、难点问题和关键问题，是学校体育的现实工作和现实挑战，是体育教师发展的现实基础和未来发展需求，是党中央对学校体育工作的高度重视和殷切期望，也是构建体育教师核心素养的现实基础。

（一）国家义务教育体育与健康质量监测提出的专业素养要求

党的十八届五中全会通过公布的《中共中央关于制定国民经济和社会发展第十三个五年规划的建议》，强调以提高发展质量和效益为中心，未来五年要坚持把提高质量作为教育改革发展的核心任务，牢固树立以提高质量为核心的教育发展观，更加注重教育内涵发展。同时，为贯彻落实《国家中长期教育改革和发展规划纲要（2010—2020年）》要求，建立义务教育质量监测制度，促进义务教育质量提升和素质教育实施，国务院教育督导委员会办公室于2015年出台了《国家义务教育质量监测方案》，从国家战略高度关注基础教育质量，并将建立完备的基础教育质量监测体系作为提高教育质量的重要举措。《国家中长期教育改革和发展规划纲要（2010—2020年）》也对质量监测提出了明确要求的任务，如建立健全教育质量保障体系，建立和完善国家教育基本标准，完善整合质量监测机构与资源，建立科学、规范的监测制度，加强教育监测、改进教育教学、完善教育问责。体育与健康作为教育部基础教育质量监测中心监测学生发展结果之“体”学科，作为2015年首批监测学科，构建了基于学生健康行为、体育学力、体质健康三个方面的监测内容，对学生的身高、体重、视力、肺活量、力量、速度、耐力、兴趣、态度、健康、睡眠、锻炼习惯指标进行了监测。“有质量的体育教学”是学校体育教育的生命线，对学生发展的监测内容也就是对体育教师的教育教学从另一个侧面提出的要

求，是衡量体育教师核心竞争力与持续发展力的根本标志，也是对体育教师的专业素养提出了更高要求，也是对体育教师专业素养提出的新要求（表57）。

表57　体育教学质量监测对体育教师的素养要求

素养维度	素养要求
健康行为素养	健康行为习惯：睡眠、早餐、个人卫生、自主锻炼等
	吸烟行为：吸烟经历、吸烟时间
运动能力素养	基本运动能力：滚翻、攀爬、跳跃、平衡、投掷、奔跑
	基本运动技能：体操、篮球、排球、足球、武术
	体育与健康知识：体育知识、健康知识
	运动心理品质：运动情绪调控、运动意志品质、运动人际交往
提高学生体质健康素养	身体形态：身高、体重、体脂百分比
	身体机能：视力、肺活量
	身体素质：握力、立定跳远、坐位体前屈、50米跑、渐进性有氧耐力跑
教育教学活动素养	体育课程设置：体育课程开设、体育教材、体育教学资源、校外体育资源、体育经费、班级锻炼、体育安全、课程内容
	体育课程学习：体育课喜欢程度、体育课压力感觉、体育教师喜欢程度、体育课动机、体育价值观、父母对体育课的看法、对考核方式的看法
	课外体育活动：大课间、体育竞赛（运动会）、特色或传统体育项目、课外活动时间、课外活动内容、组织方式、活动效果
提高教学质量的目标意识	合理运用教学方法，提高体育教学质量
	加强体育教学研究，提高体育教学质量
	创新教学模式，提高体育教学质量

（二）创建学校体育“一校一品”的专业素养要求

学校体育“一校一品”作为当下学校体育课程改革的重要举措，作为实现学校体育目标的突破口，是学校体育课程改革的一个新元素和一道风景线。《国务院办公厅关于强化学校体育促进学生身心健康全面发展的意见》（国办发〔2016〕27号）提出：研究制订运动项目教学指南，让学生熟练掌握一至两项运动技能，逐步形成“一校一品”“一校多品”教学模式，努力提高体育教学质量，这是“一校一品”首次在政策文件中被提出，并列入国务院办公厅文件。该文件提出的“一校一品”,就是指一个学校要至少形成一个全体学生应知、应会的品牌运动项目；“一校多品”是指条件较好的学校在一个品牌运动项目的基础上，可以实施多元化项目教学模式，即学校开设多项运动项目教学课程，学生根据个人需求选学并掌握一项或多项运动技能。“一校一品”在学校的开展和推进，需要体育教师的主持和投入，因此，高素质的体育教师队伍是创建“一校一品”特色学校的根本保证，同时“一校一品”也对体育教师的专业素养提出了更高的要求（表58）。

表58　“一校一品”对体育教师的素养要求

素养维度	素养要求
学校品牌塑造素养	1.让学校形成一个全体学生应知、应会的品牌运动 2.展示学校品牌的特色窗口建设
运动技能素养	1.掌握一项或多项运动技能 2.传教一项或多项运动技能
教训赛素养	1.一项或多项运动项目的水平、学段大单元教学设计 2.提供学生根据个人需求选学的多元化项目教学模式 3.让学生掌握一项或多项运动技能的课外训练 4.班班有队、周周有赛、校内联赛等一“品”竞赛 5.让学生能运动起来、提升体质健康水平
校本教材编制素养	“一校一品”的校本教材，或是具有指导性、大纲性的教材

（三）体育考试提出的专业素养要求

体育考试从无到有，从加试、试验、试点到全国实行，从跟着其他学科考到成为必考主科之一，在我国已逐渐成为广大学生、家长和学校关注的重点话题，成为社会关注的热点话题。早在1979年春的上海市崇明中学进行了我国升学考试中加试体育的尝试，开启了升学加试体育的先河，也是“体”纳入德智体全面考核、择优录取的首次提出，打开了体育考试融入检查学生学习情况和教学效果的思路。1990年，国务院批准颁发了《学校体育工作条例》，其第九条明确规定“体育课是学生毕业、升学考试科目”，初中体育升学考试纳入法制化轨道。2007年，教育部办公厅印发了《关于在部分地区开展初中毕业升学体育考试改革试点工作的通知》，将初一、初二学生体质测试成绩和学生平时体育课成绩按一定比例计入体育中考成绩，将体育中考内容、体育中考成绩做了与学生体质健康测试的结合和体育课成绩的融入，有效增加了促进初中阶段学生积极参加体育锻炼的干预手段。2016年，《教育部关于进一步推进高中阶段学校考试招生制度改革的指导意见》提出“要将体育科目纳入录取计分科目，科学确定考试分值或等级要求，引导学生加强体育锻炼”，这是首次在全国范围内，体育与语文、数学、外语一起成为4个必考科目。随着体育考试的全面深化和价值引导，体育教师的专业素养也需要提高（表59）。

表59　体育考试对体育教师的素养要求

素养维度	素养要求
体育考试价值观	1.促进学生锻炼、改变体质下降，最终促进学生养成体育锻炼的习惯 2.不断寻求有效加强学校体育工作、营造全社会重视青少年身体素质氛围的发展路径 3.培养学生身上的价值品质并健康地运动、学习、生活 4.培养和坚守以法为教的素养
体育中考教学	1.加工改创学校的体育课程设置，长远规划、循序渐进设计初中三年教学计划 2.研磨课标运动技能领域规定相关内容、《国家学生体质健康标准》测试内容 3.落实过程性考核项目与体育中考项目教学的有效结合 4.构建课内外相结合、水平和学段相衔接的学校体育考核评价体系 5.从学生出勤、课堂表现、健康知识、运动技能、体质健康、课外锻炼、参与活动情况等方面进行体育课程全面考核
引导和保护学生兴趣爱好	1.善于引导培养学生的体育兴趣 2.跟上学生个性化的终身体育需求，让学生有更多的体育学习选择

（四）学生综合素质评价提出的专业素养要求

为贯彻落实《国务院关于深化考试招生制度改革的实施意见》，促进学生全面发展、健康成长，教育部2014年12月10日印发了《关于加强和改进普通高中学生综合素质评价的意见》，以对学生全面发展状况进行观察、记录和分析，作为发现和培育学生良好个性的重要手段，作为深入推进素养教育的一项重要制度。依据党的教育方针，反映学生全面发展情况和个性特长，注重考查学生社会责任感、创新精神和实践能力，评价内容包括思想品德、学业水平、身心健康、艺术素养和社会实践5个方面20多项指标，这20多项指标包含德育、体育、智育、美育各个方面，其中，体育占5个，比例相当大。27号文件提出，中小学要把学生参加体育活动情况、学生体质健康状况和运动技能等级纳入初中、高中学业水平考试，纳入学生综合素质评价体系，实施高考综合改革试点的省（区、市），在高校招生录取时，把学生体育情况作为综合素质评价的重要内容。从身心健康纳入高中学生综合素质评价内容、体育活动情况纳入学生综合素质评价体系来看，体育素质是美育和情商的基础，是“学生综合素质的第一素质”，会带动学生综合素质的提升，也会为学生综合素质奠基，同时给体育教师的专业素养提出了新的要求（表60）。

表60　学生综合素质评价对体育教师的素养要求

素养维度	素养要求
学生综合素质理解	1.把学生放在正中央 2.体育是学生综合素质的第一素质 3.“游戏”“运动”和“习惯”三结合的体育教育
学生综合素质评价	1.《国家学生体质健康标准》测试及主要结果分析 2.体育运动特长项目 3.参加体育运动的效果 4.应对困难和挫折的表现
提高学生身心健康	1.培育学生的健康生活方式 2.培养学生的体育锻炼习惯 3.提高学生身体机能 4.让学生至少掌握1~2项运动技能 5.通过运动提高学生的心理素质

续表

素养维度	素养要求
满足学生体育学习需要	1.学生学与练的质量 2.学生的身体素质、心理素质、运动技能、锻炼习惯、社会适应和体育素养等综合素质的变化程度

（五）“教训赛”体系提出的专业素养要求

《国务院办公厅关于强化学校体育促进学生身心健康全面发展的意见》注重顶层设计，坚持问题导向和目标导向，对今后一个时期的学校体育工作进行了部署，提出了“到2020年，学校体育办学条件总体达到国家标准，体育课时和锻炼时间切实保证，教学、训练与竞赛体系基本完备，体育教学质量明显提高”。教育部体育卫生与艺术教育司司长王登峰在2017年9月举办的第十三届全国学生运动会科学论文报告会开幕式讲话中也谈道：学校体育的主业是做好体育课教学、做好学生课余训练、组织好学生竞赛，要面向每一个学生建立完善的教学体系、训练体系和竞赛体系，实现学校体育教学、训练、竞赛的科学高效推进和实践。特别是要发挥体育竞赛在学校体育当中的重要作用，因为体育竞赛不但可以塑造学生健康的体魄，也能够培养学生健全的心理，体育竞赛不仅是一种锻炼身体的方式，也是一种教育手段、生活方式和精神财富的载体，在促进学生全面发展、丰富课余文化生活等方面有着独特的、重要的作用。教学体系—训练体系—竞赛体系（以下简称“教训赛”体系）三大支撑体系的搭建，不仅为未来学校体育的发展提供了清晰的发展定位，也对体育教师的队伍建设和专业素养设计了一种发展目标（表61）。

表61　“教训赛”体系对体育教师的素养要求

素养维度	素养要求
综合育人素养	1.学生体育锻炼习惯基本养成 2.运动技能和体质健康水平明显提升 3.规则意识、合作精神和意志品质显著增强

续表

素养维度	素养要求
教学素养	1.体育教学有效性，教会学生运动技能 2.体育教学趣味性，开设冰球、棒球、橄榄球等新兴运动项目课程 3.体育教学特色性，开设冰雪运动、乒乓球、民传等特色项目 4.体育教学安全性，实施《学校体育运动风险防控暂行办法》
训练素养	组建运动队、代表队、俱乐部、兴趣小组等开展课余体育训练
竞赛素养	1.组织、参与体育竞赛交流，让学生有更多机会参与竞技活动 2.组织学生体育运动会 3.开展以强身健体和快乐参与为导向的校内比赛、联赛 4.经常组队参加区、市乃至全国性各级各类体育比赛、联赛、对抗赛、挑战赛

（六）全国学校体育联盟“10+8”工程提出的专业素养要求

为全面贯彻落实《国家中长期教育改革和发展规划纲要（2010—2020年）》，积极推进《国务院办公厅关于强化学校体育促进学生身心健康全面发展的意见》，2013年12月成立了全国学校体育联盟（教学改革），以科学研究为基础，以“10+8”工程为内容，开展全国基础体育教育的调研、展示、交流、推广、培训、评估等学术活动，使体育教学改革向纵深发展，将教学改革工作实实在在地落实在每一个孩子的身心健康上，努力让每一个孩子切切实实感受到体育运动带给他们的快乐，推动实现新时期的中国基础体育教育的深入改革与跨越性发展，实现中共中央提出的“强化体育课和课外锻炼，促进青少年身心健康、体魄强健”。“10+8”工程不仅切实推动了《义务教育体育与健康课程标准（2011年版）》的实施，全面提高了体育课程教学质量，调动了广大中小学生积极参加体育锻炼，也推动了体育教师的专业化成长，但也对体育教师的专业素养提出了要求（表62）。

表62 联盟“10+8”工程对体育教师的素养要求

素养维度	素养要求
大体育教育观素养	1.体育教育与卫生、安全、健康教育、品行的融合 2.体育课、体育活动、课余训练与竞赛的融合 3.校内体育与校外体育、学校体育、家庭体育、科技体育教育的结合
综合素养	课—活—训—赛、策划—组织—管理、育体—育心—育人
专项业务素养	1.新兴体育运动项目进校园 2.“全员运动会”的推广 3.体育趣味课课练 4.快乐体育园地建设与锻炼课程 5.“一校一品”课程教学改革 6.体育与健康教育相融合 7.校外体育及家校体育教育 8.学生体育文明行为养成 9.学生体质监测与精准干预 10.“新校园足球”的改革发展 11.冰雪运动与寒暑锻炼 12.民族传统体育促进民族团结 13.课间操和大课间活动改革等

（七）体育教师自身和关键人物调研认为应具备的核心素养

最新颁布的《普通高中体育与健康课程标准（2017年版）》提出了体育与健康学科核心素养为运动能力、健康行为和体育品德，也就是说，学生应该具备运动能力、健康行为和体育品德三个方面的核心素养。那么，作为中小学体育教师，应该具备什么样的核心素养，我们从体育教师自身、校长和体育教师关键人物不同群体的角度和认识来看。

据相关调查发现[1]，有50.2%的体育教师认为，校长在自己专业成长中起到了至关重要的促进作用，是影响体育教师专业成长的第一关键人物。通过2018年初面向某直

[1] 潘建芬.促进体育教师专业成长的关键要素[J].体育教学，2015（11）：51–53.

辖市1 479名校长和9 538名中小学体育教师的开放性调查发现，师德修养、运动能力、体育品德均位于体育教师和校长认为应具备核心素养的前三位。同时，健康行为、体育知识、教学能力、文化素养、组织能力、科研能力这六种核心素养体育教师和校长均提出，健康素养是体育教师提出不同于校长提出的核心素养，创新能力是校长提出不同于体育教师提出的核心素养；体育教师侧重专业知识，校长侧重体育知识；体育教师侧重健康行为，校长侧重教学能力；体育教师和校长都提到了文化素养；科研能力和组织能力均位于后2位（表63）。

表63　体育教师自身和校长认为体育教师应该具备的前10位核心素养

序号	体育教师认为应具备核心素养	校长认为应具备核心素养
1	师德（35.5%）	师德修养（54.5%）
2	运动能力（29.1%）	运动能力（35.4%）
3	体育品德（18.7%）	体育品德（21.4%）
4	健康行为（15.6%）	教学能力（22.1%）
5	专业知识（15.1%）	健康行为（15%）
6	教学能力（14.1%）	创新能力（13.3%）
7	文化素养（7.7%）	文化素养（10.6%）
8	健康素养（7%）	体育知识（9.6%）
9	组织能力（5.6%）	科研能力（8.3%）
10	科研能力（3.8%）	组织能力（7%）

在体育教师专业发展中，学生、家长和班主任这些对其影响比较大的关键人物，不仅会影响他们待人处世、同事关系，也影响到他们的工作态度和自我发展意识，以及自身的教学风格和行为。同时，这些影响体育教师专业成长、打动体育教师内心、与体育教师工作息息相关的关键人物，对体育教师的专业素养也提出直接要求。在对550名初中生、520名初中生家长和45名班主任聚焦“您（你）认为体育教师最关键和必备的素养是什么”的调查中，通过归纳整理，可以看到这些关键人物对体育教师专业素养的期待与要求（表64）。

表64 关键人物对体育教师的素养要求

关键人物	素养要求
学生	幽默风趣、教得好、技术好、有耐心、温柔随和、公平、严肃不古板、威而有信……
家长	增强学生身体素质、培养学生热爱运动习惯、身体素质强、有责任心、形体健美、精神面貌好、有丰富的体育与健康知识、锻炼孩子意志品质……
班主任	认真负责、技能高超、义气大度、身体素质好、组织管理能力强……

综上所述，无论是学校体育提高教学质量和教育质量监测的要求、体育考试和学生综合素质评价的要求、“一校一品”和“10+8”工程的要求，还是“教训赛”体系和核心人物的要求，这些现实要求和现实需求，都给体育教师的队伍建设提出了新的要求，都对体育教师的专业发展提出了新的要求，都给予了体育教师核心素养新的任务和指向，都赋予了体育教师核心素养新的定位和元素。也就是说，体育教师的核心素养是基于学校体育现实需求的发展目标，体育教师的核心素养要也是基于体育教师的现实发展。

四、体育教师本然核心素养体系建构

2015年，《教育部关于全面深化课程改革落实立德树人根本任务的意见》中提出了“核心素养体系”这一概念，并将其置于深化课程改革、落实立德树人目标的基础地位。所谓体系构建，就是聚散为整，把关联的事情联系在一起，把零散的东西联系在一起，组成一个整体，构成一个体系，便于集中考虑，便于整体研究。体育教师核心素养的体系构建，就像一栋楼房一样，有稳固的地基，有钢筋骨架，不同的地方还分层，同层的地方也再分层，构架出一个全面的、综合的、立体的体育教师，支撑起一个好体育教师的“全人”。

（一）体育教师核心素养的基本概念

体育教师核心素养是体育教师在专业学习、专业实践和专业培训中逐步习得、逐步形成的，是满足学校体育工作开展和学生身心健康发展需要的必备品格和关键能力，具体指向学校教育中每一名体育教师胜任工作、发展自我、融入社会所必备品格和关键能力，具有统整性、系统性、融合性和发展性。总体来说，体育教师核心素养应该是体育教师区别于其他行业、体育教师区别于其他学科教师最本质的特点，也是体育教师从事体育教育教学工作最必要、最关键的素养。

（二）体育教师核心素养的全元素

基于国家政策要求、相关标准依据和现实发展基础对体育教师的专业素养要求，汇总相应指向体育教师的专业素养（表65）。可见，随着时代的变迁、教育的革新、学校体育的强化和学生身心健康的要求，从国家、社会、学校和学生层面来看，对体育教师的专业素养有了越来越高、越来越全、越来越宽、越来越精的要求，需要体育教师具有高站位、全方位、宽路径和精细化的专业素养。

表65　体育教师核心素养元素汇总表

序号	基于政策的素养要求	基于标准的素养要求	基于现实的素养要求	基于人的素养要求
1	责任素养	教学素养	运动技能素养	师德
2	担当素养	课程资源开发素养	教训赛素养	运动能力
3	格局素养	知识技能储备素养	校本教材编制素养	体育品德
4	课程素养	选项指导素养	学校品牌塑造素养	健康行为
5	教学素养	教学组织素养	健康行为素养	专业知识
6	教育教学素养	教学计划制订素养	运动能力素养	教学能力
7	让学生每天锻炼1小时的素养	课堂教学素养	提高学生体质健康素养	文化素养
8	开展体育活动和竞赛的素养	学习评价素养	教育教学活动素养	健康素养
9	指导学生课外锻炼素养	知识技能素养	体育考试价值观	组织能力
10	体质测试与评价素养	大数据素养	体育中考教学	科研能力
11	增强学生体质素养	运动处方素养	引导和保护学生兴趣爱好	体育知识

续表

序号	基于政策的素养要求	基于标准的素养要求	基于现实的素养要求	基于人的素养要求
12	让学生参与锻炼素养	专业理念与师德素养	学生综合素质理解	创新能力
13	创新素养	专业知识素养	学生综合素质评价	身体素养
14	训练素养	专业能力素养	提高学生身心健康素养	责任素养
15	评价素养	人格素养和职业素养	大体育教育观素养	技能素养
16	组织竞赛素养	学科素养和知识素养	综合素养	专业素养
17	目标素养	可持续发展观素养	专项业务素养	管理能力
18	教学训练素养	理想信念	价值取向	职业道德
19	举办赛事活动素养	道德情操	提高教学质量的目标意识	一专多能
20	培育校园足球文化素养	扎实学识	满足学生体育学习需要	身心健康
21	健身文化素养	仁爱之心	让学生有体育学习获得感	学习能力
22	普及青少年体育活动素养	引路学生锤炼品格	综合育人素养	德才兼备
23	开展校园特色项目素养	引路学生学习知识	教学素养	终身学习
24	冰雪运动普及和课程开设	引路学生创新思维	训练素养	仁爱之心
25	冰雪运动运动技能和竞赛组织	引路学生奉献祖国	竞赛素养	教育情怀
26	大健康观素养	专项运动技能素养	—	信息素养
27	健康教育课程教育素养	进阶教学素养	—	示范能力
28	体育活动促进素养	综合评价素养	—	沟通能力
29	健康素养	—	—	自主发展
30	健康促进素养	—	—	健康促进

（三）体育教师核心素养的归类分析

1. 词频较高的体育教师核心素养

从表66来看，无论是国家政策要求和相关标准依据，还是现实发展基础和关键人物定位，对体育教师的专业素养要求有一致性和基础性，又有差异性和特殊性。运用聚焦关键词的词频分析法来看，“教学素养”出现频次最高，其次为健康、运动、综合、竞赛、评价和训练素养。一般来看，出现频次越高，表明对其关注的程度越高，就越有可能代表该领域的研究热点和前沿，就可以聚焦为体育教师的核心素养。

表66　词频较高的体育教师专业素养

序号	核心素养	出现频次	涉及的相关表达
1	教学素养	12	教学素养、教育教学素养、教学训练素养、教学组织素养、教学计划制订素养、课堂教学素养、进阶教学素养、教训赛素养、教育教学活动素养、体育中考教学、提高教学质量的目标意识、教得好
2	健康素养	7	大健康观素养、健康教育课程教育素养、健康素养、健康促进素养、健康行为素养、提高学生体质健康素养、提高学生身心健康素养
3	运动素养	6	冰雪运动普及和课程开设、冰雪运动运动技能和竞赛组织、运动处方素养、专项运动技能素养、运动技能素养、运动能力素养
4	综合素养	5	综合评价素养、学生综合素质理解、学生综合素质评价、综合素养、综合育人素养
5	竞赛素养	5	组织竞赛素养、举办赛事活动素养、冰雪运动运动技能和竞赛组织、教训赛素养、竞赛素养
6	评价素养	5	体质测试与评价素养、评价素养、学习评价素养、综合评价素养、学生综合素质评价
7	训练素养	4	训练素养、教学训练素养、教训赛素养

2. 归纳分类的体育教师核心素养

如果对表65中的体育教师专业素养进行归纳分类，把同一类型、统一主题、同一特性的专业素养一个一个汇集在一起，我们可以发现，体育教师的专业素养主要聚焦在格局素养、情感素养、综合素养、学生指导素养、运动素养、健康素养和创新素养7个方面（表67）。体育教师这7大专业素养，一定程度上代表了体育学科和体育教师发展的主题结构，横向和纵向解析了体育教师专业素养的动态发展和静态结构，聚焦了体育教师核心素养的发展热点。

表67　归纳分类的体育教师专业素养

序号	核心素养	涉及的相关表达
1	格局素养	大健康观素养、可持续发展观素养、体育考试价值观、大体育教育观素养、价值取向
2	情感素养	师德素养、道德情操、体育品德、职业道德、理想信念、责任素养、担当素养、引导学生锤炼品格、引导学生奉献祖国、仁爱之心、人格素养和职业素养、专业理念
3	综合素养	课程素养—教育教学素养—体质测试与评价素养—体育中考教学，教学素养—训练素养—竞赛素养，教育教学活动素养—开展体育活动和竞赛的素养—举办赛事活动素养，综合育人素养—综合评价素养—学生综合素质理解—学生综合素质评价
4	学生指导素养	让学生每天锻炼1小时的素养，指导学生课外锻炼素养，让学生参与锻炼素养，增强学生体质素养，普及青少年体育活动素养，引路学生学习知识，引路学生创新思维，引导和保护学生兴趣爱好，学生综合素质理解，学生综合素质评价，提高学生身心健康素养，满足学生体育学习需要，让学生有体育学习获得感
5	运动素养	运动技能素养、运动能力素养、专项运动技能素养、运动处方素养、冰雪运动普及和课程开设、冰雪运动运动技能和竞赛组织、知识技能储备素养
6	健康素养	大健康观素养、健康教育课程教育素养、健康素养、健康促进素养、健康行为素养、提高学生体质健康素养、提高学生身心健康素养
7	创新素养	课程资源开发素养、校本教材编制素养、大数据素养、开展校园特色项目素养、开展校园特色项目素养、冰雪运动普及和课程开设、培育校园足球文化素养、学校品牌塑造素养

（四）体育教师核心素养的体系框架

必备品格与关键能力是核心素养的重要组成部分，也是体育教师核心素养的重要组成部分。体育教师核心素养依据体育教师发展所需要的必备品格和关键能力，构建了2个维度、4个领域和12个核心素养的结构体系。4个领域为师德、情感、格局和专业，12个核心素养为师爱、品行、道德、信念、认知、沟通、择宜、创新、教学、运动、学识、健康，参见图29。体育教师核心素养体系是一种理想化模型，一名体育教师如果在各个方面都有基础性发展，如果在某一点或几个点上有特长性的发展，就是一个优秀的人才。

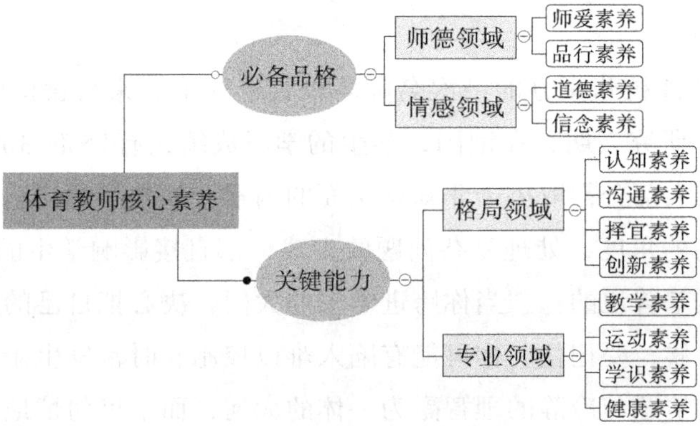

图29　体育教师核心素养体系

1. 师德领域

爱因斯坦曾说：“学生对教师尊敬的唯一源泉在于教师的德和才。”教师之所以成为教师，一是有崇高的师德，二是有先于学生和优于学生的才学。2018年最新颁布的《中共中央　国务院关于全面深化新时代教师队伍建设改革的意见》，突出了师德的重要性，把提高教师思想政治素质和职业道德水平摆在首要位置，突出全员全方位全过程的师德养成，引导广大教师以德立身、以德立学、以德施教、以德育德，推动教师成为先进思想文化的传播者、党执政的坚定支持者、学生健康成长的指导者。体育教学中的教书育人最具有直接参与性、动态性、身心合一性等特点，体育教师的一言一行、一举一动都会给学生以影响。体育教师的师德领域，是体育教师育人的前提，是当好一名体育教师的灵魂，也就是体育教师“做教师”的素养，包含师爱素养和品行素养（表68）。

表68 指向体育教师核心素养的师德领域

领域	核心素养	基本要点
师德	师爱素养	爱国家、爱教育、爱体育、爱学校、爱集体、爱学生、爱教书、爱生活、爱自己
	品行素养	体形健美、阳光温暖、文明自律、敬业奉献、吃苦耐劳、坚韧顽强、团结合作、拼搏进取、勇于超越

2. 情感领域

在2016年浙江杭州举办的一次名师名校长论坛上，来自德国帕邵大学的布朗博士提到，大量研究表明，在德国，学生的学习成绩只有15%~30%与教师的知识传授有关，其余大部分都取决于非知识层面的因素。如教师的情感、格局、胸怀、视野，看待事物的角度，处理复杂问题的方式，都直接影响学生的成长和发展[1]。正如苏霍姆林斯基曾说的：“当你跨进学校的大门，决心把自己的一生献给塑造人的崇高事业的时候，要记住，你可能有陷入难以控制、时常发生矛盾情绪之中的危险。要做火热的情感与冷静的理智融为一体的大河，而不可匆忙地、贸然地做出决定。”情感素养是人的一切素养的血肉，没有了情感，教师就没有什么素质可言；有了情感，体育教师就有了心底投入传播的阳光。体育教师的情感领域，就是体育教师为人、为师的情感世界，也就是体育教师“做人”的素养，包含道德素养和信念素养（表69）。

[1] 赵婀娜.当教育指向核心素养——教师该如何应“变”[EB/OL].[2016-11-24]，人民日报，http：//edu.cssn.cn/jyx/jyx /jyx_zdtj/201611/t20161124_3287801_1.shtml.

表69　指向体育教师核心素养的情感领域

领域	核心素养	基本要点
情感	道德素养	公正、诚信、仁义、守则、友善、尊重、责任、实干、表率、荣誉、信任、感恩
	信念素养	世界观、人生观、价值观、学生为本、有教无类、立德树人、快乐工作、体面教书、幸福生活

3. 格局领域

学校体育是一个复杂的系统工程，其目标涉及学生体质健康、运动技能掌握、健康行为养成、体育精神和文明行为培养等，其工作牵涉到体育课程教学、课间体育、课外活动、运动训练、校内外竞赛、健康教育、运动安全、体育教师成长和家校体育结合等，发展学校体育和推进学校体育改革须从系统、整体、联系和综合的视角出发整体推进学校整体，从而大幅度提高学校体育改革工作的成效，并形成充满活力的学校体育改革与发展的常态化。体育教师应站在更高的高度，以更宽广的视野，把学校体育置于建设健康中国、健康学校、健康师生等大战略、大教育、整校推进的大格局中去定位、去理解、去选择、去把握，把学生作为一个有健全人格的完整之人来培养，以进一步树立和强化学校体育健康第一的指导思想，进一步突出学校体育在培养学生社会责任、身心健康、学会学习、实践创新核心素养，在塑造性格和完善人格、践行社会主义核心价值观方面的独特作用。体育教师的格局领域，就是指体育教师的思想、学问、视野或人格的层次，也就是体育教师“做体育教师”的素养，包含综合素养、沟通素养、择宜素养和创新素养（表70）。

表70　指向体育教师核心素养的格局领域

领域	核心素养	基本要点
格局	认知素养	角色认知、大体育观、一体化、整校推进、学习力
	沟通素养	与校长沟通、与学校中层干部沟通、与班主任沟通、与教研组沟通、与学生沟通、与家长沟通、与社会沟通
	择宜素养	创建“一校一品”、形成“一生两长”、自我特色专属品牌、顺应时代传承改进、反思沉淀
	创新素养	创新思维、创新意愿、活动创新、技术创新

4. 专业领域

《中共中央　国务院关于全面深化新时代教师队伍建设改革的意见》中提出，要全面提高中小学教师质量，不断提升教师专业素质能力，到2035年教师综合素质、专业化水平和创新能力大幅提升。教育改革成败的关键在于教师，学校体育教育质量的提高离不开体育教师专业水平的提升。早在20世纪60年代，国际劳工组织和联合国教科文组织的《关于教师地位的建议》提出，“教师工作应被视为一种专门职业”[1]。专业化是体育教师成为教师的基础“人件”，是造就党和人民满意的高素质、专业化、创新型体育教师队伍的核心素养。体育教师的专业化，是体育教师“质”和“内部”专业素质逐渐提高的过程，是专业地位、社会认可度、产出社会效益的体现。体育教师的专业领域，就是体育教师必须具备的专业素养，具备把学生带往学习体育世界和学习体育情境的知识、能力和信念的集合，也就是体育教师“做事”的素养，包含教学素养、运动素养、学识素养和健康素养（表71）。

表71　指向体育教师核心素养的专业领域

领域	核心素养	基本要点
专业	教学素养	学科整体理解、体能发展教学、运动技能教学、健康教育教学、体育知识文化教学、目标单元教学
	运动素养	体魄强健、运动能力、一专多能、锻炼能力
	学识素养	本体知识、人文知识、自然科学知识、体育知识文化
	健康素养	大健康观、健康知识和技能、健康行为、健康教育设计

（五）指向体育教师核心素养的必备品格

所谓必备品格，就是体育教师必不可少的、必须具备的品格，是体育教师做人最基本的人品和信仰，是体育教师做教师最基本的师品和特质。这些品格对体育教师学习、发展和工作影响长远且作用重要，是体育教师为师自信、发展自信的基础。

师德和情感，作为体育教师必不可少、必须具备的两类品格，是体育教师育人

[1] 筑波大学教育学研究会. 现代教育学基础[M].钟启泉，译.上海：上海教育出版社，1986：442–443.

的前提。其核心指向体育教师的师爱素养、品行素养、道德素养和信念素养。

1. 师爱素养

爱是人性中最基础的东西，是一个人最基本的素质，是素质教育中的一个不可缺少的部分。马卡连柯说："爱是教育的基础，没有爱就没有教育。"可见，爱是一种教育精神，是一种教育德行，是每个体育教师必备的教育素养之一，也是良好师德的重要体现。师爱是师德之魂，是党的教育方针的基本要求，是教师职业道德的核心和精髓。如果我们的教育中没有了师爱，便没有了教育激情，没有了教育的原动力。师爱不仅仅是一种意愿、一种情感，它更是一种能力，是体育教师一种普遍、持久而又深厚的教育情感。体育教师的师爱素养，包括对国家、对教育、对体育、对学校、对集体、对学生、对事业、对生活和对自己的关爱、热爱与挚爱（表72）。

表72　必备品格之"师爱素养"基本要点内涵

核心素养	基本要点	释义
师爱素养	爱国家	尊重党和国家象征（如党旗、国旗、国歌等），不妄议国家大政方针，贯彻党和国家教育方针政策
	爱教育	热爱并忠诚于中小学教育事业，把教育当作一种情怀
	爱体育	崇尚体育，热爱体育运动，热爱体育教师这个职业
	爱学校	爱自己的学校，无论大小，无论城乡，无论重点与否
	爱集体	热爱团队集体，珍惜集体荣誉，愿意为集体做事
	爱学生	关爱学生，尊重学生，读懂学生，努力解决学生的问题和要求
	爱教书	喜欢当一名体育教师，视体育教师为阳光下最光荣的职业
	爱生活	热爱生活、积极向上、身心健康，有自己的业余爱好和精神生活
	爱自己	自己尊重和喜欢自己，不自卑，不自我贬低，懂得严寒酷暑下保护自己

2. 品行素养

体育学科在发展学生核心素养中，有着发展学生体育品德的任务要求，也就是在体育运动中让学生遵循行为规范以及形成价值追求和精神风貌，包括勇敢顽强、积极进取等体育精神，遵守规则、诚信自律等体育道德，文明礼貌、团队合作等体育品格。体育运动在培养学生勇敢顽强的精神、公平的竞争态度、坚强的意志品质、良好的体育行为和团队合作精神等优秀品质方面具有不可替代的重要作用。体育教师要向学生传教渗透体育品德，自己必须有好的品行，所谓“德行定终生”，一名体育教师的德行决定着他一生的发展，决定他能担当起教师角色职业的专业品质和精神品质，能够在体育教育的过程中体现出品行力量。体育教师的品行素养，包括阳光温暖、敬业服从、文明礼貌、团结合作、拼搏进取、勇于超越、吃苦耐劳、坚韧顽强和宽容自律（表73）。

表73　必备品格之“品行素养”基本要点内涵

核心素养	基本要点	释义
品行素养	阳光温暖	性格开朗、活泼、坦率、外向，体形健美，给人以温情、温暖和温度
	敬业奉献	潜心研究业务，不浮躁，默默奉献，以恭敬严肃的态度、忘我投入的志趣对待自己的工作
	文明礼貌	具有君子风范的言行举止，充满温存和友善的语言，守规守矩、庄重敏捷的举止，整洁美观得体的服饰装扮
	团结合作	善于与年级组、教研组团结合作；善于与同行、同事团结合作；善于在团队、集体中合作发挥作用
	拼搏进取	不安于现状，不墨守成规，勤于学习，积极参与教学改革研究，积极进修学习提高，具有勇往直前的拼搏精神
	勇于超越	能公平竞争、努力付出、拼命争取，会奋起直追、勇于表现，有着追求卓越、自我超越的因子
	吃苦耐劳	具有乐于奉献、吃苦耐劳的精神，能做到永不放弃的坚持
	坚韧顽强	具有果敢、自信、勇敢、坚毅的意志品质，困难时能咬紧牙关坚持到底，失败时毫不气馁
	宽容自律	有亲和力，学生困难时表现出温暖的、可依靠的、亲人般的善良与慈祥，工作和生活上做到自律、自尊、自爱、自信、自新

3. 道德素养

教师的道德是一种职业道德，是社会对教师提出的一种特殊的道德要求。赫尔巴特指出：“教学如果没有进行道德教育，只是一种没有目的的手段；道德教育如果没有教学，就是失去了手段的目的。”体育教师在学校往往会直接面向全体学生，与学生有着直接双向或多项交流，其思想、品德、作风、言行对学生有着直接示范性和榜样性，凡是要求学生做到的，体育教师都要率先垂范。正如德国教育家第斯多惠曾指出的：“为了对学生给予道德上的影响，教师本人必须是有高尚道德的人。”体育教师的道德素养，包括公正、诚信、仁义、守则、友善、尊重、责任、实干、表率、荣誉、信任和感恩（表74）。

表74　必备品格之“道德素养”基本要点内涵

核心素养	基本要点	释义
道德素养	公正	公平公正对待每一名学生，树立公平竞争的理念，遵守公平竞争的法则
	诚信	做事要有诚信，要勇敢去做正确的事，对团队忠诚，勇于承认自己的错误
	仁爱	豁达开朗，待人坦诚，仗义讲义气，不拘小节，学生困难时表现出温暖的、可依靠的、亲人般的善良与慈祥
	守则	服从岗位任务要求，遵守国家、社会、学校和体育运动的一切规章制度
	友善	亲和友善，亲和力强，使人容易亲近、愿意与之接触，容易和学生打成一片
	尊重	尊重学生，尊重自己，尊重体育比赛及规则，尊重胜利与失败
	责任	责任心强，想干事且能干成事，具有提高学生身体素质和锻炼学生身体的责任和义务
	实干	对工作勤勤恳恳、踏踏实实，求真务实、真抓实干地做事，注重会干、敢干、巧干、干成
	表率	守时、守信、守约，严于律己、言传身教，为人师表、以身作则做好表率
	荣誉	具有职业荣誉感和集体荣誉感，自尊、自强、自律赢得和捍卫荣誉
	信任	信任学生，真心对待和理解学生，信任同事和领导
	感恩	对工作和生活怀有一份感恩的心，带着一颗真诚的心去报答、感谢他人

4. 信念素养

信念的力量是伟大的，它支持着人们生活，催促着人们奋斗，推动着人们进步。帕哈雷斯（Pajares）曾引述康布斯（Arthur Combs）的话：“也许一个人在教育上成功或失败的最重要原因就是他对于自己本身相信了什么。”可见，信念对教育的影响力。教师有了信念，才能实现教书与育人的统一；体育教师有了信念，就有了对体育教与学过程的信念、体育教师角色的信念、体育学科与教学模式的信念等，也将直接影响体育教师的教学决策与信心，对学生的体育学习产生间接影响。同时，信念也影响着体育教师做出选择、对活动付出努力、在面对逆境表现出毅力和韧性。体育教师的信念素养，包括世界观、人生观、价值观、学生为本、有教无类、立德树人、快乐工作、体面教书、幸福生活（表75）。

表75 必备品格之“信念素养”基本要点内涵

核心素养	基本要点	释义
信念素养	世界观	具有并践行人民教师应有的正确世界观，能用辩证唯物主义和历史唯物主义看待与分析事物
	人生观	具有并践行积极、健康的人生观，具有真性情，把工作做好
	价值观	坚定长期致力于体育教育事业的理想与信心，能将个人本位价值观与学校本位、社会本位统一融合
	学生为本	把学生作为教育教学的根本和主体，关爱生命，重视健康
	有教无类	面向全体学生，尊重个体差异，主动了解和满足学生的不同需要，对学生一视同仁
	立德树人	发挥体育在培育和践行社会主义核心价值观、推进素质教育中的综合作用，促进青少年学生身心健康、体魄强健
	快乐工作	用快乐的态度去工作，以发自内心的主动状态去工作，在工作中不失去热情
	体面教书	有尊严地育人，以当体育教师为自豪，安心从教、舒心从教、静心从教
	幸福生活	热爱生活，能以积极的心态融入生活，有职业幸福感

（六）指向体育教师核心素养的关键能力

所谓关键能力，就是对体育教师学习、发展、工作影响长远的、作用重要的能力，是体育教师做事具有核心竞争力的效能，是伴随支撑体育教师终身可持续发展的能力，也是体育教师适应时代要求、在培养学生关键能力过程中起重要作用的能力。这些能力在体育教师的发展中起着决定性的作用，是体育教师学科自信、专业自信、育人自信的支撑。

格局和专业，作为体育教师在学习、发展、工作中有着支撑和效能作用的两类能力领域，是体育教师育人的本事。其核心指向体育教师的认知素养、沟通素养、择宜素养、创新素养、教学素养、运动素养、学识素养和健康素养。

1. 认知素养

认知是人们对事物的构成、性能与他物的关系、发展的动力、发展方向及基本规律的把握能力，如知觉、记忆、注意、思维和想象能力等。可以说，认知是人们成功完成活动最重要的心理条件，是人与人之间唯一的本质差别，也是体育教师一切学习与进步发展的底层的、最根本的能力。在实践中我们不难发现，认知对体育教师的人生价值观、世界观会产生巨大的影响，认知对体育教师的信念、思想、知识结构及其对教学实践也有着巨大的影响，认知也会对体育教师的教育观、体育观、学生观产生巨大影响，这些影响直接导致体育教师与体育教师之间的差距和层次。因为体育教师的认知水平，会影响体育教师以怎样的视角和观点看待教育、看待体育、看待学生、看待自己；会影响体育教师的专业态度，能否转变为进取型人格，不被情绪左右、容易冷静并能清楚地思考；会影响体育教师反思教学理念和教学实践，从而提高自我发展的自觉性；也会直接影响着学校体育的发展，提高体育教育品质。可以说，体育教师的成长来自认知，也决定于认知；体育教师的潜力有多大，一定程度上取决于其认知能力。体育教师的认知素养，包括角色认知、大体育观、一体化、整校推进、学习力（表76）。

表76　关键能力之“认知素养”基本要点内涵

核心素养	基本要点	释义
认知素养	角色认知	教育者；体育教育者；育体、育心、育人；健全人格培育
	大体育观	学校体育；竞技体育；课外体育；家庭体育；社区体育
	一体化	教学—训练—竞赛—科研；教学—组织—管理；组织领导—教育教学—条件保障—评价考核—身心健康—特色发展
	整校推进	校长；中层干部（主管领导、年级组长、相关部门主任）；体育教师；班主任；科任教师
	学习力	学习动力；学习毅力；学习能力；学以致用

2. 沟通素养

善于沟通是构建和谐所必须具备的基础素养，是体育教师必备的一项技能，是满足现代社会交流要求的良好人际交往能力，也是体育教师在事实、情感、价值取向和意见观点等方面采用有效且适当的方法进行沟通交流、合作共赢的本领。如对于任何一个企业来说，沟通每时每刻都在影响着组织的发展，有70%的问题是由沟通协调不利导致的。对于体育教师来说，学校内的诸多体育工作需要与领导沟通、与组织沟通、与他人沟通，有否沟通、沟通是否有效，直接决定了工作开展及完成效果。由于体育学科的特点和特性，学校体育工作内容庞杂，涉及体育课、体育活动、课内外、校内外、训练赛事等；体育教师工作任务繁多，涉及教学、训练、组织竞赛、管理等，体育与学校各部门有着千丝万缕的关系和相互跨界的关联性。如体育课的排课，需要教学办严格遵循学生活动规律和场地容量的实际科学安排，多数情况需先排好体育课再安排其他课；学校各类体育赛事活动和课间操，需要年级组、团委、德育处或政教处管理开展；学校运动会，需要学校各部门和各科教师全力协调配合；学生运动安全与意外损伤，需要学校医务室协助处理；学生体质健康测试及上报，需要电教技术支持；学生课余训练，需要后勤保安值守；学校体育器材及场地，需要人员开展安全风险防范和分类管理；学生外出参赛，需要进行运动风险管理；体育教师的业务培训和科研活动，需要教科研处定期组织……因此，体育教师要有能够与学校领导、年级组、班主任、科任教师、学生和家长有效沟通的能力，能选择合适的方式进行沟通交流和传递，表达自己的观点、想法，协调工作的问题、要求，争取学校体育工作得到支持和顺利开展。体育教师沟通素养，包括与校长、与学校中层干部、与班主任、与教研组、与学生、与家长、与社会的沟通（表77）。

表77　关键能力之“沟通素养”基本要点内涵

核心素养	基本要点	释义
沟通素养	与校长沟通	传达并提出学校体育开展要求，让作为学校体育工作第一责任人的校长先行统领学校体育改革，争取校长的理解、支持和认可，仅靠体育教师开展工作太难

续表

核心素养	基本要点	释义
沟通素养	与学校中层干部沟通	能与主管体育、德育、年级组、教科研、团委、后勤、安全等工作的领导有效沟通，为学校体育各项工作开展做好时间保障、人员支持、后勤服务、安全助力等
	与班主任沟通	学校体育各项工作得到班主任的配合和支持，协调班队、训练和活动之间的各种关系，争取班主任对体育工作的宣传和教育，做好个别学生的提醒、教育和约束等
沟通素养	与教研组沟通	明确自己在教研团队中的角色和所承担的任务，能与教研组成员相互尊重、友爱互助地沟通与合作，适时地利用集体的智慧完成工作
	与学生沟通	有效地把体育知识、技能和锻炼方法传递沟通给学生，倾听、了解学生，知道他们的心理及其变化，清楚他们在体育课堂中的表现和反馈
	与家长沟通	了解学生的身心健康状况和家长关心的问题，得到家长的理解和支持，让家庭体育成为可能，有效推进家校体育
	与社会沟通	能与社区有效沟通，将社区体育与学校体育有效结合，与推动学校体育工作开展的市区级教研部门、校外组织机构、专家教练师资等校外人员有效沟通，助力学校体育发展

3. 择宜素养

在2016年北京教育学院举办的“首届基础教育人才发展20人北京论坛”中，北京大学陈向明教授提出：“教师工作是复杂的，是有价值取向的，具有前进性、不稳定性和价值冲突性。在这种情况下，教师最需要的素养是‘择宜’，也就是根据此时此地的情形，考虑到各种动机、权益和诉求，通过实践推理做出恰当的判断，并采取最合适的行动策略。”学校体育内容体系庞杂，学校发展特点各有千秋，学生运动需求广泛不一，体育教师专项特长不同，要创建学校体育特点的、符合学校办学理念发展的特色体育，要开展适宜学生形成爱好特长、让学生掌握两项运动技能，需要体育教师面对学校发展需求和学生个性特征在不断发展变化中选择。特别是在国家高度重视学校体育发展、注重学生体质健康的时代背景下，要落实国家政策文件要求，要落实三维目标、核心素养，要解决学校体育诸多特殊性、情境性、不确定性、不稳定性、价值冲突性等工作，要形成学校特色、学生特长、自身特色。在此要求下，体育教师需要有择宜的素养，也就是在诸多择宜标准中，坚守体育教育和体育教师的价值观，做出恰当的选择，如在认为什么是“好的体育教育”中，坚守体育教师最应该做的是什么，跟进时代发展要求顺应的是什么，不得不妥协和牺牲的是什么，打造体育特色或专属的品牌是什么等。体育教师的择宜素养，包括创建“一校一品”、形成“一生两长”、自我特色专属品牌、顺应时代传承改进、反思沉淀（表78）。

表78　关键能力之“择宜素养”基本要点内涵

核心素养	基本要点	释义
择宜素养	创建“一校一品”	选择项目逐步形成“一校一品”“一校多品”教学模式，开设学校体育特色课程，形成学校体育品牌
	形成“一生两长”	让每个学生熟练掌握两项以上运动技能，开设让学生学会至少两项终身受益的体育锻炼项目和体育特长
	自我特色专属品牌	定位自身的专业优势与特长，形成体育教学特色风格，具有自身专属的特质与品牌
	顺应时代传承改进	跟进时代发展要求，传承学校体育传统项目和示范项目，开发学校体育新兴项目和特色项目
	反思沉淀	在积累知识和技能、业务磨炼和工作实践中学会转化，形成批判性反思的意识和能力，在反思沉淀基础上做出公正、合情合理的决策

4. 创新素养

全面深化新时代教师队伍建设改革，目的是要培养造就党和人民满意的高素质专业化创新型教师队伍，在过去一直强调的“高素质”“专业化”的基础上提出了“创新型”的要求。在全面推进素质教育的进程中，在学科教学指向核心素养的探索中，在面对学生体质健康严峻挑战的形势下，学校体育和体育教师会遇到许多新的问题、新的困境，需要以创造性思维加以处理和解决。然而，体育教师在工作中，往往会受到习惯性思维定式，也就是受过去式的、固定化的思路束缚，造成自我封闭、墨守成规和思域狭窄，难以摆脱消极、刻板印象，难以发挥能动的、正向的创造精神。正如笔者2013年面向北京市300余名中小学学科教师、400余名中小学生和300余名学生家长的一份调查发现，“缺乏创新”成为体育教师首位欠缺的品质和首位需提高的能力。或许是几年如一日的同一套课间操，或许是沉闷无生气的学校体育活动，或许是“一哨两球三放羊”的体育课，或许是对体育教师“头脑简单，四肢发达”的印象定格，或许是对体育教师职业角色的历史成见，或许是基础教育“深综改”的现实冲击，“缺乏创新”成为体育教师的首位定式印象，一定程度上影响着学校体育的改革与发展。创新素养重在“创新”，可以是从无到有，也可以是从“有”到“新”。体育教师的创新能力不是具体的某一项能力，而是体育教师的创新个性品质与创新思维品质在体育教学活动中的具体体现，需要体育教师从正迁移、积极态、开放态、反定式去努力探索，走出思维定式、跳出恶性循环，闯出学校体育的一片新天地。体育教师的创新素养，包括创新思维、创新意愿、活动创新、技术创新（表79）。

表79　关键能力之“创新素养”基本要点内涵

核心素养	基本要点	释义
创新素养	创新思维	求新求异（是否可以那样做、为什么不能这样做、还可以怎样做）；多元价值判断（能取消则去旧求新、能合并则组合开发、能取代则推陈出新）；可选择性（重新考虑设计找到多条出路和实现多种可能，实践尝试学校体育前所未做的工作，寻找并走好“新路”）；开放性（转变切入角度，发现新事物和新规律，提出新看法和新建议）
	创新意愿	不安于现状、不选择观望等待、不混日子；不满于走老路、不守旧、不循规蹈矩；善于质疑、敢于抗争，勇于跳出固有思维，勇于创新并锐意改革
	活动创新	创新体育活动的内容；创新体育活动的方式；创新体育活动的载体
	技术创新	能运用信息技术进行教学设计与实施；会利用大数据分析精准了解学情；有效融入体育科技、体育拓展等元素

5. 教学素养

教学能力作为教师能力结构中的核心能力，是体育教师驾驭有关知识和技能、顺利完成教学活动必备的心理特征[1]，是体育教师从事体育教育教学活动必须具备的

[1] 毛振明.体育教学论[M].北京：高等教育出版社，2005.

专门能力，是落实体育与健康课程标准的综合能力[1]，也是达成体育学科运动能力、健康行为、体育品德核心素养的专业能力。根据《义务教育体育与健康学科教师培训课程标准》对学科教学指标研制提出的"对应体育学科核心教学能力"的要求，基于体育教师教学工作任务及实践需求，由《义务教育体育与健康课程标准（2011年版）》确定的课程内容、对学生的体育核心素养与能力要求，体育教师的教学能力包括体育学科整体理解、体能发展教学、运动技能教学、健康教育教学和体育知识文化教学为一级指标的教学能力系统，并结合体育教师教学能力的关键问题和主要事项提炼形成数条教学能力核心项。同时，目标单元作为体育教学和课程设计的基本单位，能够衡量体育教师教学驾驭能力，也就是体育教师根据课标和考试的目标要求，对教材进行分析挖掘目标实现的可能性，同时了解学生的需要，将目标聚焦到一个核心目标上，确保体育课程三维目标的实现，确保从目标整体上把握局部和持续进阶提高，确保在体育教学过程中不迷失体育学科课程目标。体育教师的教学素养，包括学科整体理解、体能发展教学、运动技能教学、健康教育教学、体育知识文化教学和目标单元教学（表80）。

表80 关键能力之"教学素养"基本要点内涵

核心素养	基本要点	释义
教学素养	学科整体理解	理解体育与健康课程理念，在教学设计中有内容体现，并能具体落实到课程中；理解体育与健康教学理念，全面把握课堂教学中的若干要素
	体能发展教学	了解体能并知道体能的重要性；学生体能的测试与评价；发展学生体能的练习方法；制订科学的体能锻炼计划
	运动技能教学	把握开放式、封闭式和混合式运动技能特性；技能目标落实；教学内容选用；教学方法选创；技能学习的组织管理；技能学习的关注指导
	健康教育教学	树立健康科学观念；培养健康生活方式；提高避险防护能力；促进心理健康发展；塑造理想人格品质

[1] 潘建芬，毛振明，陈雁飞.体育教师论[M].北京：北京体育大学出版社，2014.

续表

核心素养	基本要点	释义
教学素养	体育知识文化教学	了解灿烂的奥林匹克文化；传承优秀的中国传统体育文化；了解现代社会中的运动健身文化；培育热情与文明的体育观赛文化
	目标单元教学	理解目标单元教学设计内涵和必要性；能够进行经典运动项目单元、基本技术组合单元、体能发展处方单元、体育拓展题材单元、多维目标单元、知识单元、态度单元等目标单元的设计与实施

6. 运动素养

运动技战术的掌握是学生在未来的生活和工作中参加运动的前提和基础，运动技战术的习得是体育与健康课程的最主要工作和目标，也是体育课程教学质量的重要标志，运动技术学习还是实现体育与健康课程其他目标的途径。体育教师要手把手教会学生运动的技能，要有让学生看了就鼓掌的“那两下子”，因此，运动素养是体育教师区别于其他学科教师的专项素养，一定程度上决定了体育教师职业是否可以被替代，也是体育教师得以安身立命的根基所在。2007年《中共中央　国务院关于加强青少年体育增强青少年体质的意见》提出“通过5年左右的时间使每个学生都能掌握两项以上体育运动技能”，2012年国务院办公厅转发教育部等部门《关于进一步加强学校体育工作的若干意见》，提出“每个学生都学会至少两项终身受益的体育锻炼项目”，2016年中共中央、国务院印发的《“健康中国2030”规划纲要》提出，到2030年要“基本实现青少年熟练掌握一项以上体育运动技能”，2016年《国务院办公厅关于强化学校体育促进学生身心健康全面发展的意见》提出要“让学生熟练掌握一至两项运动技能”，这些量化性目标的提出，就是要注重让学生学会基本的运动技能，保证学生能较深入地学好1~2个运动项目，并有一定的项目运动技术广度。这就对体育教师的运动素养提出了更高的要求，也对体育教师的专项素养提出了具体的任务。体育教师的运动素养，包括体魄强健、运动能力、一专多能、锻炼能力（表81）。

表81　关键能力之“运动素养”基本要点内涵

核心素养	基本要点	释义
运动素养	体魄强健	具有与体育教育工作者相匹配的身体形象；具有满足体育教学训练裁判等工作的体能和身体素质；具有抵抗寒暑的身体适应能力和健康水平
	运动能力	有运动认知；有基本运动能力；有专项运动能力；明白并会技战术运用；能进行展示与比赛
	一专多能	有一个运动专长或专项特长；漂亮的示范动作和运动技能的精细讲解传教；教深教透教会学生“一技之长”或“一生两长”；有组织课间操、运动会、编操等能力，能传教给学生未来生活中基本够用的运动技能
运动素养	锻炼能力	让学生都能“动起来”，有效地锻炼学生身体，增强学生体质；推进趣味体育课课练，发展学生的运动素质；能创设优越的体育锻炼环境和快乐体育园地；能以运动学习为载体，利用体育集体提高学生的社会性和良好品行

7. 学识素养

拥有什么知识，才能当教师；懂得什么知识，才能成为一名好教师，这是体育教师的学识基础问题。体育教师的学识素养，是体育教师区别于其他人员的根本特征，是体育教师专业能力得以生长的土壤，也是吸引学生、赢得尊重的信服力量，获得凝聚、尊敬的亲近力量，具有相对确定性或客观性，同时又具有发展性、建构性、历史暂时性，因为有些知识可通过传授得到，有些知识需要自主建构。在《国家中长期教育改革和发展规划纲要（2010—2020）》中提出，教师要“以人格魅力和学识魅力教育感染学生，做学生健康成长的指导者和引路人”，首次从人格魅力和学识魅力对教师的“教育魅力”提出了要求。体育教师作为学校教师队伍的重要组成部分，作为一个专业性很强的特殊群体，形成了自身群体所共同拥有的专业特质，塑造了体育教师群体所体现的教育魅力，一定程度上支配展现着体育教师的教育与行为，教育影响着学生的学习体验与获得，从而绽放出体育学科的育人价值和体育教师的育人力量。最新的一个调查发现，1 479名中小学校长认为体育教师最缺失的是文化底蕴，“文化底蕴”成为体育教师首位缺失素养。在体育课和学校体育活动中，到处渗透着体育与健康知识的学习，也有无数的知识点彰显着体育的学科特性，懂得这些知识的体育教师在学生眼中有着无穷的学识魅力。从体育教师的学识结构来看，体育教师需要具备本体知识，这是基础；需要具备体育知识文化，这是促进发展的必要条件；需要具备一定的人文知识和自然科学知识，这是形成教育风格的催化剂和活化剂。体育教师有了吸引学生、激发学生、教育学生和影响学生的学识魅力，就有了使学生真正信服的本事，有了自身专业能力得以生长的核心。体育教师的学识素养，包括本体知识、人文知识、自然科学知识和体育知识文化（表82）。

表82　关键能力之“学识素养”基本要点内涵

核心素养	基本要点	释义
学识素养	本体知识	体育学科思想方法知识；能满足体育教学工作和教研所需要的专业知识；体育实践知识和自身生活、工作经验；具有满足现代学习型社会要求的知识学养
	人文知识	能写一手好字；能进行文章写作；读名著；具有时事知识、历史地理知识及体育人文知识；具有能满足学生思想品德教育所需的人文知识与素养
	自然科学知识	具有运动生理学、人体解剖学、运动生物力学、运动生物化学、体育保健、运动康复知识，如最大吸氧量、靶心率、营养、糖代谢、营养代谢、力、身体质量指数等；具有锻炼身体所必须知晓的原理和知识
	体育知识文化	知晓各运动项目的知识；欣赏体育文化所必需的原理和知识；尊重中华民族体育文化并践行传承；尊重并弘扬以奥林匹克为核心的现代体育文化的精神

8. 健康素养

《“健康中国2030”规划纲要》提出“把健康教育作为所有教育阶段素质教育的重要内容，以中小学为重点，建立学校健康教育推进机制”。《普通高中体育与健康课程标准（2017年版）》中提出，健康行为是体育与健康学科核心素养之一，是增进身心健康和积极适应外部环境的综合表现，是提高健康意识、改善健康状况并逐渐形成健康文明生活方式的关键。早在2008年教育部颁布的《中小学健康教育指导纲要》提出，学科教学每学期应安排6~7课时，主要载体课程为《体育与健康》。另据全国教育科学“十五”规划教育部重点课题《基础教育课程改革中健康教育实施效果评价及对策研究》调查发现，40.9%的调查学校是由体育教师承担着学校健康教育的课程，高于生物课教师31.8%的授课比例[1]。可见，中小学校的健康教育是健康中国建设的重点，健康行为是体育学科的核心素养之一，体育与健康课程承载了为中小学生提供健康教育内容以及培育学生健康素养的重要任务，体育教师在开展学校健康教育中发挥着主要作用。要树立正确健康观，塑造自主自律的健康行为，提升学生健康行为和健康素养，是健康中国、健康师生建设的愿景和指标，是学校体育的初心和任务，也是体育教师需要具备的基础素养。体育教师的健康素养，包括大健康观、健康知识和技能、健康行为、健康教育设计（表83）。

表83　关键能力之“健康素养”基本要点内涵

核心素养	基本要点	释义
健康素养	大健康观	健康的价值观、经济观和社会观；健康的多学科、跨界融合；健康涉及身体健康、心理健康、社区和环境健康、疾病预防、预防暴力与伤害等不同主题内容；师生健康与中国健康
	健康知识和技能	具有心理和情绪健康、家庭和社交健康、生长和发育、营养、个人健康与体育活动、暴力与伤害预防、烟酒与其他药物、传染病与慢性病、消费者健康和社区健康、环境健康、安全和救护等知识和技能
	健康行为	设定健康目标；做一名健康倡导者；获取健康的信息；做负责任的决定；解决冲突；运用拒绝技能；管理压力；运用沟通技能；获取健康的信息、产品和服务；实践健康行为
	健康教育设计	健康教育知识的设计与渗透；健康生活技能的设计与渗透；体育有机融合于健康教育的导学与渗透

综上所述，体育教师核心素养体系结构的构建，需要遵循学校体育改革背景和发展政策，需要依据体育与健康课程标准、体育教师发展标准及基本内容，更需要分析当下学校体育的现实基础和发展新要求，基于政策、基于标准、基于现实，构建起指向体育教师当下需要和未来发展的核心素养体系结构。

[1] 余小鸣，陈雁飞，张芯.健康教育教学指导[M]. 北京：高等教育出版社，2015.

第四章

体育教师必然培育走向

学校的可持续发展，取决于教师的素质；学校体育的可持续发展，取决于体育教师的素质。2018年3月，教育部等五部门印发的《教师教育振兴行动计划（2018—2022年）》提出：亟须振兴教师教育，培育未来的教师，培训现有的教师，全面提高教师素质，培养造就一支适应进行现代化建设、担当民族复兴大任的教师队伍。《中共中央　国务院关于全面深化新时代教师队伍建设改革的意见》提出：全面提高中小学教师质量，造就党和人民满意的高素质专业化创新型教师队伍。可见，新时代国家对体育的重视达到了前所未有的高度，学校体育摆在了学校教育更加突出的位置，体育师资成为加强青少年体育、增强体质的关键，培养具有“高素质专业化创新型”内涵的体育教师迫在眉睫。现阶段，我国体育教师发展的主要矛盾是体育教师日益增长的教研学习需要和落后的制度管理限制之间的矛盾，体育教师发展的主要方向是“高素质专业化创新型”，体育教师发展的关键问题是培育和促进体育教师可持续发展的核心素养。

必然即“必定如此”，指客观事物的本质和规律，就是事情一定生成或必定形成的样子与状态，是不以人的意志为转移的客观发展规律，与人们对事物发展趋势、规律的认识与遵循有关。基于核心素养加强体育教师的素养培育，把握体育教师素养培育的必然态势，有助于清晰其目的和作用，并以必然状态作为体育教师能力提高和专业持续发展的立足点。

一、核心素养视域下体育教师培养的转变

体育教师职前培养是体育教师教育的第一个阶段，主要负责培养未来的体育教师，并为终身教育打实基础。如何把核心素养纳入体育教师职前教育中，如何在职前培养中加强体育教师素养教育，是需要结合系统性、理论性、分析性、基础性和一般性的特性，进行科学合理的职前培养课程设计。

（一）合理设置三类素养提升课程

职前体育教师的培养，可着重强化人文素养、自然科学素养和运动技能三类专业素养的培养。人文素养包括写字、日记、读名著、时事知识、历史地理知识及人文知识等，自然科学素养包括生理、解剖、保健、康复等，运动技能素养包括运动能力、运动技能等。在安排体育教育专业通识课程、学科课程和教育课程比例的基础上，在通识课程设置上，要思考如何配合体育教师的专业需求；在学科课程设置上，要把握系统学习还是重在中小学所授学科内容深度理解的度；在教育课程设置上，应思考选取哪些有效的课程，从而瞄准“高素质、精专业”的培养目标（图30）。

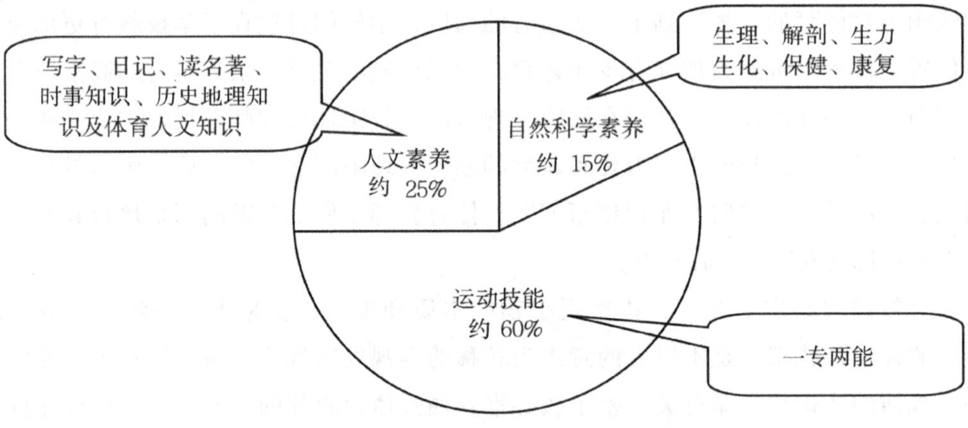

图30　体育教育专业的学生专业素养比例

（二）注重运动技能课程的强化

曾有专家对20世纪60年代毕业的优秀体育教师做过一个简单的调研："您在大学学习和掌握的知识、技能对您毕业后的事业起长久作用的是什么？"几乎百分百的回答是：第一，敬业精神和职业意识；第二，运动技术技能。可见，中小学体育教师的职前培养，在进一步强调重视教育学科课程、增加课程设置比重的基础上，更需强化专业技术技能教学，强化学生的体育运动技术技能培养。由于青少年学生的心理发展特征，体育教师高超的运动技术技能不仅会令学生崇拜，而且对激发学生对体育的兴趣和爱好会产生重要的影响。由于体育学科的特殊性，运动技能是体育教师真本事的一种体现，运动专项是体育教师走上职业岗位后基本难以弥补的一类专项能力。也就是说，运动技术和技能主要应该在大学本科阶段完成，本科之后这一课基本难以弥补。研究生和本科毕业后英语、计算机及其他的学科知识可以补上，但运动技术和技能的提高是很难完成的。

（三）体现理论联系实践的双元特征

在体育教师培养课程安排上，应处处贯穿理论联系实践的思想，使学生更深地理解所学的理论知识并能将其较好地运用于实践，为他们将来更快地投入体育教师岗位打下基础。一方面，在修业和见习两阶段都要注重理论的学习和实践的锻炼。另一方面，两个阶段又应各有侧重，修业阶段侧重于理论学习，穿插有教育实践；见习阶段侧重于教学实习，同时伴有理论学习。这样的安排，使得学生能够很好地把理论和实践结合起来，呈现出阶段二重性、内容二元性的特征。在体育教师培养课程设计中，要特别强调基础性强、运动技术技能厚实和学校体育实用性；在体育教师能力培养中，要特别突出对体育基本知识、运动技术和技能的熟练掌握和灵活应用；在课程内容上，提供情境化，甚至现场化的资源、丰富的案例供学习、讨论、分析，将理论和实践有效结合起来。

（四）加强教育实践与中小学实际的联系

体育教师培养的学科和课程体系应该围绕着中小学的体育工作实际需要加以设

计，注重教学过程的开放性与主体性，密切关注中小学体育课程的变化，加强与中小学的联合，聘请优秀的中小学教师到大学为本科生讲课，从而从根本上解决大学培养与中小学体育实际相脱节的问题。同时，体育教师作为一种“临床”专业，实践是完成其专业培养的重要环节。体育教师培养过程应更加强调社会实践和教学实习、建立教学实践和实习基地、加大教学实习的时空要素，如教学实习时间至少一学期、增加教育见习、观摩中小学体育课的时数；实习基地和实习学校应该包括高中校、初中校和小学，包括重点学校、一般学校、城市学校和农村学校等。但教育实习中究竟需要安排多长时间的实践环节，以什么方式来安排实践环节，是集中实习、分散见习还是驻校实践，如何避免准教师所常常感受到的理论与实践的鸿沟等问题，还有待于进一步研究。

二、核心素养视域下体育教师培训的变革

职后培训是继体育教师职前培养过程完成后，根据教学过程中主客观条件的变化而采取的一种提升在职在岗体育教师能力的手段，也是实践终身学习要求和加强队伍建设的重要举措。在职后培训课程体系中，结合体育教师的核心素养和可持续发展，嵌入式融入素养教育，将起到事半功倍的效果。

(一)从知识技术掌握向能力提高转变的培训理念

从提高体育教师的教材教法，提高体育教师的基本知识、基本技术、基本技能的三基教学胜任能力，提高体育教师的运动技能，提高体育教师的教学技能、运动技能教学能力，到提高体育教师的专项能力、专业素养等，其培训理念都是注重体育教师专业知识技术的培训主题和目标定位，都从体育教师专业发展的基础、必要条件展开培训，内容或重知识，或重技术，或重知识理论与技术技能的结合，或重知识技术的全面性。核心素养视域下的体育教师培训理念，有必要从体育教师可持续发展的必备品格和关键能力出发，基于“立德树人”的根本任务和“立德育人”的发展目标，基于体育教师成长和学习的特点，注重体育教师需要具备、必须强化的师德和情感基础，注重体育教师需要具备、促进其发展的格局条件，注重体育教

师需要具备、形成风格特色的专业催化，服从和服务于“完整”体育教师能力的培养，提高和致力于那些决定体育教师走得更远、站得更高的要素和禀赋（图31）。

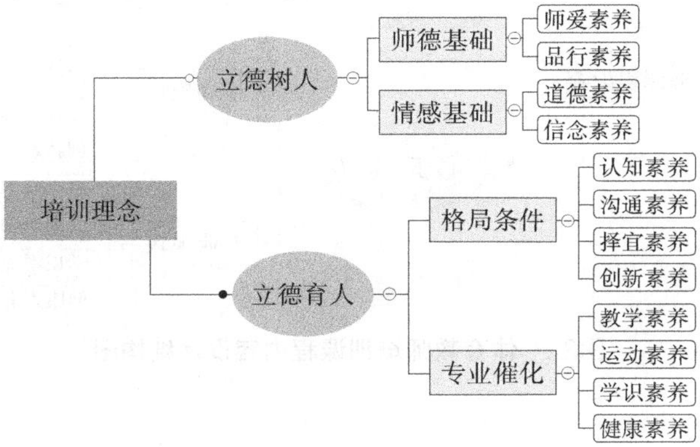

图31　体育教师培训理念结构图

（二）从碎片化向结构化转变的课程内容

课程内容是体育教师培训改革的重要着力点，是实现培训目标的主要途径和教育教学活动的直接载体，是整个体育教师培训的核心，其结构和内容决定着培训质量，反映着培训的核心竞争力和专业化程度。以往多数体育教师的培训课程内容设计，更多的是非整体、静态的、碎片化的知识技术，更多的是非实践和问题取向、非切中学校体育痛点和体育教师发展点的知识技术。针对体育教师培训课程具有改造提升性、理论实践结合性和互动训练性的特点，核心素养视域下的体育教师培训课程内容设计，可以依照体育教师“做事”的原则与实际，从体育教师必备品格强化和关键能力提高搭建培训课程内容框架，立足于体育教师在“做事”中所遇到的问题、解决问题的能力进行课程设计，形成一个基于“做事能力”的统括性结构，以弥补、丰富、改造和提升体育教师原有知识结构、观念、方法等，能够很好地把理论和实践结合起来，实现帮助体育教师“加深专业理解，解决实际问题，提升自身经验，促进可持续发展”的培训课程功能（图32）。

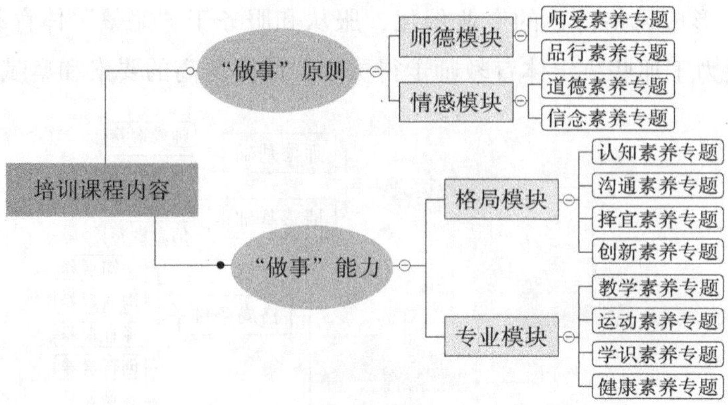

图32　体育教师培训课程内容设计结构图

（三）从经验走向实证转变的培训方式

方式常常被称为解决问题的钥匙，培训方式则是吸引体育教师的方式、影响体育教师的方式。《教育部关于深化中小学教师培训模式改革全面提升培训质量的指导意见》（教师〔2013〕6号）提出：转变培训方式，提升教师参训实效。培训方式由课程内容与学员特点共同决定，要与成人学习规律、多形态相结合。如改革传统讲授方式、强化学员互动参与，强化基于教学现场、走进真实课堂的培训环节，通过现场诊断和案例教学解决实际问题，采取跟岗培训和情境体验改进教学行为，利用行动研究和反思实践提升教育经验等，在聆听、互动、训练、体验、实践反思中，增强培训吸引力、感染力和实效性，实现能力和素质的真正提升，力求体育教师的知识技术结构得以活跃化、经验得到改造、能力得到提高、素质得到转变。从经验走向经验、从经验走向实证的培训方式，就是“实践”的朴素含义，就是将新理念与新认知付诸实践、以求观念内化与行为固化的“做”，就是要培训学员动起来、做起来、练起来的学习活动。在“学”（听中学、做中学）、“思”（经验提升、实践反思）、“做”（把听懂、领悟的通过模拟实践、校本实践做出来）、“研”（以小课题研究、课例研究把做好的说出来或写出来）的有效结合中，促进实践性知识的不断丰富和实践智慧的不断提升（图33）。

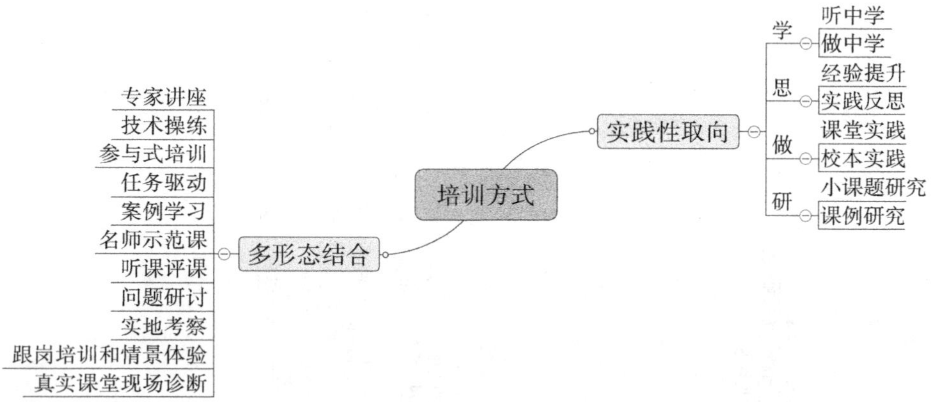

图33　体育教师培训课程方式

（四）从笼统走向精准的分层培训体系

2015年教育部颁布的《中小学幼儿园教师培训课程标准研制工作规程》中明确指出：引导各地对教师教育教学能力进行科学诊断，设置针对性培训课程，确保按需施训。在全国各类学校承担的体育教师培训项目中，面临着“短平快”为主的低水平培训、大规模集中性的批量生产培训、低水平重复没有发生实质性变化的培训等诸多问题，没有培训前期诊断、中期调整，存在吃不饱或是吃不了的情况，大大影响了培训的质量和效果。针对体育教师培训分层和针对性问题，教育部组织研制的《义务教育体育与健康学科教师培训课程标准》，增加了“能力诊断”这一要素，以引导体育教师自身在参训前进行能力诊断，以解决培训乱挑、乱学、都学、盲学、无目的学、学了没用的问题，也就是体育教师能根据实际情形，考虑各种动机、权益和诉求，通过教学能力诊断的实践推理做出恰当的判断，并采取最适合的行动策略，在选择、妥协和放弃中，坚持最应该做的和提高改进的能力或问题，择宜接受精准培训。同时引导培训机构不再是笼统地提高体育教师综合能力，而是基于不同发展水平和实践缺失，基于需求多元性和类型多样化，提供明确的需求目标和结构指标，设置多层级、分水平课程内容，做到精准施训。以教学素养为例的精准施训结构见图34。

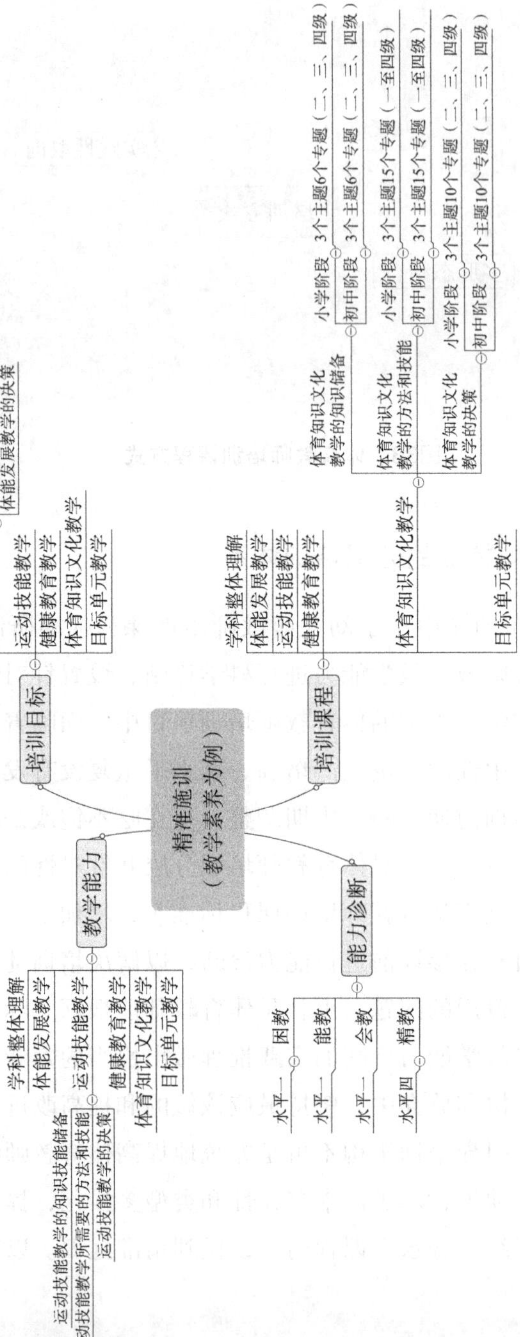

图34 体育教师精准施训结构图（以教学素养为例）

三、核心素养视域下体育教师教研的转化

要使核心素养可知、可学、可教和可评，要体育教师认知和理解核心素养，实践并创造新的教学经验，完善并提升自身的专业成长，需要通过教和研的方式帮助体育教师实现核心素养导向下的专业发展，在体育学科教研中呈现体育教学和体育教师共同发展的新样态。

（一）从单一教研视角转向统合

学校体育是一项立体的、综合的、全方位的教育工作，涉及课与活动、训练与竞赛、社团与俱乐部、组织与管理、资源与条件等方方面面，是一项长期复杂的工程，需要方方面面的支持与合作，需要自上而下的规划与要求，需要自下而上的结合与落实，需要多部门的共管与对接，以形成强化学校体育的工作合力。而在现实中，多数体育教师的教研视角往往就停留在自己擅长或是主要负责的体育课教学、课外训练或运动队竞赛中，往往认为其他工作与自己的工作无关，哪怕是学生体质健康测试、哪怕是学校体育特色建设、哪怕是学校运动队组建等，导致体育教师视野越来越窄、视角越来越单一，在“一亩三分地”的工作中忘了学校体育工作的内容任务，忘了体育教师的责任与使命。核心素养视域下的体育教师，需要根据国家教育部门对学校体育工作发展的新要求，把自己的教研视角放大、放宽、放高，将体育教学、训练、竞赛与学校体育的全面工作统整起来，建立起大学校体育任务观，将学校体育的组织领导、教育教学、条件保障、评价考试、学生身心健康、特色发展有效统合（图35），从而实现学校体育培养学生人文情怀和健全人格、培养学生与人交往和合作的能力、培养学生“非智力因素”、让学生拥有健康的体魄和健康生活理念、培养学生的审美情趣等价值。

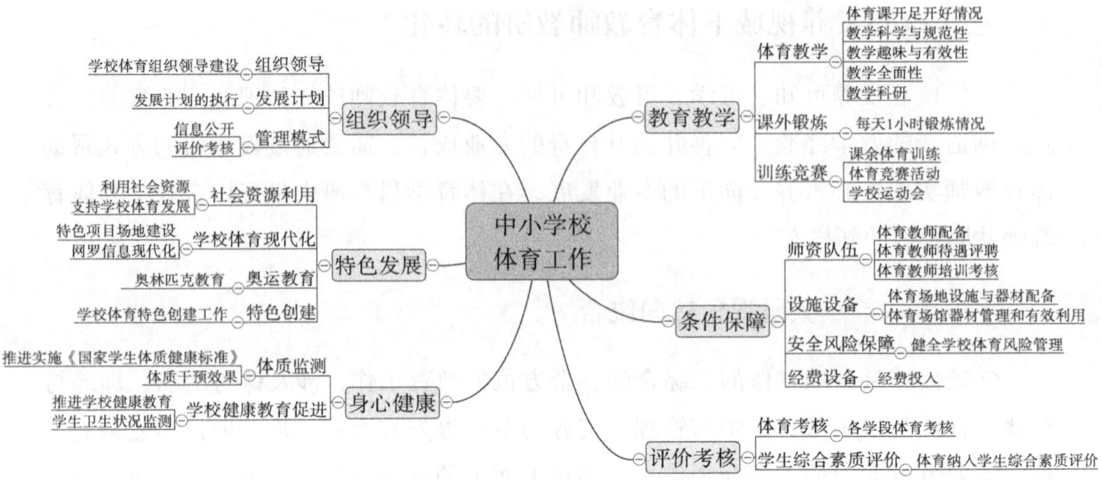

图35　中小学校体育工作统合结构图

（二）从重教学设计转向重教学活动设计

在《义务教育体育与健康课程标准（2011年版）》中，提到“具有积极参与体育活动的态度和行为，用科学的方法参与体育活动，安全地进行体育活动，获得野外活动的基本技能，了解体育活动对心理健康的作用，认识身心发展的关系，正确理解体育活动与自尊、自信的关系，学会通过体育活动等方法调控情绪”等学习领域目标，可见体育教学是体育活动的教学，活动在体育课堂教学中有着举足轻重的地位。体育课教学设计，不仅要重视教与学过程、教与学步骤、教与学环节的学习，更需要体育教师重视对教学活动的设计，将“教”和“学”简化融合在活动中，从而达到让学生在体育活动中学练技术、体验乐趣、增强体能、渗透品行。也就是体育教师在体育课教学设计中，要突出“活动化”，把体育教学过程转化为一个个体育活动展开的过程，将体育教学环节串联在游戏、拓展、组合或比赛活动之中，辅以适当的讲解、示范和指导，主要突出学生的“动”。同时，体育教师在上课之前，需要投入精力加强教学活动的设计，如设计哪些活动方法激活学生的动作准备、哪些基本动作可以组合为专项准备活动、为开展教学比赛提前做好学生分析与分组、现有的场地器材条件如何组织、如何充分发挥见习学生在活动中的作用、如何调动不同水平学生的参与积极性等，以最大限度地确保活动的实施与实效。

（三）从小单元教学转向大单元教学

2016年《国务院办公厅关于强化学校体育促进学生身心健康全面发展的意见》在“完善体育课程”中提出建立大中小学体育课程衔接体系，到2020年的工作目标之一是教学、训练与竞赛体系基本完备，体育教学质量明显提高。要促进学生基本掌握至少两项体育运动技能，学校要形成“一校一品”或“一校多品”，需要体育教学完善课程内容、构建课程内容进阶升级的衔接体系和制订运动项目大单元教学设计。所谓大单元教学设计，就是从优化教材结构和通盘设计着手，宏观审视一个教材完整贯穿过程，发现教材之间、教学之间相互关联和互为补充的内在关联，运用系统的整体原理编排教材，沟通教材之间的联系，超越常规课和小单元设计，使每个单元不光有教学“点”的设计，还有教学重点“面”的设计，更有贯穿学期、年级、水平或学段的大单元“线”的设计。也就是需要体育教师站在更高的视角，重新集中再组合、再分配的过程，以加强教学的整体性、系统性和有效性，把体育教学引到深入有效学习。大单元教学，特别需要体育教师具备格局和专业领域的关键能力，以符合学校体育改革和健身育人的要求。

（四）从单元教学指向目标单元教学

我们不难发现，现有体育教学或单元常常会无意识地“脱离目标”，难以确保体育课程三维目标的实现；体育课多呈现初步体验的低级重复教学和突击性的高强度训练，难以从目标整体上把握局部和进阶提高；“一校一品”难以形成，校本课程表面热闹不可持续发展；体育教师自身专长难以发挥，遭遇所学不能教的尴尬；多维目标难以在一节课上实现，或是一节课赋予太多根本难以达成的目标；体育学科的课程目标在教学过程中容易迷失……要解决这些问题，需要体育教师根据课标和考试的目标要求，对体育教材进行分析挖掘目标实现的可能性，同时了解学生的需要，将目标聚焦到一个核心目标上，也就是进行目标单元教学（图36）。其目标单元教学的特点是目标要通过显性的知识技能的学习为载体实现的，是嵌入式和融合式的，也就是体育教师要打破惯性思维定式，基于以往重视的教材单元，注重教材目标化的分析，注

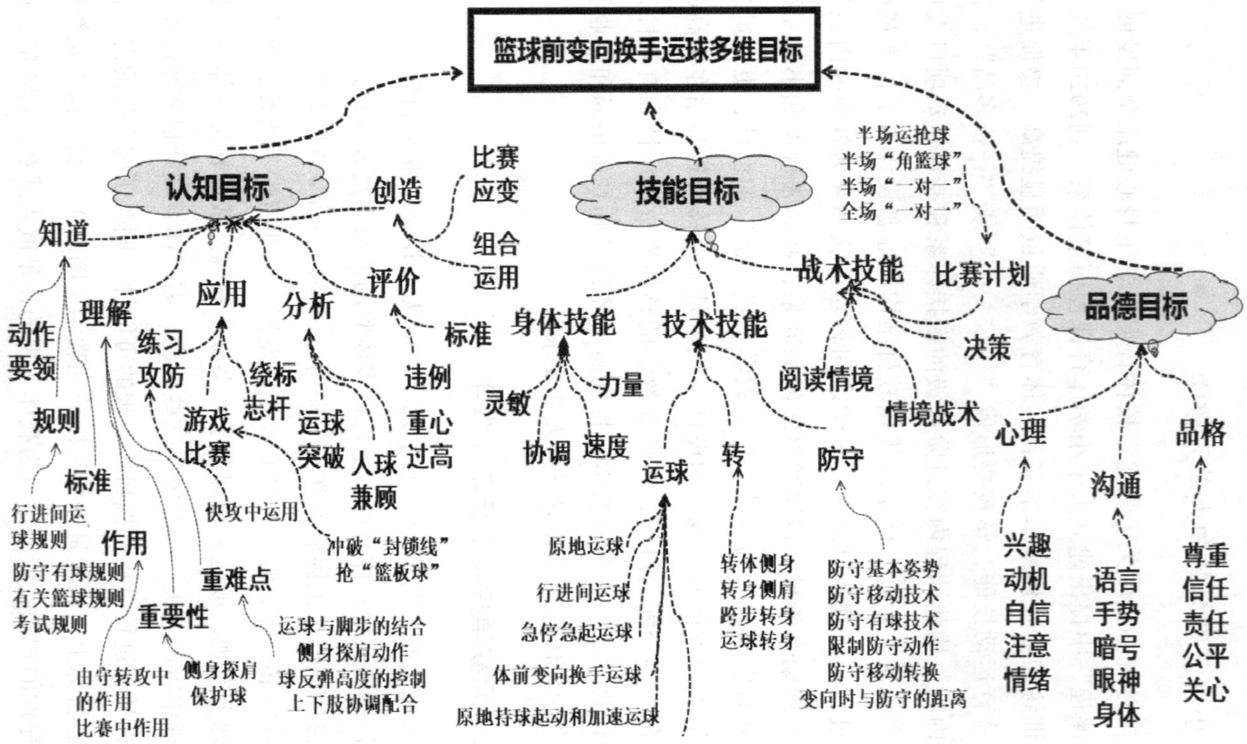

图36　目标单元教学设计（以篮球体前变向换手运球多维目标单元为例）

重学生的发展需要调查，将教材目标与学生需求有效对接，并聚焦核心目标，通过知识技能的载体学习，实现体育课程的多维育人目标。它是与被动应对达标考试要求设置的单元相对的主动考虑学生发展目标的单元，是与注重具体技能的教材单元相对应的重视具体技能背后的态度、思维和知识的目标单元，是与关注技术点或短期效果的“课”和“比赛”相对应的关注人的发展的长期效果的单元，是有效提高教学质量、培养学生核心素养和培育体育教师核心素养的需要。

四、核心素养视域下体育教师素养的强化

人的素养需要一辈子关注，同理，体育教师的素养需要可持续发展。要培养造就高素质、专业化和创新型的体育教师队伍，需要体育教师培养培训部门和体育教师自身，在核心素养全方位培育的框架上，腾出时间强化与核心素养关联度、对核心素养培育贡献度高的重要的事，如强化体育教师的价值观和师德规范，强化信息技术和学习力，以稳素质基础、强专业核心、谋创新发展。

（一）强化体育教师价值观

价值观是体育教师个人精神家园的核心部分，是体育教师个人的主心骨，其价值观和行为是相通的，具有定向、调节和激励作用，能促进体育教师形成稳定、内在、积极的信念与评价，影响并促进体育教师的工作行为及其结果发生转变。体育教师价值观的强化，需要从内在专业自主层面和外部专业支持层面创建有利于体育教师价值观成长的环境。如加强职前教育和在职培训过程中适当增加和统一设置价值观教育的通识模块课程，开展教育事业发展为先、学生健康发展为本、自身专业发展为重的价值观专题内容，提高体育教师对于“教书育人”的深刻认识，树立“促进学生全面、健康、可持续发展”的教学理念，注重体育教师的专业素养，强化体育教师的核心价值观，展现体育教师良好的整体精神面貌和职业生活态度；也可以针对体育教师专业成长中价值观困惑展开批判性反思，诊断价值观方面的问题和不足，解决对待工作不急功近利、不过犹不及，对待他人友善、民主、懂法的价值行为，最终推动体育教师专业可持续、健康发展；还可以分享价值观学习和教师

专业成长生动故事的同辈协同学习，时常能与同辈经历的活生生教育生活故事进行对话学习的方式，这种相互了解、分享信息、相互支持、相互依靠的协同状态，会有意无意影响体育教师的生命状态和专业成长，使价值观学习更有效，形成构建稳定的学习伙伴和共同体，助力体育教师形成正确、健康的价值观。

（二）强化体育教师师德规范

师德师风是体育教师从事体育教育工作时呈现的品质和遵从的规范，及其稳定的做事风格[1]。《国务院办公厅关于强化学校体育促进学生身心健康全面发展的意见》就“加强体育教师队伍建设”提出：加强师德建设，增强广大体育教师特别是乡村体育教师的职业荣誉感，坚定长期致力于体育教育事业的理想与信心。《中共中央 国务院全面深化新时代教师队伍建设改革的意见》中提出：以师德为要，要把师德建设摆在首要位置。也就是要加强体育教师“责任、情感、信仰”的师德师风，进一步加强师德教育，注重通过中华优秀传统文化涵养师德，通过典型案例厚载师德，着力培养造就“四有”好体育教师，以引导广大体育教师自觉增强教书育人的荣誉感和责任感，以德立身、以德施教，坚持教书和育人相统一，坚持言传和身教相统一，以极大的爱心和热情投入到体育教育中，肩负起提高学生身体素质和锻炼学生身体的责任，担负起学生健康成长指导者和引路人的责任。在体育教师师德修养中，尤其是要强化体育教师的职业认同、敬业精神和吃苦耐劳作风，注重体育教师职业形象和健美体形，从师爱、品行、道德、信念素养给予提升。对于未来的体育教师，需要了解体育教师应有的师德师风，知道体育教师的师德标准，明确哪些是师德基本要求，哪些是良好师德行为，哪些是师德失范行为，哪些是师德红线，为自身从事体育教师把好德行关。

（三）强化体育教师信息素养

要实现国家教育事业改革发展总体目标提出的“2020年基本实现教育现代化”“到2030年总体实现教育现代化”，学校体育的信息化和体育教师的信息技

[1] 黎平辉，郭文.社会转型期我国师德师风内涵的再界定[J].现代教育科学，2011(2)：29–32.

术同样需要适应与强化，并为实现这个总体发展目标做出贡献。学校体育教学和管理的信息化，是对学校体育各方面资源进行统计、分析、分类、汇总、得出结论的有效途径，是需要体育教师具备的一种基本能力。对于体育教师来说，每学年都会有例行的体育学科学业质量等级评定、学期体育课考核成绩、学生运动能力和身体素质及运动技能测验、实践教学内容单项测验、体育中考、体育会考、《国家学生体质健康标准》测试、过程性考核、国家义务教学质量监测、课余体育训练和竞赛活动、体育纳入学生综合素质等工作，有着诸多资源、大数据与信息技术结合的需要，需要体育教师进一步强化信息的意识、信息的能力和信息的应用，积极尝试“互联网+学校体育”融入，助力学校体育的教育教学、资源提供、反馈测评，丰富体育教师网络研修、在线学习等专业发展方式。体育教师如能有效掌握和运用信息技术，一方面能减轻工作负担，提高工作效率；另一方面能在一定程度上提升教学质量，形成良性互动；同时还能即时更新、改进和调整，助力教研。

（四）强化体育教师学习力

体育教师既是教学者，也是学习者；既是实践者，又是自身教学行动的研究者。体育教师作为体育教学领域的专业人员，是一个从师范生到入门体育教师、从入门体育教师到合格体育教师、从合格体育教师到优秀体育教师，经历一个由不成熟到相对成熟的专业发展历程，其专业发展是动态的、不断前进的过程。因此，体育教师的发展，是一个不断学习、不断探索、不断完善、不断总结、不断提升的改进过程，而且这个过程可能是漫长的。在这个过程中，体育教师能否在体育教学实践中进行经验总结，能否将实践中获得的有效知识、技能及情感和情绪体验进行思考分析，能否在回顾反省的过程中不断提升创新，一定程度上取决于体育教师自身的学习力。由于体育教师的专业特质和工作特点，要提高学校体育的教学改革、教学创新和教学质量，提高体育教师的学习力势在必行，也就是帮助体育教师在体育教学活动中逐渐形成获取、储备、转化、管理各种能力，包括学习动力、学习能力、学习意志力和学习创新力等。对于体育教师个人而言，要提升体育教师学习自我管理能力、运动策略提高学习有效性、提升技术应用水平和信息素养、提升学习成果转换率。对于学校和社会支持系统来说，要关注体育教师的心理状态，要培育共同学习的良好氛围，要将学习力纳入体育教师培训体系，要搭建技术服务与支持平台。当体育教师自身的学习力得到提升，体育教师的素养自然就提升了。

后 记

2015年以来的4年，随着核心素养进入我们的视线，随着对核心素养的不断理解和诠释，笔者和笔者的研究团队申报了北京教育学院2015年度重大科研课题《音体美教师的专业特质与核心素养研究》。之后，开启了对音体美教师核心素养的研究，此为体育学科产出的课题研究成果。

全书分四章，第一章“核心素养应然专业理解”，从内涵视角厘清、理解和推导了核心素养的应然渊源；第二章“体育教师实然发展样态”，从数据和实证，呈现了真实存在的实然样态；第三章“体育教师本然核心素养”，基于政策要求、标准依据、现实基础，构建了体系框架，诠释了素养本然；第四章“体育教师必然培育走向”，在“理”与“法”的基础上，提出了培育发展的必然态势。

在写作过程中，得到了学院领导和二级学院领导的大力支持，得到了学院科研处和体育与艺术教育学院的有力指导，得到了课题组成员和体育系同事们的鼓励帮助，得到了一线中小学校长和体育教师的关心支持，得到了北京体育大学出版社的大力支援。特别是得到了全国学校体育（教学改革）联盟主席毛振明教授、体育与艺术教育学院陈雁飞院长的多次指导，并提出了诸多宝贵意见，在此表示深深的感谢！

由于笔者学术研究能力和学术视野的局限，对体育学科核心素养和体育教师核心素养的研究尚不充分，难免存在一些纰漏和欠妥之处，恳请批评指正！

主要参考文献

[1] 夏峰.必须重视提高学生的体育素养[J].中国学校体育，1990（6）：46.

[2] 李英心.对高校学生体育素养培养的探讨[J].贵州体育科技，1995（4）：30–32.

[3] 张洪谭.技术健身教学论[M].上海：华东师范大学出版社，2000.

[4] 姜勇，邱建国.学习化社会背景下的体育素养培养问题[J].体育与科学，2003（6）：37–38.

[5] 余智.体育素养概念研究[J].浙江体育科学，2005（1）：69–72.

[6] 张昊.大学生体育素养的研究[J].科技信息，2009（12）：578–579.

[7] 曾旭升.加强校园体育文化建设提高学生体育素养[J].成功（教育版），2013（16）：331.

[8] 曾雁.浅谈素养与体育素养[J].科技视野，2014（35）：131，354.

[9] 杨献南，鹿志海.形式逻辑视角下的体育素养概念辨析[J].南京体育学院学报（社会科学版），2015，29（2）：89–92.

[10] 马勇，饶平，谭丹华，等.体育素养概念内涵及外延探究[J].湖北体育科技，2006（8）：669–672.

[11] 姜勇，王梓乔.对体育与健康学科核心素养内涵特征与构成的研究[J].中国学校体育（高等教育），2016（10）：39–43.

[12] 赵凤霞，程传银，张新辉，等.体育核心素养模型构建的研究[J].体育文化导刊，2017（1）：154–159.

[13] 于素梅.中国学生体育学科核心素养框架体系建构[J].体育学刊，2017（4）：5–9.

[14] 罗芬. 体育学科核心素养体系构建及评价[J.当代体育科技，2017，7（10）：240–242.

[15] 薛天龙.论体育教学中学生的核心素养及其培养[J].运动，2017（9）：105–107.